D 1724856

# Übernachten Preiswert

## Großbritannien und Irland

interconnections

# Englisch lernen und arbeiten

Wer seine Sprachkenntnisse verbessern, Land und Leute kennenlernen sowie ferner seine Kosten niedrig halten bzw. etwas verdienen möchte, der wird mit diesen Programmen die richtige Wahl treffen. Wir bieten eine Vielfalt diverser Beschäftigungsmöglichkeiten in London bzw in England, Schottland und Wales.

Es existieren zwei Programme mit einer Vielfalt diverser Beschäftigungsmöglichkeiten in London bzw. in England, Schottland und Wales.

✔ das erste mit typischen Angeboten für Studenten, ein „Work Experience Programm", über mindestens zwei Monate,

✔ das zweite, nicht unter zwei Monaten, für vielleicht etwas erfahrenere Bewerber, die auch die eine oder andere Qualifikation vorzuweisen haben.

Stellen sind jederzeit zu besetzen und selbstverständlich auch auf längere Zeit.

www.interconnections.de
„Jobs", „Jobs in Großbritannien"

Zu selbstorganisierten Stellen siehe
http://shop.interconnections.de
„Ferienjobs und Praktika
Großbritannien"

Georg Beckmann

# Übernachten Preiswert
## Großbritannien & Irland

### Hotels, Bed and Breakfast, u.a.
### preiswerte Unterkünfte

### England, Schottland, Wales,
### Irland, Nordirland

interconnections

## Impressum

**Georg Beckmann**
**„Preiswert Übernachten Großbritannien u. Irland"**
Hotels, Bed and Breakfast, u.a. preiswerte Unterkünfte
England, Schottland, Wales, Irland, Nordirland

**Verlag interconnections,**
D-79102 Freiburg, Schillerstr. 44,
Tel. +49 761-700 650, Fax: 07161-700 688
info@interconnections.de
www.interconnections.de
Zweite Auflage 2006

Umschlag & Satz: linuxnet-online

Copyright interconnections
ISBN 3-86040-121-1
ISBN 978-3-86040-121-7

# Reisesparbuch

Bei dieser Auflage haben wir bei Hotels, Herbergen u.a. Unterkünften erstmals Rabatte für unsere Leser herausgeholt. Rund 60 % aller Unterkünfte bieten einen Nachlaß. Dieser wird bei Vorlage des Buches gewährt, aber wer telefonisch, per Fax oder Email bucht, sollte bereits gleich erwähnen, stolzer Besitzer dieses Übernachtungsführers zu sein. Vielleicht können die angegebenen Rabatte bei längerer Verweildauer auch als Verhandlungsgrundlage herhalten ...

Für weitere Tipps und Empfehlungen wären wir unseren Lesern dankbar und schicken jedem, dessen Hinweis verwertbar ist und Eingang in die nächste Neuauflage findet, ein kostenloses Exemplar.

## Die Rabatte

Die aufgeführten Rabatte wurden zum Zeitpunkt der Drucklegung zugesichert. Für Nichtgewährung übernehmen wir keine Haftung.

---

**Zeichenerkärung:**

|  | |  |
|---|---|---|
| ⤶ | = | Anzahl Betten |
| ☎ | = | Telefon |
| 🚌 | = | ÖPNV |
| ⏱ | = | Öffnungszeiten |
| 👁 | = | Checkin |
| ⌐ | = | Zapfenstreich |
| 💳 | = | Kreditkarten |
| ❖ | = | Nahe |
| ☺ | = | Mitglied bei |

# GROSSBRITANNIEN

Obwohl Großbritannien gar nicht so fern von uns liegt, ist man beim ersten Besuch immer überrascht und fasziniert von der ungewohnten Umgebung. Zunächst fällt auf, daß alles grün ist, vom Rasen bis zu den Einkaufstüten bei Harrods, abgesehen von den schon legendären Telefonhäuschen und den roten Doppeldeckerbussen, versteht sich! Dennoch – angefangen beim künstlichen Kaminfeuer in der guten Stube bis hin zu jenen liebenswürdigen alten Damen, die uns stets mit »honey«, »darling« oder mit »dear« titulierten – everything is »quaint and cosy« (zu deutsch: leicht angestaubt aber verdammt gemütlich).
Ausdruck britischer Lebensart sind auch die gepflegten Rasenflächen und müllarmen Bürgersteige, die unablässig mit frischer Farbe bepinselten Häuschen: *savoir vivre* auf Britisch. Viele Dinge haben sich gewandelt, aber nichts ist ganz verschwunden.

## Nützliche Adressen in der BRD, Österreich und der Schweiz

### Botschaften

### Britische Botschaft:
*Wilhelmstr. 70-71; D-10117 Berlin,*
☎*(0)30 204 57-0,*
*Fax: (0)30 20457-594*
*info@britischebotschaft.de*
*www.britischebotschaft.de*

### Britische Botschaft:
*Jaurèsgasse 12, A-1030 Wien,*
☎*01 716130,*
*Fax: 0043 01 716 13-5900*
*visa-consular@britishembassy.at*
*www.britishembassy.at*

### Britische Botschaft:
*Thunstr. 50; P.O. Box 265,*
*3000 Bern 15,*
☎*031-359 7700,*
*Fax: 031-3597701*
*info@britishembassy.ch*
*www.britishembassy.ch*

### Verkehrsämter

### Britische Zentrale für Fremdenverkehr (BTA)
*VisitBritain, Hackescher Markt 1,*
*10178 Berlin,*
☎*01801-46 86 42 (zum Ortstarif),*
*Fax: 030-3157 1910,*
*gb-info@visitbritain.org*
*www.visitbritain.com/de*
Telefonische Beratung: Mo-Do 10–12 Uhr und 14–16 Uhr; Fr 10–12 Uhr und 14–15 Uhr

### Britische Fremdenverkehrswerbung:
*Britisches Verkehrsbüro,*
*Taunusstraße 52,*
*D-60329 Frankfurt / Main,*
☎*069 238 07 11,*
*Fax: 069 23 80 717*

## Botschaften und Konsulate

**Deutsche Botschaft:**
*23 Belgrave Square, London, SW1X 8PZ,*
☎ *020 78 24 13 00, Fax 020 78 24 14 49*
*consular@german-embassy.org.uk*
*www.german-embassy.org.uk*

**Österreichische Botschaft:**
*18, Belgrave Mews West,*
*London SW1 X8HU,*
☎ *020 72 35 37 31, Fax 020 73 44 02 92*
*london-ob@bmaa.gv.at*
*www.bmaa.gv.at/london*

**Botschaft der Schweiz:**
*16-18 Montagu Place, London W1H 2BQ,*
☎ *020 76 17 60 00, Fax 020 7724 7001*
*vertretung@lon.rep.admin.ch*
*www.eda.admin.ch/london*

**Goethe-Institut:**
*50 Princes Gate, Exhibition Road,*
*London SW7 2PH,*
☎ *020 7596 4000, Fax 020 7594 0240,*
*info@london.goethe.org*
*www.goethe.de/london*

**Austrian Institute**
*(Österreichisches Kulturinstitut):*
*28 Rutland Gate, London SW7 1PQ,*
☎ *020 7584 8653, Fax 020 7225 0470*
*culture@austria.org.uk*

### Jugendherbergsverbände und CVJM Deutscher CVJM (YMCA-YWCA)
www.german-ymca.org.uk

### YHA England and Wales:
www.yha.org.uk

### YHA Schottland:
www.syha.org.uk

## Einreiseformalitäten

Großbritannien ist Mitglied der Europäischen Union. Insoweit entfallen für Staatsangehörige anderer EU-Länder die sonst üblichen Einreisebeschränkungen. Ein gültiger *Reisepaß* oder *Personalausweis* ist erforderlich; für Kinder ein Kinderausweis mit Lichtbild oder ein Eintrag in den Familienpaß.
Autofahrer brauchen den nationalen oder internationalen Führerschein, die Fahrzeugpapiere, die internationale (grüne) Versicherungskarte und ein Nationalitätenkennzeichen.

## Geld

Das Pfund hat hundert Pence. Es gibt Münzen zu 50p, 20p, 10p, 5p und sowie Ein-Pfund-Münzen mit unterschiedlichen Aufprägungen, welche die Bestandteile des Vereinigten Königreichs versinnbildlichen.
Geld wechseln kann man in den Banken, aber auch in bestimmten Reisebüros, die manchmal auch sonntags geöffnet sind oder, im Notfall, in den großen Hotels. Natürlich bieten die Banken im allgemeinen einen vorteilhafteren Kurs. Beim Einlösen von Reiseschecks wird von den britischen Banken eine saftige Gebühr erhoben. Es empfiehlt sich also, lieber Schecks über höhere als über geringere Beträge mitzunehmen. An einigen Geldautomaten ist es möglich, mit einer Kreditkarte zu Bargeld zu kommen, aber nicht immer.

## Drinks

Weinliebhaber finden immer mehr *wine bars*; aber hier die Warnung: Wein kommt die Reisekasse teuer zu stehen.

Autofahrer und eingeschworene Antialkoholiker ordern im Pub einen *babycham*, einen Fruchtsaft, für den man häufig tiefer in die Tasche greifen muß als für Alkoholhaltiges, oder schlicht einen Kaffee. Eine »Halbe« erhält, wer *half a pint* bestellt. *A pint* kommt preiswerter, verlangt aber einige Kondition beim anschließenden Run auf die Toiletten. Hinter der Bezeichnung *shandy* verbirgt sich nichts anderes als der gute alte »Radler«, also Bier mit Limonade. Wer dem Biergeschmack absolut nichts abzugewinnen vermag, sollte es zur Abwechslung mit einem *ginger ale* probieren. *Half a pint of cider* bestellt man entweder dry, medium oder sweet, wie auch den sherry: *a glas of medium sherry, please;* ein Fest für den Gaumen und gar nicht so furchtbar teuer. Portwein, *port,* steht in englischen Landen seit eh und je hoch im Kurs. Die Portweinkellereien im fernen Portugal befinden sich zum überwiegenden Teil ja auch fest in britischer Hand. Auch hochgeistigere Wässerchen werden die Reisekasse nur mäßig schröpfen: die Auswahl an Whiskymarken ist überwältigend. Auf gut Glück einmal einen irischen Whiskey – dieser mit »ey« wie der amerikanische – oder einen der amerikanischen Bourbons kommen lassen. Auch Liebhaber süßer Liköre schauen nicht etwa in die Röhre: *Drambuie* ist ein Likör mit Whisky, *Irish Cream* mit Kaffee. Und wer sich nicht so recht entscheiden mag, versuche sein Glück mit einem *dry Martini* – schmeckt ja ganz anders als erwartet – oder einem *vodka and lime.*
Bleiben noch die *Coffee Bars* für diejenigen zu nennen, die nichts »Geistiges« konsumieren. Dort kann man Kaffee oder Tee einnehmen. Wer schwarzen Kaffee bzw. Espresso will, verlange diesen ausdrücklich. Andernfalls wird man häufig noch das gewöhnliche Labberwasser mit Milch kredenzen. Mit »black coffee« bezeichnet man den Espresso. Dasselbe gilt auch für Tee. Italienische Restaurants und Pizzaschmieden schaffen notfalls Abhilfe.

## Kleine Bierkunde

Gut, nun also eine kleine Lektion über englische Biere, aber festhalten: es ist nicht einfach. Es gibt drei Bierarten:
1) Das Flaschenbier. *Light* oder *pale ale:* helles Bier, *brown ale:* süßlicheres dunkelblondes Bier, und das besonders dunkle *stout.* Auch *strong lager* wird als Flaschenbier serviert.
Das Wort *ale* sagt nichts darüber aus, ob das Bier aus der Flasche oder gezapft ist. Das Wort bezeichnete früher ein hopfenfreies Bier. Heute werden *ale* und *beer* bedeutungsgleich verwandt. Selbst, wenn man kein Biertrinker ist, sollte man diesen »Nektar«, wie man das »real ale« benennen kann, ruhig mal versuchen.

2) Das mit der traditionellen Handpumpe gezapfte Faßbier, *draught,* muß Zimmertemperatur aufweisen. *Bitter* ist ein helles, bitteres, schaumloses Bier, das lauwarm eingeschenkt, in der Publikumsgunst am höchsten steht. *Pale ale* wiederum ist süßlicher im Geschmack. Das *mild* ist etwas süßlich und dunkel, was auch für das *porter* gilt, außerhalb von Dublin aber schwerlich zu bekommen. Übrigens, Faßbier wird immer weniger ausgeschenkt.

3) Das unter Druck stehende gezapfte Bier oder *keg,* im allgemeinen ein helles kohlensäurehaltiges Bier, wird kalt konsumiert. Man wird auch auf das *lager* stoßen, das am ehesten unserem gewohn-

ten Gerstensaft entspricht, und natürlich auf das *stout*, beispielsweise das Guinness, als Flaschenbier oder gezapft.

## Klima

Von allen Ländern, die auf demselben Breitengrad liegen, ist Großbritannien insgesamt gesehen das mit der gleichbleibendsten Temperatur. Die Niederschläge in London bleiben unter 604 mm pro Jahr, in Edinburgh liegen sie nur leicht darüber. Trotzdem immer Regenklamotten mitnehmen, außerdem einen wärmeren Pullover und feste Schuhe.
Es ist immer wieder eine Überraschung, aber man kann's leicht auf einem Atlas verfolgen: die Südspitze Cornwalls liegt auf derselben geographischen Breite wie Frankfurt und London etwa auf der von Essen. Durch den warmen Golfstrom bedingt, wachsen in Cornwall Palmen und andere exotische Gewächse, wie übrigens in der Bretagne auch. In Liverpool steht der nördlichste Feigenbaum Europas und selbst an der Nordwestküste Schottlands gedeihen durch den Golfstrom in einem Park noch Palmen. Die Winde vom Atlantik bringen Niederschläge vor allem im Westen, wo es aber insgesamt nicht viel mehr regnet als im Osten. Da sie im Westen jedoch als feiner Sprühregen fallen, gibt es einfach mehr Regentage. Also grundsätzlich Regenklamotten mitnehmen.

Im Sommer (Juni-August) erreichen die durchschnittlichen Höchsttemperaturen 21 Grad im größten Teil Südostenglands, London inbegriffen, und etwa fünfzehn Grad in den weiter nördlich gelegenen Gegenden und im Nordosten von Schottland.

## Das Essen

Allerorten stößt man auf preiswerte Restaurants. Und genau die sind für den schlechten Ruf der britischen Kochkunst verantwortlich. Das Essen ist herkömmlicherweise ziemlich eintönig und zeichnete sich bis vor kurzem noch durch Geschmacksarmut aus. Sicherlich der Grund, warum Großbritannien im Laufe seiner Geschichte von Eroberungen verschont blieb ... denn:»Die Hölle ist, wo Briten kochen«, hieß es auf dem Kontinent. Wenig Briten finden heute die geflügelten Worte des Schriftstellers *Pierre Daninos* witzig, wonach die Engländer die Tischreden nur deshalb erfunden hätten, damit man ihr Essen vergesse. Die englische Kochkunst schien stets mit einem Mindestmaß an Gewürzen auszukommen. Die Kuchen, in den verschiedensten Farben und Formen angeboten, schmecken fast alle gleich. Die Köche dort bewahren, Gott sei gelobt, das Geheimnis ihrer Zubereitung für sich. *Colouring* und *flavouring*, also Farbe und Geschmacksverstärker, sind immer noch wichtige Grundsubstanzen vieler Lebensmittel. Die Nahrungsmittelindustrie ist in wenigen mächtigen Konzernen konzentriert und man wird selbst in Bäckereien die ewig gleichen Fabrikbrote namens Mother's Loaf, Mother's Best usw. vorfinden. Übrigens: während wir früher immer feste über das englisch-amerikanische Brot gemeckert hatten, weil man einen Laib mit etwas Muskelkraft auf wenige Zentimeter zusammenquetschen kann, so wissen wir es heute zu schätzen, weil es wesentlich leichter ist als das unsere und einem nicht in den Magen plumpst. Es lebe das englische Sandwich! Sauerteig- oder Schwarzbrot, so wie wir es kennen, ist am ehesten bei den zahlreichen jüdischen Bäckern (*jewish bakery*) erhältlich, oft auch in großen Supermärkten.

Fairerweise muß man zugeben, daß vieles im Wandel ist, da die Leute mehr reisen und im Urlaub kennengelernte Gerichte oder Zubereitungsarten auch zu Hause ausprobieren wollen und dann auch nicht zuletzt wegen der zahlreichen Einwanderer, die ihre Kochkünste mitbrachten und auch eigene Restaurants eröffneten. Bill Gardiner urteilte in der Times, daß die britischen Köche mehr Innovationsgeist als die französischen zeigten.

Dank Klimaerwärmung lebt auch die Tradition eigenen Weinbaus wieder auf. Reben gediehen in Kent seit dem frühen Mittelalter. *Oscar Wilde* hat einmal behauptet, wer in England gut speisen wolle, der solle dreimal am Tag frühstücken.

Das *breakfast*, zu dem Tee oder Milchkaffee getrunken wird, beinhaltet zunächst einen Gang »cereals«, d.h. *corn flakes*, Maisflocken oder *shredded wheat*, knusprige Fadennudeln aus Weizen, oder *porridge*, Haferbrei mit Milch. Briten lieben ihren Tee übrigens stark und mit Milch, zwei Beutel in der Tasse sind nicht selten. Immer bleiben sie bis zum bitteren Ende in der Kanne. Vor Ankunft der Briten in Asien, und somit vor dem Verpanschen mit Milch und Zucker, soll Tee einmal ein edles, aromatisches Getränk gewesen sein, versichern uns asiatische Freunde. Als zweiter Gang folgen, meist wahlweise, Eier mit Schinken, Würstchen (bangers), Fisch, *haddock*, Schellfisch, seltener, *kipper*, geräucherter Hering und bisweilen auch *beans on toast*, Bohnen in Sauce oder gebratene Tomaten. Den Abschluß bilden Toast mit Butter und Orangenmarmelade.

Und dann sind da schließlich noch die Pubs, die mittags manchmal erschwingliche und gar nicht üble Mahlzeiten auftischen, so zum Beispiel den »ploughman's lunch«, bestehend aus Käse mit Zwiebeln oder Chutney und Bier dazu, oder den »shepherds pie«, eine Art Rindfleischhaschee oder Lammgehacktem auf Kartoffelpüree, Möhren, Zwiebeln und Gewürzen.

Auch nicht die berühmt-berüchtigten »Fish and Chips«-Buden vergessen, in denen man im Stehen und für wenig Geld ißt.

In den größeren Städten existieren zahlreiche Restaurants mit britischer Küche und natürlich solche mit ausländischen Gaumenfreuden, Franzosen, Italiener, Spanier, Ungarn, zahllose Asiaten. Bleibt noch besonders auf die Lokale mit chinesischer, indischer oder pakistanischer Küche mit gemäßigten Preisen hinzuweisen, deren Gerichte sich durch ihren Vitaminreichtum in Form frischen Gemüses auszeichnen. Besonderer Leckerbissen ist das *chicken tandoori*: zartes, in Zitronensaft mariniertes Geflügel wird bei milder Hitze im Ofen gegart und mit einer Joghurtsauce oder einer würzigen Sahnesauce gereicht. Gut zubereitet ist das ein fantastisches und gar nicht teures Essen.

Wer auf Zeltplätzen oder in Jugendherbergen logiert, wo man meist selbst kochen kann, sollte unbedingt daran denken im Supermarkt einzukaufen. Die Regale mit Konserven und »pies« durchstöbern, den mit Fleisch oder Gemüse gefüllten Pasteten!

Für unseren Geschmacks übertreibt's die englische Küche auch ein wenig mit gekochtem Fleisch – nicht zu verwechseln mit dem noch blutigen und zappelnden *underdone* – und bizarren Zusammenstellungen wie Minz- oder Preiselbeersoße zu salzigen Speisen. Na ja, letzteres gibt's bei uns ja auch zu Wild. Einfach unvoreingenommen probieren. Man gewöhnt sich dran, und irgendwann schmeckt's ganz gut.

Damit nicht genug: wo im Kreise der Familie der *tea* oder *high tea* – statt Abendessen – eingenommen wird, steht kontinentalen Geschmacksnerven eine deliziöse Tortur besonderer Prägung bevor: *crumpets*, flache, weiche und ungesüßte Kuchen, die gewöhnlich getoastet und mit zerlassener Butter genossen werden, *buns*, Gebäck mit Korinthen, und *scones*, eine Art Rosinenbrötchen. Auch Käse wird gereicht, meist im Verein mit Keksen ... aber erst nach dem Nachtisch! Den blauen *stilton*-Käse versuchen. Butter kommt übrigens meist gesalzen auf den Tisch. In Verbindung mit *marmelade*, der Orangenmarmelade – alle andere heißt *jam* – durchaus eine fesselnde Mischung.

Eine süchtigmachende Droge ist *cream tea*, eine Mischung von kleinen schweren Kuchen *(scones)*, schwerer Schlagsahne (clotted cream) und vorerwähnter *marmalade*. Ein wahrer Anschlag auf jeden noch so eisern durchgezogenen Diätplan.

Übrigens: ein *salad* ist immer ein angemachter Salat; unser grüner Salat heißt *lettuce*. Ein *pudding* ist keinesfalls eine Süßspeise wie unser Pudding, sondern der heißt eher *trifle* (heißt auch »Kleinigkeit«). *Chips* sind unsere Pommes und nicht die bekannten Kartoffelblättchen. Die heißen nämlich *crisps*. Kochen allgemein heißt *to cook*, aber als Vorgang im Gegensatz zu braten usw. *to boil*. Daher

also immer *a boiled egg* ordern und nicht etwa *a cooked egg!* Ein Ei im Wasserbad, in England eigentlich gar nicht so selten, bezeichnet man übrigens als *poached egg*.
Auf der Fahrt durch das Land wird man immer wieder auf Schilder mit den Buchstaben P.Y.O. (pick your own) stoßen, also z.B. um Erdbeerfelder usw. wo jeder nach Belieben seine Früchte pflückt und nach Gewicht bezahlt.

## Ortszeit und Feiertage

**Uhrzeit:** in Großbritannien ist die GMT (Greenwich Mean Time) von Ende Oktober bis Ende März maßgeblich; den Rest des Jahres gilt GMT +1. Unsereins hat entsprechend GMT +1 bzw. GMT +2 (Sommerzeit). Nicht, daß uns die schrulligen Briten durcheinanderbringen wollen. Die Inseln liegen einfach ein gutes Stück weiter westlich.

**Feiertage und Bank Holidays:** an folgenden Tagen bleiben alle Pforten dicht: Neujahr, Karfreitag (Good Friday) und Ostermontag (Easter Monday); May Day Bank Holiday (erster Montag im Mai), Spring Bank Holiday (letzter Montag im Mai), Summer Bank Holiday (letzter Montag im August), Weihnachten (25. Dezember) und Boxing Day (26. Dezember). Bank Holidays fallen also immer auf einen Montag. Die Schotten braten auch hier mal wieder ihre Extrawurst: 1. und 2. Januar, Karfreitag aber nicht Ostermontag, am 25. April, am 3. August anstelle des letzten Montags im August sowie am 25. und 26. Dezember.

## Wichtige historische Daten

**55 v. Chr.:** Julius Cäsar landet in Großbritannien. Ausbreitung der römischen Herrschaft.

**450:** Beginn des Einfalls der Angelsachsen.

**Ende ds IX. Jh.:** diverse Vorstöße der Wikinger.

**1066:** Wilhelm der Eroberer, Herzog der Normandie, landet in England und bezwingt das Land in der Schlacht bei Hastings. Innerhalb weniger Jahre vollziehen die Normannen die Eroberung.

**1215:** die verbündeten normannischen und sächsischen Lehnsherren trotzen dem Königshaus die Magna Charta ab.

**1337–1475:** Hundertjähriger Krieg gegen Frankreich.

**1534:** Heinrich VIII. zwingt die Englische Kirche, ihn als Oberhaupt anzuerkennen, nachdem der Papst sich geweigert hatte, seine Ehe mit Katharina von Aragonien für ungültig zu erklären. Das war schon der Fall bei seiner zweiten Frau, Anna Boleyn, gewesen. Er ließ die Arme kurzerhand enthaupten. Das kommt davon!

**1563:** ein neues »Glaubensbekenntnis« begründet unwiderruflich die Anglikanische Kirche.

**1587:** Hinrichtung von Maria Stuart, Englands Thronerbin, die der Verschwörung gegen die englische Königin Elisabeth bezichtigt wurde.

**1600:** Gründung der Ostindiengesellschaft, einer Bande von Räubern im nationalen Interesse, sozusagen.

**1649:** erste Revolution; Karl I. wird ent-

hauptet, ein Schicksal, das noch zahlreiche Herrscher nach ihm ereile.

**1650-1651:** Schottland wird in der Folge von Cromwells Sieg an das neue Commomwealthreich angeschlossen.

**1666:** Großer Brand von London. Christopher Wren übernimmt den Wiederaufbau der Stadt.

**1679:** Das Parlament verabschiedet die *Habeas-Corpus-Akte* zur Sicherung der persönlichen Freiheit der Bürger.

**1688:** zweite Revolution.

**1689:** Erklärung der Menschenrechte.

**1707:** Endgültige (?) Vereinigung der beiden Königreiche England und Schottland. Zwangsweise, ist ja klar.

**1713:** Der Frieden von Utrecht sichert England die Vorherrschaft auf dem Meer.

**Anfang 19. Jh.:** Brutale Unterdrückung von Volksaufständen. Finstere, vergessene Kapitel.

**1837:** Königin Viktoria wird Königin von England. Entstehung der Chartistenbewegung unter Führung von Disraeli, die gleiches Wahlrecht für alle fordert.

**1847/51:** Hungersnöte in Irland

**1876:** Königin Viktoria wird Kaiserin von Indien. Die Inder haben sich gefreut ...

**1884:** Wahlrechtsreform. Einführung des nahezu allgemeinen Wahlrechts, das nun auch auf die Masse der Arbeiterschaft ausgedehnt wird.

**1900:** Gründung der Labour Party.

**1914:** Die britische Regierung verbündet

sich mit Frankreich gegen das deutsche Kaiserreich. So eine Schande aber auch!

**1921:** Errichtung der Irischen Republik als selbständiges Dominion unter dem Dach des Britischen Reiches.

**Sept. 39:** Frankreich und Großbritannien erklären Hitlerdeutschland wegen des Polenfeldzugs gemeinsam den Krieg. Chamberlain, bis 1937 Premierminister, versuchte England möglichst aus einem Krieg herauszuhalten und schenkt dem Führer das Sudetenland. Später wollen die Briten nichts mehr davon wissen ...

**1940:** Winston Churchill wird Chamberlains Nachfolger. Er verspricht dem Land Unappetitliches wie »blood, sweat and tears«.

**1945:** Großbritannien gewinnt und ... verliert den Krieg. David Mountfield: »Materiell gesehen ging Großbritannien als Verlierer aus dem Zweiten Weltkrieg hervor. Die Verschuldung, vor allem gegenüber den Vereinigten Staaten, war so gewaltig, daß Großbritannien kaum mehr als ein 49. Staat der USA war«.

**1945–1951:** Labour-Regierung unter Führung Atlees, durch Verstaatlichungen und einschneidende Sozialmaßnahmen gekennzeichnet. Der Marshallplan hilft wie in Westdeutschland über die gröbsten Schwierigkeiten, öffnet dem amerikanischen Kapital aber auch Tür und Tor.

**1947:** Indien, Burma und Ceylon werden unabhängig. Es beginnt eine Zeit der Dekolonisierung, von Irland einmal abgesehen. Das wirtschaftliche »Hinterland«, Rohstoffquellen, Märkte und Möglichkeiten für den Kapitalexport, gehen allmählich verloren. Der Erfolg war nicht sehr groß, denn 1966 war das Pfund noch ungefähr 6 Euro wert ...

**1952:** *Elisabeth II.* wird Königin von England.

**1957:** Bei den *EWG- und Euratomverhandlungen* in Rom, nehmen die Briten zwar teil, wollen aber mit Rücksicht auf die Commonwealthpartner nicht beitreten. Als die – durch Zölle belasteten – Ausfuhren in die EWG-Länder jenen in die Commonwealthländer übertreffen, stellte das Vereinigte Königreich einen Antrag auf Mitgliedschaft, gegen den de Gaulle sein Veto einlegte, weil das Land für Europa noch nicht reif sei – ein kleiner Denkzettel. De Gaulle strebte nach einem von Frankreich beherrschten Klein-Europa, in dem Deutschland gezähmt wäre und von dem er die Angelsachsen fernhalten wollte. England galt ihm immer als Trojanisches Pferd der Vereinigten Staaten. Nach seinem Rücktritt werden die Beitrittsverhandlungen 1969 aufgenommen.

**1958:** Rassenunruhen nach der Masseneinwanderung von Angehörigen der Commonwealthländer.

**1971:** Vertragsabschluß für die Mitgliedschaft in der EG.

**1972:** *Blutsonntag* in Derry. Vierzehn unbewaffnete Demonstranten werden am 30. Januar ohne Not und rücksichtslos von britischen Fallschirmjägern erschossen, einer davon von hinten, ein anderer mit erhobenen Händen. Richter *Lord Widgery* spricht alle beteiligten Armeeangehörigen frei. Wem dient die Justiz?

**1973:** Beitritt Großbritanniens zur EG, zusammen mit Dänemark und Irland.

**1974-1979:** *Labour-Regierung* unter J. Callaghan.

**1979:** Die Konservativen mit *Margaret*

*Thatcher* übernehmen die Macht. Geschah den Briten nur Recht!

**1981:** *Soziale Unruhen* in Brixton, Aufstände von Einwanderern und Arbeitslosen in London. Teilreprivatisierungen in einigen Wirtschaftssektoren.

**1984:** Bergarbeiterstreik.

**1985:** Unruhen in Birmingham.

**Dezember 1986:** 11,7% der erwerbsfähigen Bevölkerung sind arbeitslos.

**1987:** zum dritten Mal gewinnen die Konservativen unter Führung der Eisernen Lady die Parlamentswahlen

**1991:** die legendäre *Triumph Thunderbird* wird im Werk Hinckley bei Birmingham wieder aufgelegt, ohne sichtbares Plastik, mit Speichen und altem Schriftzug, was Freunde der urig bollernden Anglogeräte freuen wird. Zwischen 1956 und 1970 behauptete nur eine Marke den absoluten Geschwindigkeitsrekord, zuletzt mit 395,28 Stundenkilometern: Triumph. Unvergessen auch andere Marken, BSA, Matchless, Norton mit seiner Commander oder Vincent mit der Venom, welche die Angewohnheit hatte, bei »längerer Arbeit mit sechstausend Touren ihre Schrauben zu lösen, so wie sich ein angestrengter Mensch das Hemd aufknöpft« (Motor Revue). Der Motor der Triumph ist allerdings ein falsche Fuffziger: statt dumpfen Bullerns eher japanisches Nähmaschinensirren.

**1992:** Pfundabwertung.
Teile von Schloß Windsor werden ein Raub der Flammen. Die Ankündigung der Regierung, daß die Schäden der Steuerzahler tragen wird, löst einen Sturm der Entrüstung aus, mit der Folge, daß die Königin erstmals Steuern entrichten und die Apanagen für die ferneren Familienangehörigen tragen wird. Verkehrte Welt – richtige Könige haben doch immer nur Steuern eingezogen! Lang ist's auch her, daß ein Monarch, hier König *Georg VI.*, sich solidarisch mit seinem Volk zeigte und während des Zweiten Weltkrieges an den Badewannen von Windsor Markierungen anbringen ließ, die das warme Wasser auf eine asketische und beispielhafte Höhe von fünfzehn Zentimetern beschränkte. Wie er's wohl überprüfte?
Die *IRA* läßt in der Londoner City, in Bishopsgate, also dem Herzen der britischen Finanz- und Handelswelt, eine Bombe hochgehen. Sie macht klar, daß die Beendigung des Krieges in Nordirland nunmehr unbedingte Priorität haben muß. London unterstüzt Nordirland jährlich mit drei Milliarden Pfund. Das ist aus EU-Töpfen so nicht reinzukriegen und wird zu teuer.
Die anglikanische *Bischofssynode* beschließt, Frauen zum Priesteramt zuzulassen. So eine Schmach!

**1993:** *Tankerunglück* der Braer an der Südspitze der Shetlandinseln.

**1994:** Großbritannien ist seit dem Einbruch der Nordsee vor 5000-6000 Jahren, als die Themse noch ein Nebenfluß des Rheins war, keine Insel mehr. Eröffnung des *Ärmelkanaltunnels* am 6. Mai 1994. Paris ist in nur drei Stunden per Zug erreichbar.

**1995:** Verbot der *Hetzjagd* zu Pferde.

**1996:** Fußball EM Deutschland wird im Mutterland des Fußballs durch ein 2:1 in der Verlängerung (gegen Tschechien) Europameister. Schlimm war das Halbfinale für die Engländer (ausgeschieden nach einem 5:6 im Elfmeterschießen gegen Deutschland).

**1997:** 31. August: Prinzessin Diana verunglückt in Paris tödlich.

Die Bewohner Schottlands und Wales sprachen sich im September für die Einrichtung von Regionalparlamenten aus. Tony Blair wird neuer Premierminister.

**1998:** Friedensabkommen für Nordirland. Der frühere chilenische Diktator A. Pinochet wird in London festgenommen.

**2001:** Wiederwahl Blairs.

**2003:** Blair führt mit Bush einen kleinen Krieg gegen den Irak, woraufhin die Briten sich nicht mehr in moslemischen Ländern blicken lassen und sich besaufen dürfen (was dort ja eh schon schwierig war).

**2005:** Die britischen Unterhauswahlen finden am 5. Mai statt. Gewählt wird nach einem reinen Mehrheitswahlverfahren. In England und Nordirland finden am gleichen Tag Lokalwahlen statt. Wahlgewinner ist die Labour Party, womit der bisherige Premierminister Tony Blair in seinem Amt bestätigt ist.

## Sprachliches

Seit rund tausend Jahren versuchen die Briten nun Deutsch zu lernen. Noch ist es ihnen nicht gelungen.

Flachsereien beiseite: beide Sprachen sind als germanische Sprachen näher verwandt als es den Anschein hat. Zwar wird jeder in »room« Raum, in »cow« Kuh und vielleicht noch in »little« und »bottle« das Norddeutsche lütt und Buddel erkennen, aber nicht mehr in »clean« klein, in »grain« Grannen, in »window« Windauge, in »ask« heischen, in »answer« (entgegen-) schwören, in »went« (to go) wenden, in »read« raten, in »write« ritzen, »walk« walken – die

Verwandtschaft liegt in der Bewegung – in »stud« Stute oder in »town« Zaun (Niederländisch »tuin«, was dort Garten bedeutet), was aber wieder keltischen Ursprungs ist, oder in »silly« selig, obwohl ja vielleicht auch inhaltlich verdammt verwandt.

Das deutsche doof ist das englische »deaf« und bedeutet taub, dumm ist »dumb«, erinnert auch ans ältere deutsche »tumb« und bedeutet stumm (deaf and dumb, niederl. doofdomm = taubstumm) usw. Will der Engländer sagen, jemand sei doof, muß er »daft« sagen.

Der »marshall« ist zwar nicht unserem Marschall ebenbürtig, aber beide entstammen ursprünglich dem Pferdestall (mare-scalk, Mähren-Schalk = Pferdeknecht. Dieser, der Knecht, hat sich im Englischen zum Ritter aufgeschwungen (knight), im Mittelenglischen auch noch »knicht« gesprochen, ähnlich wie in Schottland »night« heute noch »nicht« lautet. Im militärischen Sprachgebrauch ist bei uns das Vergattern übriggeblieben, im Englischen »to gather«.

Es verhält sich nicht so, daß eine Sprache von der anderen abstammt, sondern daß beide gemeinsamen Wurzeln entspringen und ihr Wortschatz im Laufe der Zeit Bedeutungswandlungen unterlag. Grad so, wie der Mensch ja auch nicht vom Affen abstammt, sondern beide gemeinsame Vorfahren haben. Dialekte spielen in Großbritannien bis heute eine große Rolle, wenn auch das, was man heute als »accents« bezeichnet, eher »Industriedialekte« sind, also wie z.B. dieses Gemisch in unserem Ruhrpott, das kein bodenständiger, einheitlicher und gewachsener Dialekt ist, zwar westfälische und fränkische Wurzeln hat, sich aber in heutiger Form aus dem Zuzug von Menschen aus allen möglichen Regionen gebildet hat. Aufgrund häufiger Wikingerüberfälle an der Westküste haben sich teils ältere Formen der Aussprache oder des Vokabulas überhaupt erhalten, so sprechen Schotten noch »night«, »nicht« aus, »daughter« wird »dochter«, die Kirche ist »kerk« usw. In Teilen Lancashires und Yorks existiert noch das alte persönliche Fürwort für die zweite Person (thou = du, gesprochen mit »au« oder mit »u«; »you ist eigentlich »ihr«, also zweite Person Plural nicht Singular, wie viele meinen). Letztlich zeugen auch die vielen hellhäutigen, sommersprossigen Rotschöpfe der Westküste davon, daß ihnen die dortigen Mädels nicht abhold waren.

Noch heute besteht das Alltagsenglisch überwiegend aus Wörtern germanischen Ursprungs. Wer Texte ins Englische zu übertragen hat, ist immer wieder verwundert, wie »einfach« Sachverhalte ausgedrückt werden müssen, um wirklich Englisch zu klingen. Uns erscheint das häufig richtig unterbelichtet oder kindlich, insbesondere wenn fortwährend kurze Hauptsätze gebildet oder diese zudem dann noch mit einem simplen »und« aneinandergefädelt werden. Übersetzer können ein Lied davon singen. Im Deutschen geht das nicht. Was im Englischen häufig auch verbal ausgedrückt wird, muß im Deutschen oft substantiviert werden usw. Allgemein läßt sich sagen, daß das Englische um so mehr französischstämmige Wörter enthält, je abstrakter und wissenschaftlicher es wird. Rund 80% des alltäglichen Vokabulars hingegen sind germanischen Ursprungs.

Das lateinisch-französische Vokabular im Englischen ist übrigens Erbe des Normanneneinfalls und beruht auf schlechten Nachhilfestunden. Nein, Quatsch: in der

Tat waren die Kerle durch weichliches französisches Lotterleben korrumpiert, denn sie waren Wikinger, »Nord-Mannen«, und hatten ihre Sprache aufgegeben, da sie zum Bestellen von Austern, Hummer oder Froschschenkeln bei den einheimischen Köchen nichts taugte. Wollten sie Kalb ordern, so ging das in Frankreich nur noch als »veau« (veal). Die Angelsachsen hatten sich folglich umzustellen: das germanische »calf« blieb nur noch für das lebende Viech. Ähnliches gilt für Schaf (sheep und mutton, vom franz. mouton), Kuh (cow und beef, vom franz. boeuf), Schwein (pig bzw. swine und pork, vom franz. porc).

Deutsche Ausdrücke sind in Großbritannien auch vertreten: »Achtung«, »kaputt« und »verboten« kommen im ironischem Zusammenhang gut an, »dachshound« (Dackel), »realpolitik«, »noodles«, wird jeder erkennen. Ebenso: »strafing the audience with muscial napalm« oder »let's have a blitz on the washing-up«. »Bratwursty tourists« fanden sich in der Sunday Times. »Schadenfreude«, »angst«, »lieder«, »zeitgeist«, »ostpolitik«, »wunderkind«, »reinheitsgebot«, »gemütlich«, »abseilen« u.a. finden sich immer wieder in der Presse oder in – gehobener – Konversation. Lang eingeführte Wörter sind »rucksack« »kindergarten« usw.

## Im Folgenden
### das Nötigste zum Überleben:
Wer einen Anruf erhält, nennt nicht nur als erstes seinen Namen, sondern wiederholt praktischerweise auch noch seine Telefonnummer. Wünscht man jemanden Bestimmtes zu sprechen, sage man: *Could I speak/talk to ..., please?* Möchte man eine Nachricht hinterlassen: *Can I leave a message, please?* Sinnvollerwei-

se hat jeder seine Nachricht schon vorher präpariert. Schickt man ein *Hold on, please* durch die Leitung, so weiß der andere, daß er am Apparat bleiben soll.

In diesen Breitengraden, wo die jungen Engländer auch im Dezember im Kinderwagen an die frische Luft gesetzt werden, um sie auf ihr künftiges Leben vorzubereiten, kann sich auch folgender Satz als nützlich erweisen: *I'm afraid I'm a bit cold*, was zum Ausdruck bringt, daß der Sprecher vor Kälte schlottert. Um dem abzuhelfen, gelüstet es ihn vielleicht nach einer zusätzlichen Decke: *Could I have another blanket, please?* Letzteres Wort ist ungemein *wichtig*. Im Deutschen gibt es verschiedene Arten, in netter Form nach etwas zu fragen oder um etwas zu bitten. Oft reicht schon ein Konjunktiv, so daß wir auf ein »bitte« verzichten können. Nicht so in England. Festlandseuropäer sind bei den Insulanern deshalb als unhöflich oder gar »rude« uns Gerede gekommen.

## Museen

Oft außergewöhnlich, originell konzipiert, bisweilen gratis, aber in aller Regel nicht überteuert und nie steif oder ermüdend, vollgestopft mit den schönen Dingen, welche die Augen leuchten lassen. Subjektiv wie immer unsere Auswahl: in York, das *Castle Museum*, wo die Geschichte lebendig wird, und, in derselben Stadt, das *Jorvik Viking Centre*, wo man noch tiefer in vergangene Jahrhunderte abtauchen kann.

Auch Oxfords Museumsszene ist nicht ohne: siehe *Ashmolean Museum*, *British Museum* und *Old Ashmolean* mit einer Zusammenstellung der merkwürdigsten wissenschaftlichen Gerätschaften

von Anno Tobak. Unweit von hier das volkskundliche Museum *Woodstock* in Gestalt eines Museumsdorfes.

Auch wenn Bath eher zum Schlendern einlädt als zu Museumsbesuchen, so sollte man an zwei Museen nicht achtlos vorüberlaufen, dem dortigen *Spielzeugmuseum* und am *Textilmuseum* nämlich. Je nachdem, ob man sich anhand antiken Blechspielzeugs oder gewagter Miniröcke in die Vergangenheit zurückzuversetzen wünscht. In Polperro/Cornwall sollte man beim *Schmugglermuseum* vorbeischauen, in London beim *Science Museum* – zumindest alle, die gerne an irgendwelchen Schaltern drehen – oder bei der neuen Galerie *Turner*. Und stets den Studentenausweis parat halten.

Der *Internationale Studentenausweis* berechtigt oft zu Nachlässen, aber die freundlichen Eingeborenen akzeptieren oft auch den einfachen, nationalen.

## Bevölkerung

### Englisch sein oder nicht sein ... oder:

*Allgemeines über einige feine Unterschiede*

Wer sind sie nun aber? Albion, der Eigenwillige, welcher auf seiner Insel am Rande Europas hockt, hat es immer wieder geschafft die Bewohner des Festlandes zu verärgern. Seine überhebliche Gelassenheit hat bei den anderen Völkern im Laufe der Jahrhunderte Ablehnung, ja manchmal sogar Aggressionen geweckt. Die Engländer selbst sind überzeugt davon, daß die zivilisierte Welt in Dover endet, und Afrika gleich bei Calais beginnt. Der Franzose ist Cartesianer, sucht alles zu erklären und ist überzeugt davon, daß 2+2 immer 4 ergeben. Der

Engländer überläßt das Rechnen den Buchhaltern und findet es überhaupt ausgesprochen vulgär, seine Bildung zur Schau zu stellen. Ein gebildeter Engländer erwidert auf eine Behauptung stets mit: »Ach ja? Glauben Sie?« Zu tun, als ob man nicht wisse, daß die Erde rund sei oder zu beteuern, daß man das kleine Einmaleins nicht beherrsche, hat immer zum guten Ton an den bedeutenden englischen Universitäten gehört. Das kann natürlich zu einigen wirtschaftlichen Problemen führen.

Eines Nachts, Ende der fünfziger Jahre hatte der berühmte englische Nebel mal wieder zugeschlagen, so daß der Flughafen geschlossen wurde und sich auch nicht mal mehr die Fähren auf den Ärmelkanal hinauswagten. Am nächsten Morgen verkündete die Schlagzeile einer populären Tageszeitung: »Der Kontinent ist isoliert ...!« Diese Anekdote illustriert anschaulich, daß zwar nach allgemeiner Auffassung der Mond um die Erde kreist, daß aber die Engländer davon überzeugt sind, daß die Welt um die britischen Inseln kreist, auch wenn dies leider seit dem Verlust des Empire bei dem Rest der Menschheit immer mehr in Vergessenheit zu geraten scheint.

Die Franzosen kultivieren die Kunst zu leben, die Küche, die guten Weine, die Haute Couture, und je raffinierter und ausgeklügelter etwas ist, umso mehr identifiziert sich der Franzose damit. Der Engländer liebt das Absurde und Irrationelle. In diesem Land mit dem höchsten Niederschlag in ganz Europa wurden nicht nur die meisten Cabrios produziert, sondern darüberhinaus auch ein Auto kommerzialisiert, bei dem überhaupt ganz auf das Dach verzichtet wurde. Sie sind einfach göttlich, diese Engländer!

Die Wirklichkeit zu ignorieren und seiner eigenen Vision von der Welt anzuhängen, ist eine besondere Stärke der angelsächsischen Lebensphilosophie. Während des letzten Weltkrieges wurde ein Londoner Lebensmittelladen bei einem deutschen Luftangriff von einer Bombe getroffen. Am nächsten Tag hängte der Händler ein Schild an die Überreste seines Ladens, auf dem zu lesen war: »Geöffneter als gewöhnlich«.

Die kulturellen Wurzeln dieses Verhaltens lassen sich bis in die Artussage zurückverfolgen: geistige und charakterliche Vervollkommnung, die Suche nach dem Heiligen Graal, König Arthur und die Ritter der Tafelrunde, die ihre Zeit damit verbrachten, gegen die menschlichen Schwächen anzukämpfen, um so zu einer spirituellen Erhöhung zu gelangen. Dieses Ideal entspricht auch heute noch den ureigensten Bestrebungen des englischen Adels, und wird vom einfachen Mann auf der Straße übernommen. Besser zu sein als das, was man ist, für das *fair play* einzutreten, seine Gefühle zu bezwingen ... kurz und gut, die Engländer glauben, wenn sie sich den Anschein geben, großzügig und ritterlich zu sein, werden sie es mit der Zeit auch tatsächlich werden. An diesem Widerspruch zwischen der alltäglichen Engherzigkeit und dem großartigen lyrischen Ideal entzündet sich die Kritik der Spötter. Nicht umsonst hat Monty Python in „Ritter der Kokosnuss" die Artuslegende aufs Korn genommen.

Während man in anderen Ländern bei persönlicher oder nationaler Kritik furchtbar auf der Hut sein muß, ja keinem auf den Schlips zu treten, lieben es die Engländer geradezu, heftigst kritisiert zu werden. Nur wenn man einem Engländer den Humor abspricht, kann man ihn ernsthaft beleidigen.

## Der Brite und der Gemeinschaftssinn

Dem Engländer sagt man ausgeprägtes Phlegma nach, aber einen schlummernden Vulkan soll man nicht wecken. Man sollte ihm auch nicht seinen Platz wegnehmen. Jeder Brite ist glücklich, wenn er sich einer Warteschlange anschließen darf und Schlangestehen ist deshalb eine geheiligte Institution. Man muß sie folglich respektieren, obwohl es manchmal schwierig ist, herauszufinden, wann das Schlangestehen angebracht ist. Man tut es an der Bushaltestelle, auf dem Bahnhof beim Einsteigen in den Zug, an den Kino- und Theaterkassen, nicht aber in der Pause an der Bar. Alles in allem muß man die jeweilige Situation erkennen und dann entscheiden, ob Übung in Geduld am Platze ist oder erbitterte Verteidigung seiner Rechte.

### Das Recht anders zu sein

Über Politik zu reden ist in England ein Zeichen von ausgesprochen schlechten Manieren, und die britische Presse tut alles, um dieses peinliche Thema zu meiden. Die großen nationalen Tageszeitungen bieten ein Gemisch aus Fotos mit nicht allzu bekleideten Schönheiten, Skandalgeschichten unterschiedlichster Art, ein paar pikanten Mordfällen und Sportnachrichten.

Ma'am Thatcher hat ihrem Land klargemacht, daß es kurz vor dem Bankrott steht. Seit Indien sich die Unabhängigkeit erkämpft hat, benahm sich England wie ein ruinierter Aristokrat, der sein letztes Silber verscherbelt. Von nun an galt es, mehr als nur zwischen zwei Tassen Tee zu arbeiten. Durch den starken Einwanderungsstrom aus den ehemaligen Kolonien war das Land zudem gezwungen, das Leben in einer multikulturellen Gesellschaft zu erlernen. Kurz und gut, Großbritannien ist im Wandel begriffen.

Doch so radikal die Veränderungen auch sein mögen, es hindert die Engländer nicht, sich weiter ihren etwas exzentrischen Nationalcharakter zu bewahren. Denn gerade in diesem Land, wo ein Häuschen dem anderen ähnelt, ist es erlaubt anders zu sein. Ob es sich dabei nun um die extravaganten Moden der britischen Jugend handelt, die in regelmäßigen Abständen den Rest der Welt schockieren, oder um die Allüren der alten Aristokraten im Oberhaus, die – das Haar zum Pferdeschwanz gebunden – sich für die Polygamie aussprechen. Die Engländer lieben das Exzentrische, daran läßt sich nicht rütteln. Das Recht anders zu sein, egal ob als Individuum oder als ganze Nation, gehört zum kulturellen Erbe dieser kleinen Handvoll Inseln.

Kleines Beispiel für Skurriles: in *Willaston*, einem malerischen Weiler von rund 3000 Seelen, wird periodisch die Weltmeisterschaft im Regenwurmfangen abgehalten. Die Regeln sind einfach. Der Boden wird auf mancherlei Art in Schwingungen versetzt, was die Würmer, die glauben, es regne, an die Oberfläche treibt. Es darf also nicht gegraben werden. Das läuft so ab: angetreten wird auf dem örtlichen Fußballplatz, wo den hominiden Teilnehmer der Wurm-WM drei mal drei Meter messende Kampfgeviere zugewiesen werden. Gearbeitet wird zu zweit, mit einem Vibrierer und einem Sammler. Dann erhebt sich ein Schallen, Krachen, Bumsen und Quitschen, ein Tralala und Pampampam, wie es Menschenohr nur hier vernimmt. Mit in Bodenrichtung geblasenen Trompeten und artverwandtem Strahlengebläse, mit Trommeln, Rasseln und viel anderem Tschinderassabum, aber auch mit Saiteninstrumenten und Weisen vom Tonträger versucht die Kakaphonie-Fraktion der »Worm Charmer« die wurmtäuschenden Schwingungen zu erzeugen. Andere kloppen wie behämmert (oder umgekehrt) mit Schuhen, Flaschen, Hölzern oder sonstigen schlagtauglichen Gegenständen auf Mistgabeln ein, die sie in die Erde gerammt hatten – krude Methoden, die nicht von Einfallsreichtum zeugen. Bewunderung verdienen erfinderische Naturen, wie jemand, der sein Geviert mit einer Lokussaugglocke bepümpelt. Ein anderer schleppte beim letzten Mal einen als »Klumpfu«ß bezeichneten Apparat heran, einen »Regenimitationsrüttler Wiederum ein anderer brachte seinen Hengst mit, der immerhin 21 Würmer aus dem »plot« heraustänzelte. Nach halbstündigem Kampf waren 5432 Würmer zu vermelden. Der Gewinner hatte allerdings allein 160 aus dem Boden getrieben.

## Lebensart und Landessitten

### Die Pubs

Als typisch britische Institution gilt der Pub als Treffpunkt für jedermann. Dort findet man sich mit seinen Bekannten, Freunden oder ganz einfach mit der ganzen Familie ein, um ein paar entspannende und unterhaltsame Stunden zu verbringen. Der Pub ist normalerweise in mehrere Räume unterteilt. Die einst deutlichen Unterschiede zwischen der *public bar*, der *lounge bar*, der *saloon bar* und

der *private bar* – letztere ist dem Club vorbehalten – schwinden immer mehr. In einer Kneipe lassen sich aber noch häufig alle drei Eingäne finden.

Bei den Bezeichnungen Pub (Public House, Inn und Tavern wird heute kaum eine Unterschied gemacht. Die Inns sind ursprünglich alte Wirtshäuser mit Innenhof und Stallungen, wo auch Pferde gewechselt wurden, während die Taverns heute ein wenig in Vergessenheit geraten.

Bis zum Ersten Weltkrieg standen die Pubs ab nachmittags durstigen Kehlen offen. Die Arbeiter, die bis dahin nichts als bittere Armut gekannt hatten, verdienten durch die enorm gestiegene Waffenproduktion zum ersten Mal im Leben ein wenig Geld. Ihren Lohn trugen sie dann an den einzigen Ort, der zu jener Zeit ein wenig Vergnügen versprach: den Pub. Es wurde ihnen zur Gewohnheit, dort den größten Teil des Wochenendes zu verbringen, um dann am Montagmorgen vollkommen gerädert an der Arbeitsstelle zu erscheinen. In der Folge erließ die Regierung per Gesetz strikte Öffnungszeiten, so daß auch der Bierkonsum unter ihre Kontrolle geriet. Es gelang ihr mittels der Ausschanksgesetze, *licing laws*, die ganz Großbritannien fortan dulden mußte, und die Ausländer so seltsam fanden, die Arbeiter zur Arbeit zurückzuzwingen. Resultat: die Briten wurden Weltmeister, was die Geschwindigkeit anging, mit der sie beeindruckende Mengen Bier in Rekordzeit die Kehle hinunterlaufen ließen! Inzwischen sind die Öffnungszeiten aufgehoben.

Die Pubs, im Mittelalter Treffpunkt religiöser Zirkel und wegen ihrer höchst zweckmäßigen Lage an den Pilgerstraßen

Ort von Gemeindeversammlungen und schließlich Versammlungsorte der sich im 19. Jh. gewerkschaftlich organisierenden Arbeiter, haben oft noch ihre bleigefaßte Scheiben beibehalten, die geschwärzte Holzvertäfelung und die schummrige Beleuchtung wie zu Zeiten des Kerzenlichts und des schimmernden Kupfergeschirrs.

Amateurdedektive werden scharfsinnig bemerken, daß bestimmte Pub-Namen immer wiederkehren. So zum Beispiel »King's Head« zum Gedenken an *Karl I.*, den Cromwell köpfen ließ; »Red Lion«, der an die Kolonialkriege erinnert; »Royal Oak« zur Erinnerung an den Sieg Cromwells über *Karl II.*, der sich unter eine Eiche flüchtete.

Also, in einem echten Pub wird man das Bier liebevoll *draught* zapfen, was einer Kulthandlung gleichen kann. Das gewöhnliche Helle, *light ale* oder *pale ale*, zapft man praktisch ohne Schaum; es handelt sich eine lauwarme Flüssigkeit von schönem Goldgelb, die nichts gemein hat mit dem Bier bei uns, das man zur Auffrischung häufig mit Kohlensäure versetzt.

Und dann wird man Leute treffen. Keine Frage, in einem Pub bleibt niemand lang allein. Die anderen Gäste beziehen einen ganz unkompliziert in die Unterhaltung ein, behutsam und herzlich. Man spricht über alles und nichts und wird die besondere Atmosphäre spüren, die die Verschmelzung der Klassen mit sich bringt; hier läßt man seine soziale Herkunft an der Garderobe und verkehrt mit dem Gegner. Seite an Seite findet man den »cockney«, den typischen Bewohner des Eastends, der Arbeiterviertel Londons, den jungen geschniegelten, arroganten Manager, den Arbeiter, der die »Tribune«, die Zeitung des linken Flügels der Labour Party liest, die angesäuselte Sekretärin, den gerissenen alten Penner ... und den Touristen, mit Kulleraugen angesichts dieses Schauspiels und dem erstaunten Gesichtsausdruck eines Menschen, der eine neue Lebensart entdeckt.

Hier wird man nicht zum Trinken gedrängt; man holt sich das Gewünschte an der Theke, oder besser noch, wenn man's nicht eilig hat, setzt man sich, läßt die Umgebung auf sich wirken und genießt in aller Ruhe die Atmosphäre. Und wenn die durstige Kehle sich schließlich bemerkbar macht, dann bestellt man und zahlt sofort. Keine Streitigkeiten am Ende der Zeche über die Zahl der Runden: sobald man das Bier bekommt, wird berappt! Vor allem kein Trinkgeld geben; diese beschämende Unsitte ist gottlob noch nicht über den Ärmelkanal gedrungen.

Engländer sind übrigens höchst klassenbewußt und stolz auf die Zugehörigkeit zur jeweiligen Klasse. Die Unterschiede zwischen den »working classes« und der »middle class«, »upper middle class« etc. sind auch in unseren Tagen noch krasser als auf dem Kontinent – im Einkommen, in der Kleidung und Verhalten. Niemandem würde es einfallen, die Unterschiede und Gegensätze zu leugnen – im Gegenteil: man ist eher stolz auf die Zugehörigkeit zu »seiner« Klasse

## Wichtige Kleinigkeiten

**Elektrischer Strom:** 240 V. In der Regel andere Steckdosen als bei uns. In Elektrogeschäften sind Adapter zu bekommen. Die zwanzig Volt mehr reichen übrigens, so daß Fön oder Rasierapparat den Geist aufgeben. Nicht unbedingt, daß sie explodieren, aber sie laufen halt nicht. Besser also ein Rasiermesser und einen Palmwedel mitschleppen oder aber den Bart wachsen lassen und mit Strubbelkopf rumlaufen.

Man beachte: erst die Milch, dann den Tee in die Tasse gießen, was Hausfrauen zu schätzen wissen, bleibt doch auf diese Art kein brauner Rand an den Tassen. Eine englische Bekannte gab als weitere Begründung an, daß man sich derart das Umrühren und den Abwasch eines Löffels erspare. Sein Toastbrot in den Tee zu tunken würde wie bei uns als Flegelhaftigkeit betrachtet. Und die Konfitüre bitte mit dem Messer ranholen, niemals mit dem Teelöffel. Shocking! Brauner Zucker ist übrigens dem Kaffee vorbehalten.

Man schüttelt einem Engländer niemals die Hand, es sei denn, er wird einem das erste Mal vorgestellt. »Nice to meet you« ist dabei die Standardhöflichkeitsfloskel plus schneller Überleitung zu Wetter, Reise oder Gott und die Welt.

Ein Fernglas und ein Teleobjektiv werden Schottlandfahrern gute Dienste leisten, wenn sie die sagenhafte Tierwelt beäugen möchten.

## Sport, Spiel und »fair play«

Das Wichtigste beim Kricket ist, sich nicht zu bewegen. Einer der großen Vorzüge dieses Spiels, nach Meinung der Einheimischen, ist die Tatsache, daß es so langsam gespielt wird, daß dabei niemals ein Gespräch unterbrochen wird – weder auf dem Spielfeld noch bei den Zuschauern. Ein Match dauert mindestens fünf Stunden – unterbrochen von Mittagspause und Fünfuhrtee – und kann

sich bis zu dreißig Stunden, verteilt über fünf Tage, erstrecken. Man stelle sich mal vor, was passiert, wenn der Sommer völlig verregnet ist! Das längste Spiel überhaupt, zwischen England und Südafrika, mußte 1939 nach zehn Tagen abgebrochen werden, weil die Südafrikaner ihr Schiff nicht verpassen durften.

Die Spieler tragen alle die gleiche blütenweiße Kleidung, die Raffinesse des Spiels läßt sich nicht wahrnehmen, und die Regeln sind undurchschaubar. Doch Kricket ist in der Krise. Die Moderne hat das Fang- und Rückschlagspiel für zwei Mannschaften mit je elf Mann überrollt. Wer will noch sehen, wie ein Spieler (bowler) einen Lederball auf ein Gerüst aus Stöckchen (wicket) wirft, während der Gegner (batsman) versucht, die Kugel aus Kork und Leder mit einem Weidenholzschläger abzuwehren? Je nachdem, wie er den Ball zurückschlägt, kann er Punkte sammeln. Während die Feldspieler (fielders) der gegnerischen Mannschaft den Ball fangen und zurückwerfen, muß er, wenn der Ball durch die Luft segelt, möglichst oft zwischen zwei Wickets hin- und herrennen, um jeweils einen Punkt zu gewinnen.

Eine Beschreibung eines Kenners lautet so: »Es gibt zwei Mannschaften, eine draußen im Felde und eine drinnen. Jeder Spieler, der zu der Mannschaft gehört, die im Feld ist, geht raus, und wenn er draußen ist, kommt er rein und der nächste Spieler geht rein, bis er draußen ist. Wenn nun alle draußen sind, kommt die Mannschaft rein, die draußen war, und die, welche drinnen waren, gehen raus und versuchen die, die grade reingegangen sind, wieder rauszuholen. Manchmal kommen aber welche rein, aber nicht raus. Wenn bei beiden Mannschaften alle

Spieler drinnen und draußen waren, eingeschlossen, die die nicht aus sind, ist das Spiel beendet.

Jugendliche zieht's zu Fuß- oder Basketball, Sponsoren fehlen und so verfielen die Marketingstrategen darauf, die Mannschaften mit bunten Hemden antreten zu lassen. Das solle Zeitgemäßheit beweisen und die Jugend wieder anlocken, brachte aber nur böses Blut innerhalb der Kricketfreunde hervor, denn das Spiel ist Religion, das letzte Bollwerk von Sportgeist und Tradition gegen den Kommerzsport. Ein Relikt aus früheren fröhlichen Tagen, als das Gras grüner, der Brite glücklicher und das Empire mächtig waren.

Großbritannien wird von seinen ehemaligen Kolonien hart bedrängt. Indien, Pakistan und Sri Lanka verfügen über ausgezeichnete Mannschaften: der geheimnisvolle Orient hat hier einen kulturellen Berührungspunkt entdeckt und es ist ihm – womöglich mit Hilfe der Reinkarnation – gelungen, die Regeln noch besser zu verstehen als die Engländer selbst. Neuseeland und Australien, angespornt durch traditionelle Rivalitäten, lieben es, England auf seinem ureigensten Gebiet zu schlagen. Die Jamaikaner mischen mit, weil sie keine Spielverderber sein wollen. Der offizielle Wettkampf, bei dem England gegen Australien antritt, nennt sich *The Ashes* (Asche), seit die Australier 1882 zum ersten Mal dieses Turnier gewannen. Zwei enttäuschte Ladys verbrannten die Schlaghölzer, füllten die Asche in eine Urne und sandten sie nach Australien. Am nächsten Tag schrieb ein Sportkritiker:»An diesem Tage wurde die Asche des englischen Kricket zu Grabe getragen ...«. Da die Briten das nächste Spiel gewannen, durften sie die

Asche wieder mitnehmen. Noch heute wird weiter um diese Asche gespielt. Es handelt sich bei den »ashes« um zwei zierliche Behälter, beim exklusiven MCC (Marleybone Cricket Club) auf einem Purpurkissen gebettet, welche die bedeutendste Trophäe in diesem Sport sind. Dort finden sich noch weitere Reliquien, so ein ausgestopfter Vogel, erlegt durch einen Kricketball. Auch Menschen kamen schon zu Tode, so 1977 als Mitglieder beider Mannschaften im indischen Karatschi einen fünfzehnjährigen Schiedsrichter nach einer Fehlentscheidung mit ihren Hölzern zu Tode prügelten. Gut zweihundert Jahre zuvor hatte ein Ball Turbulenzen am englischen Königshaus ausgelöst, denn 1751 traf ein Ball *Frederik Louis*, den Prinzen von Wales am Kopf. Ein Abzeß, der zum Tode führte, war die Folge, und die Thronfolge änderte sich.

1992 sorgten die Pakistaner, deren Landsleute in Großbritannien sonst nur in Schnellimbissen arbeiten, für die bislang empfindlichste Schmach. Sie schlugen England auf dem Grün des MCC und düpierten die Erfinder des Spiels zudem mit einer neuen Wurftechnik, die dem Ball einen kaum zu berechnenden Drall gab.
Die Engländer rühmen sich gerne damit, sämtliche Sportarten erfunden zu haben, was auch nur geringfügig übertrieben ist. Sport nimmt im Schulleben einen wichtigen Platz ein. Ein gesunder« Geist in einem gesunden Körper heißt die Devise.

Bei einigen Sportarten ist es den Engländern nicht gelungen, sie zu exportieren, wie zum Beispiel das Käserollen, das seit dem 16. Jh. am Cooper's Hill stattfindet. Von dieser Sorte gibt es noch so einige, und wir denken dabei noch nicht einmal an das Baumstammwerfen, denn das ist eine schottische Leidenschaft. Siehe auch vorerwähnten »Regenwurmwettkampf«.

Sport steht in England notwendigerweise in Zusammenhang mit dem Wetten. Beim Käserollen geht es um das Weidenutzungsrecht! Die Engländer wetten um alles und jedes. Die *bookmakers* – eine private Institution in England – nehmen Wetten entgegen zu allen wichtigen Ereignissen. Ob der königliche Nachwuchs männlich oder weiblich sein wird, welches Land die nächsten olympischen Spiele austragen darf, oder ganz einfach, wie sich am folgenden Tag das Wetter gestalten mag. In letzterem Fall sind die Optimisten natürlich erheblich benachteiligt. Als bei einem unserer Aufenthalte einmal die Maul- und Klauenseuche ausgebrochen war, wurden Wetten darüber abgeschlossen, wie weit die Seuche in der Woche voranschreiten würde. In einem Pub in Nordengland haben wir Gäste beobachtet, die wetteten, welche von zwei Fliegen sich als erste setzen würde. Diese Lust am Wetten belegt, daß die Briten fest davon überzeugt sind, nichts anderes als der Zufall regiere das Leben. Neben Fußball sind natürlich Pferde- und Windhundrennen sehr populär.

## Darts

Nun ist man also im Pub ... Niemand spuckt mehr in das Sägemehl wie um die Jahrhundertwende, auch nicht in die riesigen Spucknäpfe, die für die Gäste bereitgestellt waren. Dagegen spielt man heute ständig mit Wurfpfeilen, den *darts*. Und das, weil ein Barbesitzer, der die Nase voll hatte von den Spuckwettkämpfen, sich eines Tages eine Spieländerung einfallen ließ, indem er seinen Gästen als Zielscheibe einen Faßboden aufhängte,

den es mit großen Nägeln zu treffen galt. So entstand das berühmte Spiel mit den komplizierten Regeln. Wir werden nun versuchen, es möglichst einfach zu erklären. Man kann einzeln oder in Mannschaften spielen. Ziel des Spiels ist es, von einer bestimmten Zahl an und als erster Null zu erreichen, indem man jedesmal die erreichten Punkte abzieht. Diese Zahl ist in der Regel 301, wenn es sich um zwei Spieler und 501, wenn es sich um zwei Mannschaften handelt. Jeder Spieler verfügt über drei Pfeile und versucht, die Zielscheibe zu treffen, die in 1,70 m Höhe vom Boden aus und 2,75 m entfernt von der sogenannten »hockey line«, an der Wand hängt. Jeder Pfeil markiert die Punktzahl, die der Einschlagstelle entspricht, oder diese Punktzahl wird verdoppelt und verdreifacht, wenn der Pfeil die Bereiche der Doppelt- oder Dreifachwertung getroffen hat. Man muß immer mit einer Doppelwertung anfangen, bevor man weitermachen darf. Die Pfeile, die zwar erst treffen, dann aber zu Boden fallen, zählen nicht. Das Ende ist häufig dramatisch! Man darf nicht über die Null hinausgehen, sondern muß weiterspielen, bis man sie genau getroffen hat. Abgeschlossen wird das Spiel mit einer Doppelwertung oder einem Treffer in die Mitte. Und, zuguterletzt, mit einer geraden Zahl! Viel Spaß also, und anfangs nicht um Runden spielen ...

## Die Bingo-Marotte

Die Frauen, vor allem die älteren Damen, sind verrückt nach Bingo. Dieses unserem Lotto ähnliche Spiel ist so typisch für England wie Kricket oder der Rolls Royce. Jede Stadt besitzt ihren eigenen Bingosaal. Man muß unbedingt mal eine Runde spielen, am besten abends, um dabei die echten Engländer kennenzulernen. Jeder Spieler verfügt über eine Karte, und in die gespannte Stille verkündet ein Sprecher die Zahlen. Es gewinnt derjenige, dessen Zahlen alle genannt werden. Die übrigen trösten sich damit, ihre letzten Münzen in die Spielautomaten, die *slot-machines*, zu werfen, von denen keiner wie der andere ausschaut. Natürlich hat die Elektronik auch hier längst Einzug gehalten, insbesondere an den *piers* und in den *amusement arcades*. Die Glücksspielautomaten sind auch unter den sinnigen Bezeichnungen *fruitmachine* oder *one-armed bandit* bekannt. Einen Bogen sollte man um jene Pubs schlagen, wo man kein Bargeld sondern *tokens* gewinnt, die an der Theke nur in Flüssiges umgewandelt werden können.

## Verkehrsmittel

### Autofahren

Vorsicht: man kennt keine generelle Vorfahrt von rechts oder links. An jeder Kreuzung wird sie durch ein Schild oder Markierungslinien auf der Fahrbahn festgelegt.

Der Kreisverkehr ist sehr verbreitet und man fährt in ihn im Uhrzeigersinn hinein; Vorfahrt haben die im Kreis befindlichen Wagen. In der Regel schlüpft man ohne Probleme und Staus hinein. Den Kreisverkehr, *roundabout*, findet man sehr häufig anstelle unserer dusseligen Ampeln.

Fußgänger, die zu erkennen geben, daß sie die Straße überqueren wollen, haben grundsätzlich Vorrang, was recht lästig ist. Daran sollte man vor allem an den sogenannten *pelican-crossings* und *zebra-crossings* denken. Letztere werden durch gelbe Leuchtmarkierungen angezeigt.

Geschwindigkeitsbeschränkungen gibt's nicht aus Jux und Dollerei:

**innerörtlich:** 30 Meilen (48 km/h)

**auf Landstraßen:** 60 Meilen (96 km/h)

**auf Autobahnen** *(motorways)* und Straßen mit getrennten Fahrbahnen *(dual carriageways)*: 70 Meilen (112 km/h)

An die gemütliche Fahrweise gewöhnt man sich; wegen der zahlreichen *roundabouts* bleibt einem auch nichts anderes übrig. Selbst wenn's über die Autobahn eine gute Ecke weiter ist, kann man so eine Menge Zeit einsparen, obwohl das im Urlaub ja keine Rolle spielen sollte! Die Autobahnbenutzung ist in Großbritannien übrigens gebührenfrei. Nationaler Führerschein, Kraftfahrzeugbrief und grüne Versicherungskarte genügen. Wer einen fahrbaren Untersatz mieten möchte, muß in der Regel mindestens 21 Lenze zählen und sollte vorsichtshalber einen internationalen Führerschein bereithalten. Das Kutschieren auf der linken Straßenseite bereitet normalerweise keine unüberwindlichen Schwierigkeiten, zumal wenn der Beifahrer an Kreuzungen und beim Überholen ein wenig mitdenkt. Aufpassen beim Verlassen einer Tankstelle oder beim Einbiegen in eine vierspurige Straße nicht auf die falsche Seiten zu geraten. Geschieht immer wieder!

Kennt jemand die Entstehungsgeschichte des Linksfahrens? Schon im Mittelalter hatten die Ritter begriffen, wie vorteilhaft es war, sich auf der linken Straßenseite zu halten. In der Tat war es im Falle eines Angriffs von Straßenräubern sehr viel leichter, sich zu verteidigen: mit dem Schwert in der rechten Hand konnte man sich gegen den Gegner zur Wehr setzen. Ob's stimmt? Pferdekenner behaupten, die Sache stamme aus Zeiten, als man mit Roß und Wagen unterwegs war, denn Pferde würden auf gerader Strecke stets einen Linksdrall haben. Napoleon erst hat das Rechtsfahren in allen von ihm eroberten Ländern eingeführt. Es fehlte nicht viel, und auch die Engländer hätten ihr Linksfahren aufgeben müssen.

## Fahrräder

In den kleinen Städten und den Dörfern besteht häufig die Möglichkeit, wochenweise Fahrräder zu einem erschwinglichen Preis zu mieten (rent a bike).

Auf allen Strecken verkehren Züge mit Gepäckwagen, in denen man seinen Drahtesel ohne Umstände mitführen kann. Sich vorsichtshalber im Bahnhof nach dem bike it by train-Service erkundigen.

## Omnibusse

Natürlich existiert eine Reihe privater Anbieter für Rundfahrten und Ausflüge. Busfahren ist wesentlich populärer als bei uns, und man kommt mit einer *coach* durchs ganze Land zu gewöhnlich bedeutend günstigeren Preisen als mit den Zügen. Ein *bus* ist übrigens nur der im Nahverkehr, während alles andere mit *coach* bezeichnet wird. Zu unterscheiden sind dabei die *country buses*, die nur für die Grafschaften zuständig und in der Regel unbequem, alt, langsam und teuer sind, und die bequemen, im ganzen Land anzutreffenden *National Express Coaches*.

Vergessen wird meist der *Postbus*. Ja, ja, richtig, mit dem Briefträger können Urlauber auch die entlegensten Gebiete kennenlernen, denn die Busse müssen überall hin. Sie bieten zwei bis vierzehn Plätze zu ähnlichen Preisen wie die Linienbusse. Durch England und Wales führen zweiundvierzig und durch Schottland über hundertundvierzig Routen, Inseln inbegriffen. Auskünfte:

## Royal Mail Postbus
www.royalmail.com

## Bahn

Vorweg sei angemerkt, daß Bahnreisen um einiges teurer ausfallen als die mit dem Bus.
*Single* bedeutet »einfach«, *day return* Hin- und Rückfahrt an einem Tag. Autoreisezüge heißen in Großbritannien *Motorail*.
Wer über die Flughäfen Heathrow oder Gatwick eintrudelt und sich gar nicht erst in London aufhalten möchte, nehme den Direktzug zum Bahnhof Reading. Eine bequeme Alternative für Reisende in Richtung Westen oder Norden nach Salisbury, Oxford, Bath, Bristol, Exeter, Penzance, Cardiff, Birmingham usw. Der Zubringer benötigt bis Reading ganze 45 Minuten.

## Boote

Es besteht die äußerst reizvolle Möglichkeit, Großbritannien auf seinen zahllosen Kanälen, insgesamt dreitausend Kilometer messend, zu durchkreuzen. Allerdings ist das Bootfahren ziemlich kostspielig. Auskünfte über Bootsvermietung erteilt:

## Inlands Waterways Association
www.waterways.org.uk

## Camping / Caravan
Caravan Club Sites
www.caravanclub.co.uk

# LONDON

## Allgemein

Neben dieser riesigen, modernen, lärmenden und von Menschen wimmelnden Metropole, in der das Leben pulsiert, vibriert, ja, fiebert – wenn auch nicht immer aufgrund übermäßiger Herzenswärme – wirkt fast jede andere europäische Großstadt provinziell. Nennen wir ein beliebiges Adjektiv, es trifft fast mit Sicherheit auf irgendeines der Londoner Viertel zu. Unter den Dutzenden Galerien und Museen, den Tausenden Restaurants und den Zehntausenden Pubs dürfte für jeden etwas dabei sein. Nicht wegzudenken sind auch die Taxis, die wie Schnecken bei Regenwetter aus allen Winkeln hervorzukriechen scheinen. Und da dies nicht gerade selten der Fall ist ... Überhaupt ist das Wetter ein heikles Thema. Es wäre übertrieben zu behaupten, daß es ununterbrochen regnete, aber es läßt sich auch nicht leugnen, daß der »brolly« (v. »umbrella«), der Regenschirm, häufig zum Einsatz kommt. Der Regen mißachtet die Klassenschranken, er ist wahrhaft demokratisch. Die Cockneys am East End, die Geschäftsleute in der City, die armen Schlucker und die Touristen in Soho, die Schickeria in Chelsea ... alle werden gleichermaßen von ihm benetzt.

In London findet jeder mit Sicherheit genau das Gesuchte: ein Abendessen mit Rockmusik, ein irisches Pub, chinesisches Porzellan, indische Küche, einen Film über die verhängnisvollen Folgen des Thatcherismus, die verrücktesten Spielzeuge der Welt, den edelsten Tee, eine ansonsten unauffindbare Schallplatte, impressionistische Gemälde, etruskische Kunst, weitläufige Parks ...

So riesig, so vielfältig und so schwierig zu überblicken ist diese Stadt, daß es einer Gebrauchsanweisung bedarf, um sich halbwegs schnell heimisch zu fühlen. Dazu mögen die folgenden – in aller Bescheidenheit geäußerten – Ratschläge dienen, die wir allen ans Herz legen möchten.

## Ankunft am Flughafen

### Vom Flughafen Heathrow aus

**U-Bahn:** mit Sicherheit am praktischsten. Die Piccadilly Line fährt in einer Dreiviertelstunde unmittelbar ins Herz der Stadt. Häufige Abfahrten. Eine Fahrkarte erwirbt man entweder in der Ankunftshalle oder in der U-Bahnhalle. Es ist zu beachten, daß zwei Haltepunkte existieren, und zwar eine für Terminal 4 und eine für die Terminals 1, 2 und 3. London Transport: ☎ 020 72 22 12 34

**Mit dem Bus:** man besteigt einen der im Zehn-Minuten-Rhythmus verkehrenden *airbusses* und rührt sich nicht bis Endhalte Victoria oder Euston. Teurer und zeitraubender als die U-Bahn, besonders zu den Hauptverkehrszeiten. Die Fahrt beansprucht zwar eine bis anderthalb Stunden, dafür geht's an etlichen Hotels und Bahnhöfen vorbei.

**Geldwechsel:** Wechselbüros in allen Terminals. Da es keine Banken sind, wechseln sie zu haarsträubenden Kursen. Also nur im Notfall und das Nötigste hier umtauschen.

**Vom Flughafen Gatwick aus**

**mit dem Zug:** jede Viertelstunde der nicht ganz billige *Gatwick Express* Richtung Victoria (Fahrtdauer 30 Minuten). National Rail Enquiry: ☎0044 0 20 7278 5240. www.nationalrail.co.uk

**mit dem Bus:** die *Flightline 777* nach Victoria. Teuer. ☎0990 74 77 77 Etwa ein Bus pro Stunde. Auch andere Busunternehmen verkehren auf dieser Strecke.

## Nützliche Adressen

**Verkehrsämter**
**British Travel Centre:** 12 Regent St., SW 1, U-Bahn: Piccadilly Circus. Montags bis freitags 9.30-18.30h geöffnet, samstags und sonntags 10-16h. Große Auskunftsstelle, das verschiedene Dienstleistungen für ganz England ausführt: Fahrkartenreservierungen für Züge und Busse, Kartenverkauf für kulturelle Veranstaltungen, Hotel- und B&B-Buchungen (kostenpflichtig. Das Personal ist freundlich, fachkundig und parliert in mehreren europäischen Zungen. Die Prospekte sind bis auf wenige Ausnahmen kostenlos. Man sollte sich unbedingt einen Londoner Stadtplan aushändigen lassen. Ohne den läuft nix.

**London Tourist Board (LTB):** Unterhält an wichtigen Knotenpunkten der Stadt Zweigstellen. Nur für London zuständig. Bei jedem der Ableger lassen sich »kostenpflichtige« Hotel-, Jugendherbergs- und B&B-Buchungen vorneh-

men. Für die Jugendherbergen wird nur eine geringe Vermittlungsgebühr verlangt, höher liegt sie für B&B. Zur Hauptsaison sind die LTBs ihr Geld wert. Hier die wichtigsten Zweigstellen:

*LTB Victoria Station Forecourt SW 1:* vor dem Bahnhof plaziert. Zwischen Ostern und Oktober täglich von 8-20h, den Rest des Jahres bis 19h geöffnet. Liste aller offiziellen und privaten Jugendherbergen sowie Stadtplan erhältlich.

*LTB Harrods:* im Untergeschoß des berühmten Kaufhauses, Brompton Rd, Knightsbridge, SW 1. Von 9.30-18h geöffnet (genau wie das Kaufhaus). Für die Snobs unter unseren Lesern. Fotografieren leider untersagt.

*LTB Tower of London:* West Gate EC 3, U-Bahn: Tower Hill. Zwischen Ostern und November von 9.30-18h, sonntags 10-18h geöffnet.

*Liverpool Street U-Bahnhof:* Liverpool St. EC2. Montags bis freitags von 9.30-18.30h, samstags von 8.30-18.30h und sonntags von 8.30-15.30h geöffnet.

## Wissenswertes zu Verkehrsmitteln

***London Regional Transport Travel Information Service:***
☎*0171-2 22 12 34,*
*www.tfl.gov.uk*
Rund um die Uhr besetzter Telefonservice, der Auskünfte über Bus-, U-Bahn- und Bahnverbindungen in und um London erteilt.

**Busbahnhof:** Victoria Coach Station, Buckingham Palace Rd. Beim Verlassen des Victoria Bahnhofs zur Linken. Zahlreiche Busse in Richtung Provinzstädte. **London Transport Sightseeing Tour:** in einem Bus mit offenem Verdeck wird man durch die Stadt kutschiert. Täglich 10-17h. Wirklich nett. Abfahrt ab Haymarket, Marble Arch, Baker Street und Viktoriabahnhof. Weitere Stadtrundfahrten ähnlichen Kalibers haben ihren Ausgangspunkt den ganzen Tag über auch vor dem Britischen Museum.

# Banken

Die Banken sind im allgemeinen von 9.30-15.30h geöffnet, manchmal etwas länger, und samstags und sonntags geschlossen. Idealerweise wechselt man hier sein Geld. Die Wechselstuben sollte man meiden, da sie nur mittelmäßige Kurse anbieten. Dafür sind sie dicht gesät und länger geöffnet als die Banken. Das ist aber auch ihr einziger Vorteil. Man findet sie an den Flughäfen, in den Bahnhöfen, an manchen U-Bahnhalten und in einigen Kaufhäusern.

**Reiseschecks:** die Banken kassieren eine nicht unerhebliche Gebühr für jeden eingelösten Scheck. Deshalb sollte man lieber Schecks über größere Beträge mitnehmen. Um überhöhte Gebühren zu vermeiden, sollte man den Scheck möglichst bei der gleichen Bank einlösen, die ihn auch ausgestellt hat (z.B. American Express, Thomas Cook etc.). Im schlimmsten Fall marschiert man halt zum Wechselbüro.

# Postämter und Telefon

**Öffnungszeiten der Postämter:** werktags von 9-17.30h, samstags bis 12h

**Postlagerung:** folgendes muß beispielsweise auf dem Brief stehen: Hans

Reisefieber, Poste restante, London. Dann: *London Chief Post Office*, King Edward St., EC1. Die Briefe werden einen Monat lang kostenlos aufbewahrt und gegen Vorlage des Passes ausgehändigt. ☎08457 22 33 44

# Medizinische Versorgung

Krankenhäuser mit Notdienst rund um die Uhr. In dringenden Fällen kostenlose Behandlung.

**Notruf:** 999

### Charing Cross Hospital
*Fulham Palace Rd, W 6,*
☎*020 88 46 14 09.*
U-Bahn: Hammersmith.

### Bei rasenden Zahnschmerzen:
Eastman Dental Hospital, *256 Gray's Inn Rd, WC1X 8LD.*
☎*020 79 15 10 00.*
U-Bahn: King's Cross. Montags bis freitags von 9-12h und 13.30-16h geöffnet. Keine Voranmeldung nötig.

# Englischlernen

Für alle Streber, die statt zu faulenzen, während ihres Londonaufenthaltes ihr Englisch aufzupolieren wünschen:

### Marble Arch Intensive English:
*21, Star St., W2 1QB,*
☎*020 74 02 92 73.*
U-Bahn: Edgware Rd und

### Sels College London
*64-65 Long Acre, WC2E 9SX,*
☎*020 72 40 25 81,*
U-Bahn: Covent Garden. Diese beiden Schulen bieten Intensivkurse während

der Sommermonate an. Neben anderen Vorzügen zeichnen sie sich auch dadurch aus, daß sie ihren Schülern eine Unterkunft besorgen.

## Gebrauchsanweisung für London

Besuchen wir lieber ein Viertel einen Tag lang ausführlich anstatt in einer Woche dreimal hinzufahren. Jede Ecke hat ihre Eigenheiten. Brick Lane und Petticoat Lane Market beispielsweise sollte man sonntags, am Markttag, ansteuern. Im Anschluß stärkt man sich vielleicht mit einem Sandwich bei Blooms, ehe man in der Whitechapel Art Gallery etwas für seine Bildung tut. Und so ähnlich kann man in jedem Viertel verfahren.

Stets das nächstgelegene Restaurant seiner Wahl aufsuchen, denn die Entfernungen sind unendlich. Dasselbe gilt für die Pubs. Jedes Viertel hat auf diesem Gebiet Vortreffliches aufzuweisen, so daß es unsinnig ist, sich die Sohlen abzulaufen, es sei denn, jemand habe etwas wirklich Einzigartiges im Visier. Bevor man sich auf die Socken macht, möge man sich über die Öffnungszeiten von Museen und öffentlichen Gebäuden kundig machen.

## Londoner Verkehrsmittel

U-Bahn und Bus stellen die besten Verkehrsmittel dar. Für die einfache Fahrt zahlt man allerdings einen so horrenden Preis, daß man gar keine andere Wahl hat als die günstigeren Tages- oder Wochenkarten zu erwerben. Sich gleich bei der Ankunft einen U-Bahn-Plan und einen Busplan besorgen. Wer etwas in Bus oder U-Bahn verliert, kann hoffen es im

Fundbüro: Lost Property Office, 200 Baker Street, NW1 5RZ, wieder zufinden. Montags bis freitags 9.30–14h geöffnet.

## U-Bahn
## (Underground oder Tube)

Dort sind die Engländer sehr demokratisch: es gibt in der U-Bahn nur eine Klasse für alle, weswegen in ein und demselben Abteil auch der verträumte Studenten Seite an Seite mit dem höchst würdigen britischen Bankier hockt. jeweilige Endhalte wird sowohl am Kopf des Zuges als auch auf dem Bahnsteig angezeigt, ebenso auch immer die Zeit bis zum Eintreffen der Bahnen. Übrigens unbedingt den Fahrausweis aufbewahren, da er am Ausgang vorzuweisen ist. Die letzten Bahnen verkehren zwischen 23.30 und 0.30h; die genaue Zeit ist am Fahrkartenschalter angegeben. Die erste Bahn rattert morgens gegen 5.15h los. Dies also im Zeitplan berücksichtigen.

Nebenbei bemerkt: vor Überfällen und Pöbeleien ist man aufgrund des aufwendigen Kartenkontrollsystems verhältnismäßig sicher, nicht so vor technischen Pannen u.a. Vorfällen. Gut auf Geld und Papiere achten, Handtasche stets gut geschlossen halten, Klappe nach innen zum Körper und möglichst vorne tragen.

### Busse

Busfahren ist preiswerter und angenehmer als die U-Bahn.

**Rote Busse:** verkehren nur innerhalb Londons. Die alten, allen bekannten werden nach und nach von der nun privaten Betreibergesellschaft abgelöst.

## Taxifahren

Billiger als bei uns und ausgesprochen praktisch, da man leicht eins auftreibt, und bis zu fünf Personen darin Platz finden. Es ist so hoch, daß selbst ein Gentleman darin Platz finden kann, ohne den Hut abzunehmen. Das Taxi erweist sich vor allem dann als nützlich, wenn man aus der Disco kommt und feststellt, daß keine U-Bahn und kein Bus mehr verkehren. Der Kontakt mit dem Fahrer ist durch eine Glasscheibe zwischen Fahrer und Fahrgästen eingeschränkt. Das heißt aber nicht, daß die Londoner Taxifahrer nicht freundliche Menschen seien. Es ist frei, wenn das gelbe Zeichen »For Hire« leuchtet.

**Taxi-Rufnummer:** *Black Cab London*, 0208 663 6400

## Fahrradvermietung

### Bikepark
*63 New King's Rd.*
☎ *020 77 31 70 12*

### London Bicycle Tour Company
*1a Gabriel's Wharf, ☎ 020 79 28 68 38,*
*mail@londonbicycle.com,*
*www.londonbicycle.com*

### Scootabout
*1-3 Leeke St.*
☎ *020 78 33 46 07*

## Mit dem Auto unterwegs

Absolut nicht empfehlenswert! Unglaublicher Verkehr, kaum Parkplätze dort wo man sie gerne hätte und wegen Stadtmaut auch sehr teuer. Lieber Auto außerhalb abstellen und die U-Bahn nehmen.

## Mit dem Boot auf der Themse

Eine originelle und schnelle Art und Weise die Ost-Westachse der Stadt zu besichtigen. *River Boat Information*, ☎ 0839 12 34 32. Dieses Unternehmen bietet verschiede Rundfahrten auf der Themse an, wobei die wichtigsten touristischen Sehenswürdigkeiten zwischen Hampton Court Pier und Greenwich angesteuert werden. Die Schiffe passieren die Haltepunkte alle zwanzig, dreißig oder fünfundvierzig Minuten, je nach Jahreszeit und Lage des Piers. Die wichtigsten Anlegestellen: Putney Pier (an der Putney Bridge), Westminster Pier (an der Westminster Bridge), Charing Cross Pier (an der Waterloo Bridge), Festival Pier (auf der gegenüberliegenden Seite der Waterloo Bridge), London Bridge City Pier (London Bridge), Tower Pier (Tower Bridge), Greenwich Pier (Greenwich), Barrier Garden Pier (nahe der großen Flutsperre von London).

Eine zweistündige Fahrt auf der Themse erlaubt es, London zu besichtigen, ohne müde Beine zu bekommen. Wenn man dazu noch einen Sonnentag erwischt ... Hier zwei Schiffahrtsgesellschaften, die auch Ausflüge zu weiter entfernten Zielen anbieten:

### Jason's Trip
☎ *020 72 86 34 28,*
*www.jasons.co.uk*
oder

### London Waterbus Company
☎ *020 7482 2660*
*www.londonwaterbus.com*

## Streifzüge durch London

Zu empfehlen sind geführte Rundgänge, die unter bestimmten Themen stehen, so z.B. Dickens London, Pubs von geschichtlicher Bedeutung, eine Beatles-Tour u.v.m.

Hier einige Nummern: *Original London Walks:* 020 7624 3978, *Ghost Walks:* 020 8530 8443

Sicher ist es schon aufgefallen, daß bei allen Londoner Adressen diese komischen Buchstaben und Ziffern auftauchen (z.B. SW1, NE2 etc.). Es handelt sich hierbei nicht um den Radiosender, der am günstigsten zu empfangen ist, sondern um die Himmelsrichtung der jeweiligen Straße zur Innenstadt. SW1: South West 1; NE2: North East 2; WC1: West Central 1 und so weiter. Je höher die Zahl, umso weiter die Entfernung zur Stadtmitte.

Was den besonderen Reiz Londons ausmacht, das sind die Gegensätze: ein riesiger »Kuchen« niedriggeschossiger Bauten und weitläufige Parkanlagen im Herzen der Stadt. Ein einheitliches Altstadtviertel sucht man vergebens: die sind dem Großen Feuer von 1666 fast vollständig zum Opfer gefallen, das die Stadt von der im Vorjahr wütenden Pest reinigte. Auch städtebauliche Wunden in Gestalt von Hochhauskomplexen halten sich in erträglichen Grenzen.

Bei London handelt es sich um eine in einzelnen Ringen angelegte Stadt. Im innersten Ring befindet sich der touristische und wirtschaftliche Mittelpunkt der Stadt sowie fast alle Hauptsehenswürdigkeiten. Je weiter man nach außen vordringt, desto schäbiger werden die Viertel, bis man schließlich bei jenen landet, die man zumindest besser nachts ausläßt. Ohne Übergang schließen daran »vor allem im Norden und Süden« die grünen und wohlhabenden Vororte an.

## Die Zentren

### Geschäftsviertel:

*City of London:*
Von Saint-Paul bis zum Tower. Die City wird von der berühmten Fleet Street durchzogen – benannt nach dem Fleet, der hier in die Themse mündet – auf der sich die Hauptstützpunkte der englischen Presse befanden, als diese noch die Weltmeinung diktierte. Viele der bedeutenden Zeitungen sind in das neue (Pleite-)Viertel an den Docks umgezogen, aber zumindest das Daily Express Gebäude, ein Meisterwerk der moderner Architektur aus den Zwanzigern, läßt sich noch besichtigen. *Robert Murdoch* hatte seinerzeit den Überraschungscoup mit einem Umzug in die Docklands eingeleitet.

Die City, das ist die Geschäfts- und Bankengegend, aber *wir* werden dort keine Geschäfte tätigen ... Man spürt dort häufig eine gewisse Unruhe, denn alles dreht sich um die Arbeit. Selbst die Pubs haben entsprechend angepaßte, außergewöhnliche Öffnungszeiten. Nachts, wenn die Büros geschlossen sind, spielt sich dort genauso wenig ab wie am Wochenende. Die City besitzt einige Vorrechte: hier hat der jährlich neugewählte Oberbürgermeister seinen Sitz (1984 war es das erste Mal eine Frau), sie hat eine eigene Verwaltung und eine eigene Polizei. Die Queen läßt sich jedes Jahr in Form einer Zeremonie die Schlüssel der City übergeben. Ohne Erlaubnis darf sie die City of London bis heute nicht betreten. Grenze ist Temple Bar auf der Fleet Street kurz nach Aldwich.

Auf der Lime Street treffen wir auf *Lloyd's,* die größte Versicherungsfirma

der Welt. Sie trägt den Namen eines Gast-
wirts aus dem 17. Jh., bei dem Reeder und
Versicherungskaufleute verkehrten. Übrigens machte der gute Mann mit Namen
*Edward Lloyd* zwar vieles in seinem
Lebens, aber er war nie selbst Versiche-
rungsmakler ... Lloyd's nimmt alle möglichen Versicherungen in Auftrag: von der
Tankerladung über die Beine einer Tänze-
rin bis zum Wetter am Hochzeitstag.

## Touristischer und bürgerlicher Mittelpunkt City of Westminster:

Von Covent Garden bis zum Buckingham Palace und von der Themse bis zum
Regent's Park. Von Osten nach Westen:
Die Gegend um den *Covent Garden*
wurde vollkommen neu gestaltet, glücklicherweise unter Beibehalt der schönen
alten Markthallen. Viele Geschäfte und
Lokale beleben das Viertel. In dieser
Ecke wie auch am *Leicester Square* sind
Dutzende von Kinos und Theatern zu
entdecken, aber auch zahlreiche Pubs, in
denen man zu ganz vernünftigen Preisen
essen kann. Gar nicht weit vom Leicester
Square beginnt *Chinatown* in Soho mit
seinen Fußgängern vorbehaltenen
Straßen sowie chinesisch geschwungenen
Toren, die eher ein wenig zu mager ausfallen.

*Soho:* Reich der Ausländer und seit lan-
ger Zeit Zufluchtsort für Verfolgte aller
Art, gleichgültig, ob man sie aus politischen oder rassischen Gründen jagte.
In der *City of Westminster* im Westen
sowie im Norden liegen die wichtigen
Geschäftsstraßen, wie die *Oxford Street,
die Regent Street, Shaftesbury Ave, New
Bond Street, Old Bond Street, Charing
Cross Rd, Tottenham Court Rd, Strand*
und *Piccadilly Circus*, welche die bei
Touristen so beliebten Viertel einrahmen
oder begrenzen.

Das Ufer der Themse säumen die großen
Bauten: die *Law Courts, der »Temple«,
die Nationalgalerie, Horse Guards, Par-
lamentsgebäude, die Westminsterabtei* ...
Aber es gibt auch in dieser Gegend einige fantastische Pubs und zum Ausruhen
für alle Naturliebhaber herrliche Parkanlagen, wie den *St. James's Park*. Reizvoll
ist auch ein Bummel durch das südlich
vom *St. James's Park* gelegene Gäßchen
*Queen Anne's Gate.*

Der Name *Temple* rührt vom Templeror-
den her, der hier bis zur Auflösung durch
*Heinrich VIII.* ein Kloster unterhielt. Hier
werden Englands renommierteste Juri-
sten ausgebildet.
Nördlich liegt *Marylbone* und *Madame
Tussaud's, Regent's Park* und der *Zoo,*
weiter westlich *Green Park* und *Buckingham Palace* dann *Belgravia*, das Bot-
schaftsviertel. Die Wachablösung am
Buckinham Palace findet um 11.30h
statt. Gut zu verbinden mit der der Hou-
sehold Cavalry bei den *Horseguards* in
Whitehall um 11h, sonntags 10h.

## Nobelviertel:

*Brompton*, das Luxuskaufhaus *Harrods*
und die noblen Läden von *Knightsbridge*
und dem *Beauchamps Place.*
weiter westlich: *Kensington, Holland
Park* und *Notting Hill Gate.* Alles Viertel, in denen sich die Atmosphäre immer
mehr entspannt.
Entlang der Themse: *Pimlico* und die
*Tate Gallery* (unserer Meinung nach das
schönste Museum der Stadt); ein Viertel,
das leider durch den Bau großer
Bürohäuser etwas gelitten hat. Dann
*Chelsea*, wo es bedeutend braver als
noch vor ein paar Jahren zugeht, und die
berühmte *King's Road*, von netten
Geschäften und Restaurants gesäumt.
Leider oft gesalzene Preise.

## Zweiter Ring

### Südufer der Themse:

*Southwark und die Docks:* noch in den fünfziger Jahren wurde die Hälfte des Außenhandels der Metropole in den Docks abgewickelt.

Als das »Empire« zu schrumpfen begann, bis es schließlich ganz dahinschwand, überließ man die Docks allmählich ihrem Schicksal. Der Ort wurde zu einer wahren Räuberhöhle, und nur dank rigoroser politischer Maßnahmen konnte ein Wandel herbeigeführt werden. Heute lohnt das Viertel einen Besuch. Sehenswert ist das *Design Museum*, die *Hay's Gallery* und etwas weiter das *Tobacco Dock*. Über ihren architektonischen Wert läßt sich gewiß streiten.

Folgt man weiter dem Fluß, so stößt man auf *Lambeth* (Palast und *Imperial War Museum)*, *Kennington*, dann *Battersea*. Der *Battersea-Park* sei allen empfohlen, da es sich um ein wunderschönes, ruhiges Fleckchen London handelt. Außer Touristen, die den gleichen komischen Reiseführer vor die Nase halten, keine weiteren weit und breit, sondern nur Eingeborene.

Im Battersea-Viertel entdeckt der Besucher eine quirlige, junge und einfallsreiche Kulturszene: Avantgarde-Theater, Musikkneipen mit einer tollen Atmosphäre andere wieder mit eher folkloristischer Stimmung usw. Dasselbe gilt für *Elephant and Castle.*

### Der Westen:

In *Fulham* sollte man am besten sein Quartier aufschlagen, wenn man für längere Zeit in London bleibt. Es liegt verhältnismäßig nahe der Stadtmitte, »ist nun ja, sehr relativ« preiswert, zudem nett und aufgeschlossen.

Wiederum auf der anderen Flußseite: *Putney.* Uns gefällt dieses etwas heruntergekommene, baufällige, aber lebendige Viertel.

### Der Norden:

*Camden Town*, seine irischen Pubs und sein unübertrefflicher Markt: *Camden Lock*. Am Wochenende unbedingt einen Abstecher hierher machen, auch wenn die Bauspekulanten den Charme der Promenade nicht gerade gesteigert haben.

### Der Osten:

*Shoredith, Stepney, Islington, Millwall* sowie *Spitalfields* und *Whitechapel* sind die beiden Viertel, die es uns angetan haben.

*Spitalfields*, ein altes Arbeiterviertel, ist im Westen durch die City (Bishopgate), im Süden von Whitechapel und im Norden von Shoreditch begrenzt. Weiter oben auf der Brick Lane steigt jeden Sonntagvormittag einer der originellsten Londoner Flohmärkte. Um wieder zur Liverpool Street Station zu gelangen, benutze man die Fournier Street. An der Ecke Fournier und Commercial Street steht ein Pub mit dem schönen Namen *Jack the Ripper* zur Erinnerung daran, daß dieser Verbrecher im letzten Jahrhundert die Bevölkerung von Spitalfields und Whitechapel in Angst und Schrecken versetzte. *Brushfield* ist der Platz des Obst- und Gemüsemarktes von Spitalfields, mit hübschen Schildern von alteingesessenen Zünften wie den Wollfabrikanten oder den Obsthändlern.

*Whitechapel:* bei Whitechapel Station aussteigen. Es handelt sich um ein jüdisches Viertel, in dem sich ab 1881 zahlreiche russische Juden ansiedelten. Auf dem Heneage Place, parallel zur Creechurch Lane, erhebt sich eine Synagoge aus dem Jahre 1700 und an der Ecke Duke Street und Aldgate High Street die 1744 erbaute Kirche *St. Botolph Aldgate*. *Upper Street* in *Islington*: *Islington* ist einfach braver Durchschnitt. Es handelt sich um ein belebtes Arbeiterviertel, das ein anderes Gesicht von London zeigt, ein weniger klischeehaftes, unverstellteres und natürlicheres. Auf der Upper Street spielt sich ein Großteil des gesellschaftlichen und kulturellen Lebens dieses Viertels ab.

**Grüner Gürtel:**

An die Arbeiterviertel schließen mehr oder weniger neue oder aufpolierte gutbürgerliche Viertel an. Die meisten sind nicht besonders spannend, aber einige lohnen einen Ausflug.

**Im Norden, Hampstead und Highgate:**

*Hampstead* liegt auf einem Hügel oberhalb von London, und an seinen weißen Häuschen ist die arme Intelligentsia der letzten beiden Jahrhunderte vorbeispaziert, die hier aus aller Herren Länder zusammentraf. Marx war hier und auch der junge Sigmund Freud.

*Highgate*, auch ein »Dorf in der Stadt« genießt weniger Weltruhm und ist daher auch billiger. Der *Hampstead Heath Park* zwischen den beiden Orten gilt als beliebtes Picknickziel. Desweiteren lohnt sich ein Abstecher zum *Friedhof* von Highgate, dessen Grabstätten zum Teil ägyptische Ausmaße annehmen. Bei der Gelegenheit kann man auch dem Grab von *Karl Marx* einen Besuch abstatten.

Im *Südwesten* liegt *Wimbledon*, ein hübscher Ort, der allerdings vor allem Anfang Juli einen Besuch lohnt. Mit Eintrittskarten wird schon Monate im voraus gehandelt.

Im *Süden* liegt *Dulwich* mit seinem College, seinen alten Backsteinhäusern, *Crystal Palace* und einer der schönsten Gemäldegalerien mit alter Kunst.

Im *Südosten* stößt man auf *Greenwich* das eine Sternwarte, den Null-Längengrad und ein sehenswertes Schiffahrtsmuseum zu bieten hat. Gutes Ausflugsziel, wenn man per Boot die Themse runterschippert.

Versäumen sollte man auch nicht *Kew Gardens*, im Westen.

## Unterkunft

Kein leichtes Unterfangen, im Sommer eine billige Unterkunft zu finden. Auf keinen Fall persönlich bei den angegebenen Adressen vorstellig werden, da man nur riskiert, sich für nichts und wieder nichts die Füße wund zu laufen. Lieber vorher anrufen. Manche Herbergen akzeptieren telefonische Buchungen, wenn eine Kreditkarte vorhanden ist. Zur Hochsaison ist die Lage katastrophal. Je eher man sich also darum kümmert, desto preiswerter kommt man unter. Die verschiedenen Fremdenverkehrsämter geben eine Liste der offiziellen und privaten Herbergen aus.

Am einfachsten ist es, die Reservierung einem der Unternehmen zu überlassen, die diese Tätigkeit zu ihrer Lebensaufgabe gemacht haben. Alle Fremdenverkehrsämter *(LTB)* und das *British Travel Centre* bieten einen entsprechenden Service an. Sie erheben eine Gebühr, die für Jugendherbergen niedriger liegt als für B&B (s. auch unter »Nützliche Adressen«).

## Unterkunft: Gebrauchsanweisung

Wer von einer romantischen Bude an einer kopfsteingepflasterten Straße träumt, auf der sich dann möglichst auch noch spielende Kinder tummeln sollten, der bleibt besser gleich daheim. Außerdem sind die Hotels unglaublich teuer und nicht immer besonders sauber. Die Qualität steht in keinem Verhältnis zum Preis. Wir werden die verschiedenen Arten von Unterkünften kurz beschreiben:

**Private Jugendherbergen (Independent Youth Hostel):** im Gegensatz zu den offiziellen Herbergen durch kein grünes Dreieck gekennzeichnet. Aber das ist uns schnuppe. Sie sind preiswerter als diese, und es ist kein Mitgliedsausweis erforderlich. Seit einigen Jahren vermehren sie sich rapide. Oft befinden sie sich in netten Stadtteilen und sind in schmucken Villen untergebracht. Wenn dies der Fall ist, so weisen wir natürlich darauf hin. Manchmal handelt es sich allerdings auch um heruntergekommene Hotels. Man nächtigt in Schlafsälen mit vier bis fünfzehn Betten. Einen Zapfenstreich und gesicherte Nachtruhe gibt es keine, und in einer Küche darf man sein Süppchen kochen. Die Bettücher sind nicht immer blütenweiß, aber das scheint uns nicht weiter tragisch zu sein. Telefonische Buchung ist möglich. Die Herbergen bleiben den ganzen Tag über geöffnet, und die Preise bewegen sich zwischen 15 und 20 Euro pro Person.

**Jugendherbergen (Official Youth Hostels):** Davon existieren sieben oder acht in der ganzen Stadt. Sie stellen die zweitbeste Lösung des Unterkunftsproblems dar. Jede Herberge hat ihre eigenen Regeln. Bei der Auswahl sollte man darauf achten, wie das mit dem Zapfenstreich gehandhabt wird, wo sie liegen – einige nämlich recht weit außerhalb – und was sie kosten.

Wer keinen Mitgliedsausweis hat, zahlt eine Gebühr, und im Sommer zahlen alle noch einen Aufpreis. Wirklich reizend, nicht wahr? Der Preis ist zwar nicht gerade das große Plus dieser Unterkünfte, dafür aber sind sie sauber und sicher. Für Einzelreisende sind diese Herbergen die günstigste Lösung. Die Preise schwanken zwischen 20 und 25 Euro pro Person, Frühstück nicht inbegriffen.

Die **Student Halls** stehen eigentlich nur Studenten offen – also Studentenausweis nicht vergessen – nehmen manchmal aber auch Normalsterbliche auf. Es handelt sich um die Studentenwohnheime, welche den Sommer über leer stehen. Meist wird man in Einzelzimmern untergebracht mit Dusche auf dem Flur. Weder besonders reizvoll noch wirklich preiswert. Manche liegen in der Stadt, andere verdammt weit außerhalb. Man sollte 25-35 Euro pro Person einrechnen.

**B&B:** ideal für Liebespaare. Dusche in der Regel außerhalb des Zimmers. Manche B&B kosten nicht mehr als eine Übernachtung in der Jugendherberge, wenn man im Sommer zu dritt reist und keinen Mitgliedsausweis besitzt. Also diese Möglichkeit nicht von vornherein ausschließen. Außerhalb der Saison läßt sich der Preis oft noch um ein oder zwei Pfund herunterhandeln, wenn man zwei oder drei Nächte bleibt. Das Frühstück ist im Preis eingeschlossen, was man nicht zu gering schätzen sollte, auch wenn einige B&B immer mehr dazu übergehen, statt eines anständigen *English Breakfast* ein mickriges *Continental Breakfast* aufzutischen. Die Preise unterscheiden sich stark. Für eine einzelne Person kommt es immer recht teuer. Zu zweit zahlt man etwa zwischen 40 und 80 Euro, je nach Komfort. Hierbei handelt es sich um Durchschnittspreise. Bei den Luxusausführungen (Dusche im Zimmer und die Einrichtung nicht ganz so fürchterlich wie gewöhnlich) heben die Preise völlig ab: mit 100-150 Euro rechnen.

**Wohnung mieten:** kein schlechter Gedanke ist es, die Zeitung *Loot*, montags und donnerstags erscheinend, auf Kleinanzeigen zu durchforsten. Unter »Short Lets«, »Paying Guests«, »Flats to Rent«, »Flats to Share« oder »Student Accomodation« findet man oft Unterkünfte, die für Londoner Verhältnisse zu ganz humanen Preisen wochenweise vermietet werden. Man sollte wegen der starken Nachfrage so früh wie möglich anrufen. In dieser Zeitung kann man auch selbst kostenlos annoncieren. Im übrigen hängen auch oft in den Tabakläden Angebote aus.

## Lokale

Es ist zuweilen schwierig, in London gut zu essen, aber es ist auf jeden Fall leicht, ein preiswertes Restaurant zu finden. Kulinarische Hochgenüsse sind durchaus zu haben, wenn man bereit ist, entsprechend tief in die Tasche zu langen. Im allgemeinen zahlt man in einem durchschnittlichen Restaurant etwas mehr als bei uns. Die Küche zeichnet sich nicht durch besondere Kreativität aus, aber die Portionen erweisen sich manches Mal als recht üppig. Um mittags eine gesunde, reichhaltige Mahlzeit in netter Umgebung und noch dazu bezahlbar zu sich zu nehmen, hilft nur eins: ein Pub ansteuern. Fast alle bieten zwischen 11.30 und 14.30h einige köstliche Speisen. Ragout

oder Fleischstückchen in Sauce mit gedünstetem Gemüse sowie kalter Aufschnitt und verschiedene Pies. Eine Ecke im hinteren Teil des Pub ist Gästen vorbehalten, die sich nicht auf flüssige Nahrung beschränken möchten. In einer Vitrine werden die angebotenen Speisen ausgestellt, welche man dann einfach bei der Bedienung ordert. Wirklich preiswert und gut.

Davon abgesehen beginnen die Londoner sich allmählich für die hohe Kunst des Kochens zu begeistern. Und da die einheimische Küche da wenig zu bieten hat (außer *fish and chips*, den *Pies* und einigen wenigen Desserts), hält man sich an das, was andere Nationen auf diesem Gebiet erreicht haben. Die indischen Restaurants bieten eine schier unerschöpfliche Quelle an Gaumengenüssen. Man stolpert auf Schritt und Tritt über sie und kann sich nur über die günstigen Preise wundern. Einige feine vegetarische Restaurants verdienen einen Hinweis. Meist bekommt man das übliche Sortiment, als da wären: Spaghetti Bolognese, Steak mit Pommes, wässrige Suppe, panierter Fisch usw. Zum Abschluß noch ein Lob den chinesischen Restaurants, die zahlreich, laut und immer auf Zack sind. Etwas so Exquisites wie die französische Küche sollte man gar nicht erst anstreben. Da kommt eine Hin- und Rückfahrkarte über den Kanal billiger.

## Londoner Pubs

Zwischen Pubs, Bars, Musikkneipen und Discos wird in England nicht scharf getrennt. In manchen Pubs spielen mehrmals wöchentlich Musikgruppen, und wenn der Platz ausreicht, wird sogar das Tanzbein geschwungen. An den übrigen

Abenden verwandelt sich das Etablissement dann in einen ganz normalen Pub. Die Stimmung kann also von Abend zu Abend ganz unterschiedlich ausfallen. Im Hinterkopf behalten, daß etliche unter ihnen preiswerte, kleine Mittagsspeisen bieten.

## Flohmärkte (Flea Markets)

**Caledonian Market:** immer freitags von 5–14h auf der Cnr Long Lane & Bermondsey Street. U-Bahn: London Bridge oder Borough. Dies ist der beste Ort für Trödel aller Art: Antiquitäten, Schmuck, Porzellan ...

**Portobello Road:** U-Bahn: Notting Hill Gate. Samstags von 8–18h. Hüpfen wir früh aus den Federn, denn ab zehn Uhr drängen sich die Menschenmassen. Der bekannteste Antiquitätenmarkt Londons. Auch wer sich die Absätze schon schief gelaufen hat, kann beim Hintermarschieren der Portobello Road von der Gilborne Road aus vielleicht noch einige Schnäppchen machen, U-Bahn: Notting Hill Gate. An den übrigen Tagen, außer sonntags, Blumen- und Gemüsemarkt.

**Petticoat Lane:** U-Bahn Liverpool Street oder Aldgate. Spielt sich immer am Sonntagvormittag von 9–14h auf der Middlesex Street ab. Einige antiquarische Sachen, aber in den benachbarten Straßen haben sich auch eine Reihe Klamottenstände angesiedelt. Das Ganze ist ziemlich touristisch.

Einen Katzensprung von der Petticoat Lane liegt der **Brick Lane Market**, der viel ursprünglicher ist und auch mehr von echten Londonern besucht wird. U-Bahn: Liverpool Street, Aldgate East oder Shoreditch. Uns gefällt es hier bei weitem besser. Findet nur sonntagmorgens von 8 bis etwa 13-14h auf der Brick Lane statt, vor allem aber auch auf der Cheshire Street, einem Paradies für Trödelfans: hier erwartet den Besucher eine unglaubliche Sammlung an altem Kram, Nippfiguren, Platten, Klamotten ...

**Blumenmarkt auf der Columbia Road:** kaum zehn Minuten zu Fuß von der Brick Lane, im Stadtteil Shoreditch. Ebenfalls sonntagmorgens, die ganze Straße entlang. Zum Ende hin ist viel los, dann werden die Blumen zu Schleuderpreisen losgeschlagen.

## Märkte

Die Londoner Märkte sind Fremden kaum bekannt, obwohl sie einen wichtigen Bestandteil des städtischen Lebens darstellen. Also mal wirklich zeitig aus den Federn »das schafft man schon mal« und eines der besten kostenlosen Spektakel erleben, das London zu bieten hat. Hier hört man den reinsten »Cockney«-Slang seit »My Fair Lady«. Wenn man nicht gerade den Arbeitern in die Quere kommt, läßt man den Neugierigen auch in Ruhe. Einige Pubs in der Nähe der Märkte öffnen schon frühmorgens, obwohl sie in der Regel nur an die Marktangestellten ausschenken. Also, nur zu und testen, ob das Bier um fünf Uhr morgens mundet!

**Berwick Street Market:** Berwick St., W1. Immer dichtes Gedränge auf diesem preisgünstigem Obst- und Gemüsemarkt im Herzen von Soho, umgeben von Strip-Lokalen. Marktzeiten: von montags bis samstags 9–17h.

**Billingsgate Market:** Trafalgar Way. Fischmarkt. Dienstags bis samstags ab 5h früh bis 8.30h, sonntags nur Meeresfrüchte, ab 6h Von Stratford, London Bridge & Waterloo mit der Jubilee Line to CANARY WHARF (10 Minuten Fußweg). www.billingsgate-market.org.uk

**Leadenhall Street Market:** EC3; der Haupteingang liegt in der Gracechurch Street. Hier werden Obst und Gemüse stückweise verkauft, außerdem gibt's Geflügel, Fleisch und Fisch. Die kleinen Marktstände haben unterschiedliche Öffnungszeiten, aber im allgemeinen gelten diese: montags bis freitags 9–17h. U-Bahn: Bank oder Monument.

**Smithfield Market, der Fleischmarkt:** Smithfield Street, Farringdon EC1. Fleisch, Geflügel und Wild en gros. Von Montag bis Freitag von 5–10.30 U-Bahn: Farringdon / Barbican. smithfield.market@corpoflondon.gov.uk

**Brixton Market:** in Brixton. Electric Avenue. Täglich außer sonntags findet man hier zwischen 10 und 18h (mittw. bis 13h) alles, was das Herz begehrt: Flohmarkt, aber auch Gemüse, Fleisch, preisgünstige Take-away, abgenudelte Schallplatten, Militantes vom Socialist Worker. Interessante Bekanntschaften lassen sich kaum vermeiden in dieser Gegend.Wie bei allen Märkten gilt auch hier: je früher, desto besser.

## Museen und Galerien

London besitzt eine stattliche Reihe von Museen, darunter die reichsten der ganzen Welt. In London geht es nicht darum, alle Museen abzuklappern »ein Versuch, der von vornherein zum Scheitern verurteilt ist« sondern es kommt darauf an, die persönlich richtige Auswahl zu treffen. Man trifft immer mal wieder auf Schwachköpfe, die sich damit brüsten, das Britische Museum, die Tate und die National Galerie in einem halben Tag »erledigt« zu haben. Dabei würde man selbst mit Rollschuhen nicht unter einer Woche benötigen. Am schwierigsten ist es bei den großen Museen, eine sinnvolle Auswahl zu treffen. Man beschränke sich auf ein oder zwei Abteilungen, die besonders interessieren, und lasse sich gleich am Eingang einen »nicht immer kostenlosen« Übersichtsplan aushändigen.

## Die großen Museen

**British Museum:**

Great Russel St., WC 1, U-Bahn: Tottenham Court Rd. ☎020 73 23 80 00, samstags bis mittwochs von 10 bis 17.30h, donnerstags und freitags von 10 bis 20.30h geöffnet, »Das« Museum schlechthin und eines der umfangreichsten der Welt. Im 18. Jh. gegründet umfaßt es die gesamte Menschheitsgeschichte von ihren Anfängen bis zur Gegenwart. Anspruchsvolles Programm, mit dem man sich keinesfalls an einem einzigen Tag belasten sollte, sondern das vorzubereiten wäre, um dann die anstehenden Abteilungen gezielt und in Ruhe zu besuchen. Dieses Museum ist wirklich nur häppchenweise zu genießen. Übersichtsplan am Auskunftssstand. Nahebei liegt das Westend mit allen seinen Sehenswürdigkeiten. www.thebritishmuseum.ac.uk

**Nationalgalerie:**

Trafalgar Square. ☎020 77 47 28 85, Fax 020 77 47 24 23. U-Bahn: Charing Cross oder Leicester Square. Öffnungszeiten: täglich 10 bis 18h. Kostenloser Eintritt. Sich gleich zu Beginn mit einem Plan bewaffnen. Hier hängen in erster Linie die Klassiker der Malerei: Leonardo da Vinci, Tizian, Vermeer, Rembrandt, Raphael usw. Desweiteren eine wertvolle Sammlung naiver italienischer Kunst, holländische Meister des 17. Jhs und etliche moderne Werke, ganz zu schweigen von Vertretern der verschiedenen europäischen Schulen. Liebhaber moderner Kunst kommen auch auf ihre Kosten. Etliche Säle sind neueren Malern gewidmet, in denen man unter anderem einige bemerkenswerte Gemälde von Van Gogh, Monet, Manet und Cézanne vorfindet. www.nationalgallery.org.uk

### Brass Rubbing Centre:

in St. Martin's in the Field am Trafalgar Square.☎20 79 30 93 06. Sonntags 12–18h, sonst 10–18h.

### Tate Gallery:

Milbank, SW 1. U-Bahn: Pimlico.☎020 78 87 80 00.Das Museum läßt sich ganz grob in zwei Abteilungen unterteilen: ein Drittel des Museums ist der englischen Malerei des 16. bis 18. Jhs gewidmet, die übrigen zwei Drittel betreffen Malerei und Skulptur des 20. Jhs, wobei es von Meisterwerken nur so wimmelt. Die Ausstellungsstücke wechseln Jahr für Jahr, denn nur fünfzehn Prozent der Werke aus dem Besitz der Galerie, können gleichzeitig ausgestellt werden. Wer also regelmäßig nach London reist, darf sich jedesmal auf ein »neues« Museum freuen. Die Tate Gallery führt darüberhinaus regelmäßig wechselnde Ausstellungen von hohem Niveau durch. Wer für moderne und zeitgenössische Malerei schwärmt, sollte sich auf dieses Museum konzen-

trieren. Täglich von 10 bis 18h geöffnet. www.tate.org.uk

### Victoria and Albert Museum:

Cromwell Rd, SW 7,☎020 79 42 20 00.Fax 020 79 42 22 66. U-Bahn: South Kensington. Donnerstags bis dienstags von 10 bis 17.45h, mittwochs und jeden letzten Freitag im Monat von 10 bis 22h geöffnet. Für Studenten, Senioren und Kinder unter 18 Jahren ist der Eintritt kostenlos, sonst 7,50 Euro. Ein außergewöhnliches Museum für Schöne Künste mit Kostbarkeiten aus aller Herren Länder. www.vam.ac.uk

### Wallace Collection:

Hertford House, Manchester Square, W1, ☎020 75 63 95 00, Fax 020 72 24 21 55. U-Bahn: Bond St. Öffnungszeiten: werktags 10–17h, sonntags 12–17h. Freier Eintritt. In einem hübschen Gebäude präsentieren sich in humanem Umfang eine Gemäldesammlung, Skulpturen und ein eindrucksvoller Waffensaal. Werke von Rembrandt, Rubens, Fragonard, Watteau und Van Dyck sind vertreten sowie Porzellan der berühmten Manufaktur von Sèvres bei Paris und einige schöne Möbelstücke. Eine übersichtliche Alternative zu den großen Museen. www.wallacecollection.org

### Courtauld Institute Gallery:

Somerset House, Strand, WC 2,☎020 78 48 27 77, Fax 020 78 48 24 10. U-Bahn: Charing Cross oder Covent Garden. Täglich von 10–18h geöffnet. Kostenpflichtiger Eintritt. Es handelt sich um elf Galerien der Londoner Universität mit Werken aus dem 14. bis zum 20. Jahrhundert. Vor allem die Sammlung impressionistischer und nachimpressionistischer

Kunst (Cézanne, Manet, Degas) kann sich angeblich sehen lassen. www.courtauld.ac.uk

**Whitechapel Art Gallery:**

Whitechapel High Street, E1;U-Bahn: Aldgate East;☎020 75 22 78 88, Fax 020 73 77 16 85. Von dienstags bis sonntags jeweils 11–18h, donnerstags bis 21h, zu begutachten, montags geschlossen; Eintritt frei. Wunderschöne Galerie mit moderner und zeitgenössischer Kunst. Gerade das Richtige im Anschluß an einen Flohmarktbummel sonntagmorgens auf der Petticoat Lane. Ständig wechselnde Ausstellungen international bekannter Künstler aus den Bereichen der Malerei, Skulptur und der Fotographie. www.whitechapel.org

**Museum of London:**

150 London Wall, EC2;T, 020 76 00 36 99, Fax 020 76 00 10 58; U-Bahn: Barbican oder Moorgate. Eintritt frei. Das stadtgeschichtliche Museum verfolgt die Spuren der britischen Kapitale bis zu den Anfängen zurück und zeichnet die Entwicklungsabschnitte der Stadt und ihrer Bewohner bis in die heutige Zeit minutiös nach. Montags bis samstags 10–17.50h, sonntags 12–17.50h. www.museumoflondon.org.uk

**Madame Tussaud's & Planetarium:**

Marylebone Rd, NW1.☎020 74 87 02 00, Fax 020 74 65 08 62. U-Bahn: Baker St. Täglich geöffnet von 10–17.30h, am Wochenende von 9.30–17.30h. Auch Besucher mit Studentenausweis müssen tief in die Tasche greifen, handelt es sich doch um ein Museum in Privatbesitz. In der Urlaubszeit bestellt man besser eine Eintrittskarte vor, es sei denn, man legt Wert auf drei Stunden Schlangestehen. Das Vorbild für jedes Wachsfigurenkabinett. Berühmte Personen geben sich hier ein Stelldichein. Besonders bemerkenswert die Darstellung der Schlacht bei Trafalgar. Schon gewußt, um wen es sich bei Madame Tussaud handelt? Sie war Französin, Tochter eines Henkers, und ihr bevorzugter Zeitvertreib bestand darin, die Totenmasken der zum Schafott Verurteilten in Wachs abzudrücken und zu modellieren. So können also manche »Hobbies« zum Ruhm führen. www.madame-tussauds.co.uk

Neben Mme Tussaud's liegt das **Planetarium,** in dem in klassischer Manier der Sternenhimmel vorgeführt wird, umrahmt von allerlei Spezialeffekten, Laser und sonstigem Klimbim. Wer sich das nicht entgehen lassen möchte, muß bereit sein, einiges springen zu lassen. Etwas preiswerter wird es, wenn man beide Karten »für Madame und den Sternenhimmel« zugleich erwirbt.

## Besondere Museen

### London Dungeon:

28/34 Tooley St., London SE1; U-Bahn: London Bridge, schräg vis-à-vis vom Tower auf der Südseite der Themse. ☎020 74 03 72 21. Von April bis Oktober täglich zwischen 10 und 17.30h zu besichtigen. Was erwartet einen? Eine Ansammlung in Wachs gegossener Horrorvisionen, unterhaltsam und lehrreich, zu den Themen Folter, Krankheit und mittelalterlicher Hexerei, Pest, Hölle, Tod und Teufel, nicht zuletzt zur Kirchengeschichte. Viel lustiger als die Folterkammer bei Madame Tussaud und für unsere Begriffe nicht eben billig. Ferner sind zu sehen: schartige Zangen, mit denen Zunge, Gesäß und Brüste stückweise vom Leib gerissen wurden, raffinierte Geräte zum Knochenbrechen, Daumenschrauben, Brandeisen und ein »eiserner Kamm«, der dem heiligen Georg das Fleisch vom Körper schabte. www.thedungeons.com

## Churchills Kriegskabinett:

Clive Steps, King Charles St., SW1, U-Bahn Westminster, ☎ 020 77 66 01 20, Fax 020 78 39 58 97. Öffnungszeiten: täglich 10–18h. Anfang 1984 wurden zum ersten Mal nach dem Zweiten Weltkrieg die neunzehn Räume von Churchills Kriegshauptquartier, dessen er sich vom 27. August 1939 bis zur japanischen Kapitulation 1945 bediente, der Öffentlichkeit zugänglich gemacht. Sehenswert sind vor allem der »Transatlantic Telephone Room«, von wo aus Churchill Gespräche mit Roosevelt ins Weiße Haus führte, der Kartenraum, von dem er die Kriegshandlungen an allen Fronten verfolgte, und sein Büro und Schlafgemach. www.iwm.org.uk/cabinet

## Science Museum:

Exhibition Rd, SW7, ☎ 0870 8 70 47 71, Fax 020 79 42 43 02. U-Bahn: South Kensington. Täglich von 10–18h geöffnet. Ein Museum ähnlich dem Deutschen Museum in München, wo man selbst alle möglichen Experimente durchführen kann. www.sciencemuseum.org.uk

## National History Museum:

gleich nebenan in der Cromwell Road. ☎020 79 42 50 00. Montags bis samstags 10–18h, sonntags 11–18h. In der Nähe: Victoria und Albert Museum. www.nhm.ac.uk

## Dickens House:

48 Doughty St., WC1;U-Bahn: Russel Square; ☎ 020 74 05 21 27. Montags bis samstags empfängt Herr Dickens zwischen 10 und 17h seine Gäste, sonntags ab 11h. Dickens residierte hier von April 1837 bis Dezember 1839, wie zahlreiche Porträts, Illustrationen, Briefe und »Reliquien« aus dem Besitzstand des Dichters ahnen lassen. Obendrein verfügt das Museum über die weltweit umfangreichste Sammlung an Büchern über den Autoren der Abenteuer Oliver Twists. www.dickensmuseum.com

## Imperial War Museum:

Lambeth Rd, SE1, ☎ 020 74 16 50 00, Fax 020 74 16 53 74. U-Bahn: Lambeth North oder Elephant and Castle. Öffnungszeiten: täglich 10–18h; freier Eintritt. Berühmt wegen seiner Darstellung der beiden Weltkriege. www.iwm.org.uk

## Sehenswürdigkeiten

### Parlament:

Bridge St., SW1. U-Bahn: Westminster. ☎020 72 19 30 00. Gebäude in viktorianischem Stil. Der überwiegende Teil des Parlamentes ist der Öffentlichkeit unzugänglich. Nach einem verheerenden Brand im Jahre 1834 wurde es 1840 im mittelalterlichen Tudorstil wiedererrichtet, der sich als etwas überladene Klassik entpuppt. Die Farbe des Steins allerdings gefällt uns ungemein. Berühmtheit erlangte mit Abstand der Uhrturm, dessen Glocken alle Viertelstunde das Fortschreiten der Zeit anmahnen. *Big Ben* ist die dreizehn Tonnen schwere Glocke, nicht der Turm, wie viele glauben. Ein großartiger Glockenturm, der stets die genaue Uhrzeit angibt, mit einer Ausnahme: im Hitchcockfilm *Die 39 Stufen* hängt sich ein Typ an den großen Zeiger, um das Losgehen einer ... zu verhindern (alles dürfen wir ja nun auch nicht verraten). Irgendwann in den achtziger Jahren blieb Big Ben auch stehen »eine nationale Katastrophe.

In der Nähe: Westminsterabtei, Horse Guards, Downing Street und zahllose Sehenswürdigkeiten im Westend. www.parliament.uk

## Tower:

Tower Hill, EC3, ☎020 77 09 07 65. U-Bahn: Tower Hill. Besichtigungszeiten: von März bis Oktober werktags von 9–17h und sonntags 10–17h; von November bis Februar montags bis samstags von 9–16h, sonntags von 10–16h. Geht mal wieder gnadenlos ins Geld. Der »Bloody Tower« – dies ist sein Beiname – diente lange Zeit als Kerker. Heute kann man sich an den Kronjuwelen begeistern. Um ellenlange Warteschlangen kommt man hier allerdings nicht herum. Eins der wichtigsten Stücke ist der größte geschliffene Diamant, der »Stern von Afrika«, der mit 530 Karat das königliche Zepter schmückt.

In der Nähe: Towerbrücke, Morgan's Lane Tooley Street.

## Tower Bridge:

U-Bahn: Tower Hill. ☎020 74 03 37 61. Täglich von 9.30–18h geöffnet. Eines der am häufigsten verschickten Postkartenmotive dieser Stadt. Diese, Ende des 19. Jhs im gotischen Stil errichtete Brücke, am 30. Juni 1894 eingeweiht, wird hochgezogen, wenn größere Schiffe passieren. Während man auf der Brücke selbst reizvolle Ausblicke auf die Stadt hat, kann man sich das Museum im Nordturm getrost sparen, wenn man kein Faible für

technische Dinge hat. 1976 war das Jahr einer völligen Überholung der Konstruktion. Seit dieser Zeit ist das nüchterne Schlachtschiffgrau auch den patriotischen Farben Blau, Weiß und Rot gewichen.

Die Stahlkonstruktion, die den Lauf der Themse auf einer Länge von 270 Metern überspannt, war für damalige Verhältnisse revolutionär und zeugt von hoher Ingenieurkunst. Nie zuvor war eine derart verzwickte Konstruktion gebaut worden. Ausgeführt wurde der Bau im damals populären »Scottish baronial style«. Portlandstein und Granit sollte das moderne Stahlgerüst verkleiden, um die malerische Kulisse des Towers nicht zu beeinträchigen. Die zuckerbäckerhaft anmutenden Türme gelten als Höhepunkt viktorianischer Spätgotik. www.towerbridge.org.uk

## Westminsterabtei:

Parliament Square, SW1. U-Bahn: Westminster. ☎020 72 22 51 52. Montags bis freitags 9.30–16.45h, samstags 9.30–14.45h. In der wunderbaren Kirche sind Englands berühmteste Männer beigesetzt, und dort lassen sich auch die englischen Könige und Königinnen seit Wilhelm dem Eroberer krönen. Die ursprüngliche Kirche entstand im 11. Jh. und wurde zwei Jahrhunderte später von *Heinrich III.* wiederaufgebaut. Die Architektur kann einen erheblichen französischen Einfluß nicht leugnen, wobei die Türme erst im 18. Jh. fertiggestellt wurden. Das Nordportal zeigt den englischen, gotischen Stil in Vollendung, hier »per-pendicular« genannt. Außer den Dutzenden von Grabplatten, die den Boden zieren, sollte man den Krönungsthron aus dem Jahr 1300 mit dem historischen »Stone of Scone« und die

Kapelle Heinrich VII. mit ihrem herrlichen Gewölbe bewundern. Die königlichen Kapellen, der Chor sowie das Querschiff bleiben während der Gottesdienste geschlossen. Sich auch den Schatz in der Krypta nicht entgehen lassen.
www.westminster-abbey.org

### Kloster der Westminsterabtei:

Dean's Yard. Um das Kloster von der Abbey aus zu erreichen, muß man den kleinen Durchgang rechts neben der Kirche nehmen (beim Taxistand) und sich dann nach links wenden. Am Ende trifft man auf das Kloster, welches das *Undercroft Museum*, das *Chapter House* und die *St. Faith Chapel* umfaßt. Überall wird man geschröpft.

### Buckingham-Palast:

Buckingham Palace, SW1A. ☎020 78 39 13 77. Öffnungszeiten: von August bis September täglich ab 9.30–16.15h. Pro Tag strömen siebentausend Besucher durch achtzehn geöffnete Räume, entrichten einen Obolus von rund 15 Euro und lassen etwa noch einmal soviel im angeschlossenen Andenkenladen. Insgesamt zählt der Bau sechshundert Räume. Zu sehen ist hinter der erst 1913 aufgeklatschen grauen Fassade eine architektonische Schatztruhe spätgeorgianischer und frühviktorianischer Provenienz. Die langen, lichten Flure des Gartenflügels, die große Treppe, der Thronsaal, die Gemäldegalerie mit ihren Rembrandts, Rubens' und van Dycks, das Musikzimmer, der festliche Speisesaal für Staatsbesuche, der »Grüne Raum«, der »Blaue Raum«, der »Weiße Raum« der Königin, jeder mit wundervollen Deckenornamenten, mit Brokatteppichen und Marmorsäulen und mächtigen kristal Lenen Lüstern, mit Hunderten wertvoller Porzellanstücke, dieses museale Sammelsurium aus den Tagen Georg IV. und seines Architekten John Nash verfehlt seinen Eindruck auf den Besucher um so weniger, als es sich eben um das Innere eines lebendigen Museums, das Inventar eines »Gebrauchsschlosses« handelt. Das geheimnisumrankte »Chinesische Speisezimmer«, der große Ballsaal sowie viele andere Räume bleiben verschlossen.
www.royal.gov.uk

### St. Paul's Kathedrale:

Ludgate Hill, EC4; U-Bahn: St. Paul's. ☎020 72 36 41 28. Schon zu Zeiten der Römer befand sich hier eine Kultstätte. Die heutige Kathedrale, deren Stil man als etwas schwerfällig bezeichnen muß, wurde am Ende des 17. Jhs errichtet. Der Teil der Kirche, den man kostenlos besichtigen darf, ist nicht besonders atemberaubend. Die wirklich sehenswerten Dinge befinden sich entweder in der Krypta oder in den Galerien, für deren Betreten man zur Kasse gebeten wird. Öffnungszeiten: Montag bis samstags 8.30–16h; der Andenkenladen in der Krypta hat auch sonntags geöffnet. In der Krypta finden sich Gräber über Gräber, in den Galerien ein ansehnliches schmiedeeisernes Gitterwerk. Außerdem hat man einen besseren Blick auf den Chor, den Altar mit seinem geschnitzten Baldachin und die von Sir James Thornhill ausgemalte Kuppel mit dem Leben des Hl. Paulus in acht Bildern. Die Turmbesteigung ermöglicht es dem Besucher, wiederum Eintritt zu zahlen. Von oben, der Goldgalerie, 550 Treppenstufen hoch, genießt man einen schönen Ausblick auf die City of London. Auf der Flüstergalerie müssen alle aufpassen, die gerade ihrem Freund oder ihrer Freundin etwas Vertrauliches ins Ohr tuscheln

wollen: in Richtung der Säulen gesprochen, ist ein noch so leises Flüstern auf
der anderen Seite der Kuppel zu verstehen; wendet man sich dagegen nach
außen, wird man nichts hören, selbst lau-
tes Gebrüll nicht. Wer also mal ordent-
lich fluchen will ...
In nächster Nähe liegen Old Bailey, die
Börse, das Monument, das Museum of
London und die Sehenswürdigkeiten der
City of London. www.stpauls.co.uk

## Monument:

King William Street, EC 3, U-Bahn
Monument. Für etwa 2 Euro kann man
täglich bis 18h die knapp 400 Stufen hin-
aufsteigen. Zur Erinnerung an das Große
Feuer von 1666, das 67 Meter entfernt in
einer Bäckerei in der Pudding Lane ausbrach, von Christopher Wren 1671-77
errichtet.

## Christie's:

8 King St., SW 1. Das renommierteste
Auktionshaus der Welt. Für die hier ver-
steigerten Meisterwerke werden oft
unglaubliche Summen hingeblättert. Hier
sollte man auch seinen Rubens erstei-
gern: unter Garantie ein Original!
www.christies.com

## Covent Garden:

U-Bahn: Covent Garden. Täglich geöffnet. Ähnlich wie in Paris, wo alte Markthallen dem Centre Pompidou weichen
mußten, wurde auch dieser alte Markt-
platz für eine Erneuerung auserkoren.
Aber anstatt die Umgestaltung profitgie-
rigen Baulöwen anzuvertrauen, haben die
Engländer lieber ein kleines »Dorf« daraus gemacht. Es gibt hier weder große
Modeschöpfer noch Luxusjuweliere und
schon gar keine endlosen Rolltreppen. In

der großen »Jubilee Hall« befindet sich
heute ein großes Einkaufszentrum mit
Läden, Galerien und Restaurants. Vor
allem blieb das große Glasdach erhalten.
www.covent-garden.co.uk

## Parks:

St. James's Park, Hyde Park, Regent's
Park, Green Park, Kensington Garden.
Im Sommer geschmückt mit der Blätter-
pracht seiner Bäume, im Herbst geheim-
nisvoll mit seiner Decke aus totem Laub,
im Winter fremd und seltsam unter dem
Schnee und im Frühjahr überall Zeichen
knospenden Lebens ... Wir werden poetisch, also Schluß damit! Die Parks stellen wahre Paradiese für Romantiker und
Naturliebhaber dar, die gerne ein bißchen
frische Luft schnappen. Der größere der
Parks, *Hyde Park*, erfreut sich während
des Sommers großer Beliebtheit. Es
besteht die Möglichkeit zu baden und zu
mehreren in einem gemieteten Boot her-
umzuschippern. Mittags lädt die Wiese
zur Siesta ein und auch Picknicken ist
gestattet. Im Sommer finden im St. Jame-
s's Park und im Hyde Park sowie übrigens auch in der Royal Albert Hall
kostenlose Konzerte statt, die sogenannten Proms. *Karl I.* öffnete den Park im
17. Jh. seinen Untertanen, nachdem ihn
hundert Jahre zuvor Heinrich VIII. noch
als Wildpark genutzt hatte. Wenn man
sich im St. James's Park an französische
Gärten erinnert fühlt, liegt das daran, daß
der englische König *Karl II.* sich
während seines Exils in Frankreich von
dem Franzosen Le Nôtre inspirieren ließ.
Es heißt auch, der See des Parks werde
von dem Geist einer kopflosen Dame
bewohnt. Diese mit einem Wachoffizier
verheiratete Frau hatte sich mit einem
seiner Kollegen eingelassen. Jeder ahnt,
was nun kommt! Der Ehemann hat sie

dafür geköpft und ihren Körper in den See des St. James's Parks geworfen. Immer diese Dramen! Den Hydeparksee verdanken Badefreunde einer Deutschen. *Königin Caroline*, Tochter des Markgrafen von Brandenburg in Ansbach und Gattin König *Georg II.* ließ mehrere Teiche und das Rinnsal Westbourne miteinander verbinden und aufstauen. Dieser gekrümmte Weiher – daher der Name – wurde ein Dorado der Ruderer und Schwimmer. Als im Juni 1814 die Regierung vor einer Riesenmenge auf der Serpentine Admiral Nelsons Sieg in der Seeschlacht von Trafalgar nachspielen ließ, zog sich »unter anfeuernden Rufen der Menge«, so ein Pressebericht, »eine Frau nackt aus, um zu baden«. »Schwarzgekleidete Ladies« führten sie fort, und am nächsten Tag beklagte das Unterhaus, die Stripperin habe »Schande über den Tribut der Serpentine an Trafalgar« gebracht. Im Sommer 1930 ersetzte die Regierung die Badezelte am Lido durch den *Edwardian Pavillion*. Die nächsten Jahrzehnte wurde »Londons Antwort auf die Riviera« (Evening Standard) ein Tummelplatz für die Arbeiterklasse. Sonntags fanden sich bis zu achttausend Badegäste ein. Der 1864 gegründete *Serpentine Club* (Wahlspruch: Pioniere des ganzjährigen Freiluftschwimmens), eine nationale Institution, weniger Verein als eine leicht exzentrische Gesellschaft »resoluter Masochisten«, so der Sunday Telegraph 1928, hat mit der Parkaufsicht National Heritage ein Abkommen geschlossen, das unabhängig vom Badebetrieb ganzjährig frühmorgens auf eigenes Risiko die Teichbenutzung sichert. So sieht man die alten Herren des ältesten Schwimmvereins der Welt immer noch, manchmal im Nebel, manchmal durch Eisschollen oder Wasserhühner hindurch ihre Bahnen ziehen. Also los und früh aufgestanden!

### Highgate Cemetery:

Swain's Lane, N6; U-Bahn: Archway. Der Friedhof darf täglich nur zwischen 10 und 16h betreten werden. Auch hier wird man kräftig zur Kasse gebeten. Nur wer einmal über die sich endlos hinziehenden Gräberfelder gewandelt ist, zwischen von ungebändigtem Pflanzenwuchs überwucherten Grabaufbauten, wird die romantische Seele des Engländers so richtig verstehen. Wer auf Führungen steht, begibt sich zum Haupteingang, von wo aus täglich zwischen 10–15h eine Besichtigung des Westteils des Friedhofs startet.
www.highgate-cemetery.org

### Speaker's Corner:

im Hyde Park, in der Nähe von Marble Arch. Jeder Engländer, der meint, der Welt eine Botschaft übermitteln zu müssen, kann sie hier vor einer Masse mehr oder weniger gleichmütiger Zuschauer verkünden. Er darf alles sagen, gleichgültig was und wie, solange er nicht das Königshaus angreift, allerdings auch nur sonntagnachmittags. Schließlich muß er sich Spucke für die nächsten Male aufsparen. Da der Diskurs mit steigendem Alkoholspiegel des Redners immer spannender ausfällt, bilden die Beherrschung der englischen Sprache und ein ausgesprochener Sinn für Humor unbedingte Voraussetzungen, um sich an diesem Spektakel gebührend ergötzen zu können.

### London Ritz:

150 Piccadilly, W1, ☎020 74 93 81 81, dieses 1906 eröffnete Hotel war das

erste, in dem alleinstehende Frauen ohne Begleitung entweder wohnen oder auch einfach Tee trinken durften. Die Engländer waren eben schon immer ein fortschrittliches Volk! Nicht weit entfernt am Piccadilly, Hausnummer 173, trifft man auf zwei ansehnliche Passagen aus dem 19. Jh.: die *Piccadilly Arcade* und fast gegenüber die *Burlington Arcade*. www.theritzlondon.com

# Weitere Sehenswürdigkeiten

## Neue Viertel

### Greenwich:

Dieses Viertel liegt alles andere als zentral. Auch werden die Sehenswürdigkeiten längst nicht für jeden von Bedeutung sein, zumal der Eintritt hoch ist. Jeder hat selbst zu entscheiden, ob das Gebotene zusagt oder nicht. Die netteste und originellste Anfahrt hat man wie vorstehend beschrieben mit der U-Bahn bis Tower Hill und von dort mit dem Dockland Light Railway bis zur Endhalte. Man unterquert die Themse durch einen Fußgängertunnel und landet bei der:

### Cutty Sark:

Greenwich Pier, SE10, ☎020 88 58 34 45, Täglich 10–17h geöffnet. Wir stehen auf dem berühmten, letzten englischen Teeschiff des 19. Jhs. und dem schellsten dazu. Heute liegt es im Trockendock und darf besichtigt werden. Führungen von rund einer Stunde. www.cuttysark.org.uk

### National Maritime Museum:

Greenwich, SE10, ☎020 83 12 44 22, Fünf Minuten von Greenwich Pier und Cutty Stark, im königlichen Park und neben dem Royal Naval College, der Akademie der Seeoffiziere. Im Sommer von 10–18h. Liebhaber von Schiffen, Modellbauten, Seeschlachten und allem, was mit dem Meer zu tun hat, werden entzückt sein. www.nmm.ac.uk

### Queen's House:

selbstverständlich im Herzen des königlichen Parks gelegen, neben dem National Maritime Museum. Diese Gebäude vom Beginn des 17. Jhs sind trotz einer gewissen Plumpheit recht ansehnlich.

### Old Royal Observatory:

oben auf dem Hügel des königlichen Parks. Hier befindet man sich genau auf dem Längengrad von Greenwich, und jeder stellt sich natürlich mal breitbeinig mit je einem Fuß auf jede Hälfte. Auch bekommt man hier das längste Fernrohr des Landes zu Gesicht nebst einer Sammlung astronomischer Instrumente und einer Uhrensammlung. www.rog.nmm.ac.uk

### Thames Barrier':

(große Flutsperre): Woolwich, SE 18, ☎020 83 05 41 88. Besucherhaus am Südufer der Themse. Am besten reist man mit dem Schiffchen ab Tower oder Westminster Pier an und hat gleich noch eine nette Bootsfahrt dabei gemacht. Ansonsten ab Charing Cross bis Carlton. Die Schiffe verkehren mehrmals täglich und landen in Barrier Gardens. Fahrtdauer etwa $1^{1}/_{4}$ Stunden. Auskünfte unter ☎020 79 36 20 33 oder 020 72 22 12 34;

www.westminsterpier.co.uk; Ab Barrier Gardens wird eine Bootsfahrt entlang der Flutsperre angeboten.
Es handelt sich um sieben monumentale Tore, die muschelförmig angelegt an die Oper von Sidney erinnern. Sie dienen dazu – im Falle, daß die Flut ungewöhnlich stark flußaufwärts drückt – die Flutwelle hier abzufangen und so die Themse daran zu hindern, allzu forsch über ihre Ufer zu treten.

### Bootsfahrten auf der Themse:

Auskünfte unter ☎020 77 30 48 12 oder 020 72 22 12 34; Zahlreiche Anlegestellen entlang des Flußufers. Eine nette Art nach Greenwich oder zur Thames Barrier zu gelangen.
http://origin.tfl.gov.uk/river

### Thames Barrier Visitors Centre:

☎020 83 05 41 88 erreichbar mit der Eisenbahn bis Charlton oder mit der Fähre ab Westminster oder Greenwich.

## Konzerte

Die vier großen Konzertsäle der Stadt sind:

### Royal Festival Hall:

South Bank, SE1. ☎020 79 60 42 42; U-Bahn: Waterloo. 12.30–14h werden jeden Tag kleinere Konzerte in der Cafeteria gegeben. Wer's vereinbaren kann, vertilgt dazu einen Riesensalat für wenig Geld oder feuchtet sich die Kehle an. Das Foyer hat täglich von 10–22.30h geöffnet.
www.rfh.org.uk

### Purcell Room:

South Bank, SE1, ☎020 79 21 09 52 oder 020 79 60 42 42; U-Bahn: Waterloo. www.rfh.org.uk

### Queen Elizabeth Hall:

South Bank, SE1,☎020 7960 42 42. U-Bahn: Waterloo. www.rfh.org.uk

### Royal Albert Hall:

Kensington Gore, SW7, ☎020 7589 8212; U-Bahn: South Kensington. Wird vor allem wegen seiner von der BBC veranstalteten »proms«, Promenadenkonzerte, im Sommer geschätzt.
www.royalalberthall.com

## London Unterkunft

*Reservierungsbüro auch national*
**Host and Guest Service**
*103 Dawes Road, London, SW6 7DU,*
*☎0044 207 385 99 22;*
*Fax: 0044 207 386 75 75*
*acc@host-guest.co.uk*
*www.host-guest.co.uk*
*Mr. Craig Wood.*
*From £ 19 pppn.*
🛏 yes; Breakfast, Restaurant
🕐 All year; 👁 8:30–18 h
😊 Member of LTB
Host and Guest Service offer bed and breakfast accommodation in all of London and the UK. Prices start at £ 19 pppn.

*Reservierungsbüro für London*
**Citadines South Kensington**
*35 A Gloucester Road, London,*
*WC1V 6LF, ☎0207 54 378 78;*
*Fax: 4420 784 91 66*
*kensington@citadines.com*
*www.citadines.com*
99–125 £ (double), 131–162 £ (quadruple).
🛏 All major credit cards; Breakfast;
🚇 Metro and bus. ❖ Covent Garden
🕐 All year; 👁 24 hours

Located in an attractive area of London: parks and townhouses surrounded by gardens, boutiques and department stores (incl. Harrods's). See Kensington Palace, a royal residence still occupied today with deckchairs in the Gardens for guests to relax in.

*Pension*
### Bed and Breakfast (GB) Reservations Service
P O Box 47085, London SW18 9AB,
☎0044 1491 57 88 03;
*Fax: 0044 1491 41 08 06*
*bookings@bedbreak.com*
*www.bedbreak.com*
*Mr. John Ette*
⌁ 1000 in all UK; From £ 13.50 pp.
▦ Visa, MC, Amex; Breakfast, Restaurant; ⊞ Bus connections.
❖ London
☾ All year. ☞ After 17:00
☺ LTB
A direct internet reservation service for B&B in Britain.
**Discount:** 10%

*Reservierungsbüro für London*
### London Bed and Breakfast Agency
71 Fellows Road, London, NW3 3JY,
☎0044 207 586 2768;
*Fax: 0044 207 586 6567*
*stay@londonbb.com*
*www.londonbb.com*
*Ms. Julia Stebbing.*
From £ 24–£ 45 pppn double, from £ 26 – £ 60 pn single.
▦ yes; Breakfast; ⊞ Public transportation.
❖ Central London
☾ All year; ☞ 9 a.m. – 6 p.m. Monday – Friday
☺ LTB and the BBHA

Quality accommodation arranged in private homes in or near the centre of London at prices to suit all budgets.

*Reservierungsbüro*
### Uptown Reservations
*8 Kelso Place, London W8 5QD*
☎*0044 207 937 2001;*
*Fax: 0044 207 937 6660*
*inquiries@uptownres.co.uk*
*www.uptownres.co.uk*
*Ms. Monica Barrington*
⌁ 300; Single £ 72 pn, double / twin £ 95 pn. ▦ yes; Breakfast; ⊞ Yes.
☾ All year; ☞ 9:30 a.m. – 5:30 p.m.

# LONDON Angel, Islington, Stoke Newington

*Studentenwohnheim*
### Rosebery Avenue Hall
*London School of Economics and Political Science*
*90 Rosebery Avenue, London, EC1R TY,* ☎*0044 7107 5850;*
*Fax: 044 7107 5875*
*rosebery@lse.ac.uk*
*www.lse.ac.uk/accommodation*
*Dr. Razeen Sally*
⌁ 300; Single en suite £ 123 per week, single £ 88 – £ 100 per week, twin en suite £ 67 per week, twin £ 57 per week. Evening meals and breakfast (brunch at weekends) are provided on a pay-as-you-eat basis.
▦ Visa, MC, Switch, Solo; Breakfast
⊞ From Angel Tube Station: Buses 38 and 19 towards the West End, Knightsbridge and Victoria, bus 341 to Waterloo Station, and buses towards the city, Regents Park and Pimlico.
❖Angel tube station, Business Design

Centre, British Museum and the West End by bus in 15 minutes
🕐 10.06. – 30.09. and 23.03. – 26.04;
👁 09:00 – 17:00
Student Hall of the London School of Economics open during the student vacation periods. It has more than 300 rooms, some en-suite, in a friendly and welcoming atmosphere. Launderette, TV room, bar with pool table available.
**Discount:** 5%

# LONDON Bloomsbury King's Cross, Euston

*Herberge / Hostel*

### YMCA Indian Student Hostel
*41 Fitzroy Square, London, W1T 6AQ,*
☎ *0044 207 387 04 11;*
*Fax: 0044 207 383 76 51*
*indianymca@aol.com*
*www.indianymca.org*
⤴ 135; Single Room £ 35, single (attached) £ 46, double common £ 50, double occupancy (attached) £ 62, deluxe room £ 75, dorm £ 22 per bed.
🖃 All cards accepted; Breakfast, Restaurant
❖ Warren Street Underground Station
👁 Monday – Friday 09:00 – 17:00
🛏 23:30 – 06:00
☺ Project of the Indian YMCA.
Both long term as well as short term transit accommodation available.

*Hotel*

### Apollo Hotel
*43 Argyle Street, London, WC1H 8EP,*
☎ *0044 207 837 5489;*
*Fax: 0044 207 916 1862*
*theapollohotel@blueyonder.co.uk*
*www.hotelapollo.co.uk*

*Mr. C. Fontana*
Single room £ 35, single en-suite £ 50, basic double / twin £ 48, double en-suite £ 60, basic triple £ 69,
🖃 yes; Breakfast; 🚌 Buses, trains, underground.
❖ King's Cross
🕐 All year; 👁 8 a.m. – 1 a.m.
Small family-run Bed and breakfast offering clean and comfortable accommodation at reasonable prices. Rooms all have wash hand basins, colour digital TV and linen is provided. Hair dryers in all rooms. Full English breakfast is served every morning. Well situated in the heart of the city with King's Cross and St. Pancreas Tube stations within a one minute walk of the hotel.

*Hotel*

### Hotel Cavendish
*75 Gower Street, London, WC1E 6HJ.,*
☎ *0044 207 636 9079;*
*Fax: 0044 207 580 3609*
*bookings@hotelcavendish.com*
*www.hotelcavendish.com*
*Ms. Eluned Edwards.*
Seasonal, Singles £ 50 – £ 75, doubles / twins £ 65 – £ 90, triples £ 75 – £ 100.
🖃 Visa, MC, Amex, Diners, Maestro, Switch / Solo, etc; Breakfast; 🚌 Public transportation.
❖ The British Museum, Oxford Street.
🕐 All year; 👁 01:00pm, Check Out: 11:00am
Georgian Townhouse reminding from the outside of No. 10 Downing Street. For the past fifty years, the hotel has been run by Mrs. Edwards and her family.

*Hotel*

### Jenkins Hotel
*45 Cartwright Gardens, London, WC1H*

9EH, ☎ *0044 207 387 2067;*
*Fax: 0044 738 33139*
*reservations@jenkinshotel.demon.co.uk*
*www.jenkinshotel.demon.co.uk*
*Mr. Sam Bellingham.*
£ 52 single (bath on hallway), £ 72 single with private shower and WC, £ 85 double with private shower and WC, £ 105 triple with private shower and WC (one bed will be a roll – away); all prices include a full English breakfast and VAT.

▦ Visa, MC only; Breakfast; ☵ Russell Square, Euston, King's Cross stations all nearby (a 5 min walk).
❖ Russell Square
🕐 All year; 👁 7 a.m. – 11:30 p.m.
Small family-run 18th century hotel near the city centre. All rooms have central heating, hot and cold water, colour TV and tea / coffee-making facilities, telephone, fridge, hairdryer and safe.
**Discount:** 10%

*Hotel*
### Jesmond Dene Hotel
*27 Argyle Street, London, WC1H 8EP,*
☎ *0044 207 837 4654;*
*Fax: 0044 207 833 1633*
*info@jesmonddenehotel.co.uk*
*www.jesmonddenehotel.com*
*Mr. Jason Abela.*
Single £ 40, Single en-suite £ 65, double / twin £ 45, double twin, en-suite £ 65, triple £ 66, triple en-suite £ 80, quad £ 95.

▦ yes; Breakfast; ☵ Underground, buses and trains.
❖ King's Cross
🕐 All year; 👁 9 a.m. – 8 p.m.
☺ LTB
A family-run bed and breakfast well established for over 15 years. Rooms are

clean and simple with a well-known English breakfast.

*Hotel*
### Jesmond Hotel
*Gower Street, London, WC1 E6HJ,*
☎ *0044 207 636 3199;*
*Fax: 0044 207 323 4373*
*reserve@jesmondhotel.org.uk*
*www.jesmondhotel.org.uk*
*Mr. Glyn Beynon.*
Single £ 40 – £ 50, double £ 60 – £ 75, triple £ 75 – £ 85, quad £ 90 – £ 100, quint £ 100 – £ 110. All prices include breakfast and taxes.
▦ Visa, MC, Switch; Breakfast; ☵ Goodge Street (Northern Line), 73, 24, 10 buses.
❖ British Museum
🕐 All year; 👁 7 a.m. – 11 p.m.
Family-run bed and breakfast for over 20 years. A clean and comfortable place to stay in London, with an English breakfast to start the day.

*Hotel*
### Thanet Hotel
*8 Bedford Place, London, WC1B 5JA,*
☎ *0044 207 6362869;*
*Fax: 0044 207 3236676*
*thanethotel@aol.com*
*www.thanethotel.co.uk*
*Mr. Richard Orchard.*
Single £ 76, double £ 100, twins £ 100, triples £ 112,. quads £ 122. All prices include the full English breakfast and the Vat.
▦ yes; Breakfast; ☵ Tubes and buses.
❖ Russell Square
🕐 All year; 👁 7 a.m. – midnight
A family-run bed and breakfast hotel. All rooms have an en-suite shower and WC.
**Discount:** 10%

*Hotel*
### Ashlee House
*261-265 Grays Inn Road, London, WC1X 8QT,* ☎ *0044 207 833 94 00;*
*Fax: 0044 207 833 96 77*
*info@ashleehouse.co.uk*
*www.ashleehouse.co.uk*
*Ms. Anne Dolan.*
Single £ 35 / 37 pppn, twin £ 23 / 25 pppn, triple £ £ 21 / 23 pppn, 4 – 6 bed £ 15 pppn, 8 – 10 bed £ 13 pppn, dorm £ 9 / 11 pppn.
▦ yes; Breakfast; ▦ Tube, bus, train and airports.
❖ Kings Cross
☽ All year (except Christmas); ◉ 24 hours, no curfew
☺ Private
Appeals to a diverse mixture of international backpackers and other budget-conscious travellers seeking a night's accommodation in the capital.
**Discount:** 10%

*Hotel \**
### Garth Hotel
*69, Gower Street, London, WC1E 6HJ,* ☎*0044 207 636 57 61;*
*Fax: 0044 207 637 48 54*
*garth.hotel@virgin.net*
*www.garthhotel-london.com*
*Mr. Simon Hoare*
↰ 37; Single £ 40 – 49.50, double / twin £ 55 – 85, triple £ 99, Quad £ 120 incl. English breakfast.
▦ MC, Visa, Diners Club, Amex; Breakfast; ▦ Underground and main line trains, numerous buses.
❖ British Museum, Oxford Street
☽ All year; ◉ 7 a.m. – 11 p.m.
Elegant, clean, privately owned Georgian town house in the centre of London. Comfortable accommodation, recently refurbished, with a peaceful, friendly atmosphere.
**Discount:** 10%

*Pension*
### King's Hotel
*36-37 Argyle Square King's Cross, London, WC1,* ☎ *0044 207 278 9992*
*mamta112@hotmail.com*
*Ms. Mamta Parekh*
↰ 36.
Single room £ 28 prpn, double room £ 35 prpn, Double en-suite £ 40 per prpn; Breakfast; ▦ No. ▦ A 1 minute walk from Kings Cross Station.
❖ King's Cross Station
☽ All year; ◉ 10 a.m. – 4 p.m.
☛ None; guests are provided with a front door key.
Comfortable, clean accommodation in a quiet area a short distance from the British Library and Central London. Majority of rooms with a private shower, a fridge and a colour TV.
**Discount:** 5%

*Pension*
### Avalon Private Hotel
*46 / 47 Cartwright Gardens, London, WC1H 9EL,* ☎*0044 207 387 2366;*
*Fax: 0044 207 387 5810*
*reception@avalonhotel.co.uk*
*www.avalonhotel.co.uk*
*Mr. Paul Foyle*
No.of.beds: 27; Between £ 47 and £ 84 pr (single to quad). Discounts are available for students, academics and longer staying guests.
▦ yes; Breakfast, Restaurant; ▦ Bus lines 10 and 73; the nearest Tube stations are Russell Square and Euston Station.
☽ All year; ◉ 7 a.m. – 11 p.m.
Situated on a Georgian crescent in

Bloomsbury, adjoining the West End theatre and restaurant district and the financial and commercial centre of the city, yet remaining quiet and respectable. The hotel is located centrally on the crescent of Cartwright Gardens and overlooks the gardens in which there are tennis courts available for use by guests.
**Discount:** 10%

*Studentenwohnheim*
**Campbell House**
*5–10 Taviton Street, London, WC1H 0BX,* ☎*0044 207 679 1479;*
*Fax: 0044 207 388 00 60*
*c.house@ucl.ac.uk*
*www.ucl.ac.uk.*
Prices from £ 22 pppn for a single and £ 43 for a twin.
▣ yes; 🚇 Euston Station a 2 minute walk away.
🕐 Mid Jun to Mid Sep; 👁 9 a.m. – 5 p.m.
☺ University College London
Converted from early Victorian town houses, a self-catering student hall of residence situated in a quiet street in the heart of Bloomsbury. Six large kitchens fully equipped for guests to prepare their own meals.

*Studentenwohnheim*
**Carr Saunders Hall London School of Economics and Political Science**
*18 – 24 Fitzroy Street, London, W1T 4BN,* ☎*0044 207 955 7575;*
*Fax: 0044 207 955 7676*
*carr-saunders@lse.ac.uk*
*www.lse.ac.uk/collections/vacations*
*Mr. Azzedine Fetnaci*
↜ 156.
Single rooms from £ 27, double rooms

from £ 45, en-suite twin £ 50.
▣ yes; Breakfast; 🚇 Tube and buses.
🕐 23.03. – 27.04. and 06.07. – 28.09;
👁 14:00 – 21:00 p.m.
☺ LTB

*Studentenwohnheim*
**Passfield Hall**
*1-7 Endsleigh Place, London, WC1H 0PW,*
☎ *0044 207 387 3584;*
*Fax: 0044 207 387 0419*
*passfield@lse.ac.uk*
*www.lse.ac.uk/collections/vacations*
Single £ 27, twin £ 48,, triple £ 62.
Comprises ten late-Georgian houses, in Bloomsbury, configured in three blocks surrounding a walled garden. Ideally located for the West End, Covent Garden, Oxford Street, the British Museum and British Library.

# LONDON Brompton Chelsea, South Kensington

*Ferienwohnung*
**Nell Gwynn House Apartments**
*Sloane Avenue, London, SW3 3AX,*
☎*0044 207 589 11 05;*
*Fax: 0044 207 589 9433*
*reservations@nghapartments.co.uk*
*www.nghapartments.co.uk*
*Ms. Debbie Laughton*
↜ Approximately 250.
Studio apartments from £ 470 per week, one bedroom apartments from £ 685 per week and two bedroom apartments from £ 1065 per week.
▣ yes; 🚇 Two underground stations within walking distance
🕐 All year; 👁 09:00 – 18:00 Monday – Friday

*Hotel*
## Oakley Hotel
*73 Oakley Street, Chelsea, SW3 5HA,*
☎ *0044 207 352 5599;*
*Fax: 0044 207 727 1190*
*inf@oakleyhotel.com*
*www.oakleyhotel.com*
*Mr. Brian Millen.*
Price pr: Single £ 39, double as single: £ 45, twin £ 49, double £ 49, double with shower and WC £ 59, twin with shower and WC £ 59, Superior 4 poster with shower and WC £ 69, Superior 4 poster with shower and WC plus extra single bed £ 79.
▣ MC, Visa, Amex; Breakfast; 🚌 Bus, South Kensington and Sloane Square Tube.
❖ King's Road
🕑 All year; 👁 8 a.m. – 9 p.m.
Small bed and breakfast hotel with a guest's lounge with television, video, travel and fiction books, and games. Free tea and coffee is provided all day in the kitchen and a microwave, gas cooker, fridge, and cooking utensils are available for the guest's use as well as ironing facilities. Launderette nearby. All the rooms with wash basins, two rooms with en-suite facilities. The bathrooms and showers are close to all rooms. Room rates pn include a full cooked English breakfast.
**Discount:** 10%

*Ferienwohnung*
## Aston's Apartment's
*31 Rosary Gardens, London, SW7 4NH,*
☎ *0044 207 5906000;*
*Fax: 0044 207 5906060*
*sales@astons-apartments.com*
*www.astons-apartments.com*
*Mr. Ross Patterson*

⌐ 54 self-catering apartments.
Single studio apartment from £ 68, double studio from £ 94.
▣ Visa, MC, JCB, Amex; 🚇 Underground two minutes away.
❖ Gloucester Road tube station
🕑 All year; 👁 8 a.m. – 9 p.m. / 7 days a week
A range of self-catering studio apartments suitable for one person through to four people. Based in a quiet location within fashionable South Kensington, close to many museums and shops. Good value at a fraction of the cost of comparable hotels.
**Discount:** 10%

*Herberge / Hostel*
## Regina House London Hostels Association
*110 Gloucester Road, London, SW7 4RJ,*
☎ *0044 207 373 5151,*
*Fax: 0044 207 834 15 45*
*regina@london-hostels.co.uk*
*www.london-hostels.co.uk*
*Mr. Jean Michael Naud*
⌐ 115; Single £ 24.50, twin £ 22.50 pppn, dorm £ 20.50 pppn.
▣ yes; Breakfast, Restaurant
🚇 Tube – Gloucester Road
❖ Imperial College, Albert Hall, Hyde Park
🕑 All year; 👁 08:00 – 20:00

*Hotel*
## Hotel 167
*167 Old Brompton Road, London, SW5 OAN,* ☎ *0044 207 3733221;*
*Fax: 0044 207 3733360*
*enquiries@Hotel167.com*
*www.hotel167.com*
*Mr. Frank Cheevers.*

Single £ 79 pn, double (single use) £ 95 –
£ 99 pn, double / twin £ 99 or £ 110 pn;
extra bed in the room £ 20.
🖃 yes; Breakfast; 🚇 South Kensington
Station.
❖ South Kensington
🕐 All year; 👁 8 a.m. – 11 p.m.
A small boutique-type hotel located very
centrally.
**Discount:** 5%

*Appartements, Langzeitunterkunft*

### The Residence
*161 Old Brompton Road, London, SW5*
*OLJ,* ☎*0044 207 373 6050;*
*Fax: 0044 207 373 7021*
*reservations@theresidence.uk.com*
*www.theresidence.uk.com*
*Mr. Simon Mete*
⌕ 22. Weekly only (pp) triple £ 89 – £
118, double £ 104 – £ 149, single £ 198 –
£ 258; 🚇 Gloucester Road.
🕐 All year; 👁 10:00 – 18:00
Independent self-catering rooms offered
for the long-term visitor on business,
study and leisure. Each mini-studio has
its own bath / shower / WC, kitchenette
with microwave and refrigerator, ironing
facilities, television, telephone with internet access via own laptop. There is also a
common kitchen for self-catering.

# LONDON Camden Town

*Herberge / Hostel*

### Belsize House London Hostels Association
*40 Belsize Park Gardens, London, NW3*
*4NA,* ☎*0044 207 722 8131*
*belsize@london-hostels.co.uk*
*www.london-hostels.co.uk*
*Mr. Adrian Clough*

⌕ 150; Single £ 24.50 pppn, twin £
22.50 pppn, dorm £ 20.50 pppn, weekly
rates available if over 15 nights stay.
🖃 yes; Breakfast, Restaurant 🚇 Tube to
Belsize Park, No. 168 bus
❖ Hampstead Heath, Camden Town
🕐 All year; 👁 08:00 – 20:00
Situated in residential area near Belsize
Park. Dining room, lounge, TV room,
laundry room and large garden at rear.
**Discount:** 5% off daily rate Jan to Mar
and Oct to Dec

*Hotel*

### Regency House Hotel
*71 Gower Street, London, WC1E 6HJ,*
☎*0044 207 637 18 04;*
*Fax: 0044 207 323 50 77*
*bookings@regencyhouse-hotel.com*
*www.regencyhouse-hotel.com*
*Mr. Victor Gilbert.*
Single room with shower and toilet £ 55,
double / twin with shower and toilet £ 85,
triple room with shower and toilet £ 99,
quad with shower and toilet £ 120, quint
with shower and toilet £ 135.
🖃 yes; Breakfast; 🚇 Public transportation widely available.
❖ British Museum, Oxford Street, Thea-
treland
🕐 All year; 👁 7:00 – 23:00
Family run hotel; the building is a Grade
II Georgian town house.
**Discount:** 10%

# LONDON City Tower Bridge, Docklands

### Eurotrip Inn
*Sundial Court, 38 – 42 Chiswell Street,*
*London, EC1Y 4XR,*
☎*0044 207 689 69 49;*

*Fax: 0044 207 638 26 62*
*info@eurotripinn.com*
*www.eurotripinn.com*
*Mr. Spencer Vanderwerf.*
Private room $ US 39 pn.
🖃 yes; Breakfast; 🚌 Tube and bus.
❖ Barbican
🕐 Jul to Sep; 👁 24 hours
One hundred and ten single bedrooms, 3-, 4- and 5- bed flats, some with self-catering facilities for long term stays.
**Discount:** 10%

# LONDON Earl's Court Fulham, West Brompton

*Herberge / Hostel*
**Curzon House Hotel**
*58 Courtfield Gardens South Kensington, London, SW5 0NF*
☎ *0044 207 581 2116; Fax: 0044 207 835 1319*
*enquiries@curzonhousehotel.co.uk*
*www.curzonhousehotel.co.uk*
*Mr. Charles Otter*
⤴ 80; Single from £ 30, double from £ 44, triple from £ 60. 🖃 MC, Visa; Breakfast; 🚌 Tube and bus.
❖ Kensington Palace, Natural History Museum
🕐 All year; 👁 8 a.m. – midnight
Friendly backpackers hostel close to all main attractions.

*Hotel*
**Court Hotel**
*Earl's Court, London, SW5 9QF* ☎ *0044 207 3730027; Fax: 0044 207 9129500*
*tch@lgh-hotels.com*
*www.lgh-hotels.com/courthotel*
*Mr. Asghar Abid.*
Single £ 30, Double £ 40, shared £ 15

pppn (4 beds in each room).
🖃 yes; Breakfast
❖ Earl's court, 👁 24 hours
Clean small family-run bed and breakfast, all rooms offer en-suite shower or bath, TV, direct dial telephone. Prices include English breakfast and tax.
**Discount:** 10%

# LONDON Greater London

*Pension*
**Swiss House Hotel**
*171 Old Brompton Road South Kensington, London, SW5 0AN,*
☎ *0044 207 373 9383;*
*Fax: 0044 207 373 4983*
*swisshousehotel1@btconnect.com*
*www.swiss-hh.demon.co.uk*
*Ms. Beatriz Lopera*
⤴ 15; Single room with En-Suite Shower £ 58, single room with En-Suite Bathroom £ 80, Standard double / twin with En-Suite Bathroom £ 95. Deluxe double / twin with En-Suite Bathroom £ 120. Triple room with En-Suite Bathroom £ 135, quadruple room with En-Suite Bathroom £ 145.
🖃 yes; Breakfast
❖ Gloucester Road underground
🕐 All year; 👁 7:30 a.m. – 11:00 p.m.
**Discount:** booked on full hotel rate 5% on Cash Payment.

# LONDON Greenwich

*Pension*
**St. Alfeges**
*16 St. Alfege Passage, London, SE10 9JS,* ☎ *0044 208 853 4337*
*info@st-alfeges.co.uk*

*www.st-alfeges.co.uk*
*Nicholas and Robert*
Single from £ 40, double from £ 60. Discounts for longer stays; Breakfast; 🚌 Cutty Sark DLR, Greenwich train.
❖ Central London
🕐 All year; 👁 All day
☺ English Tourist Board
Charming accommodation offered in tastefully designed period house in central Greenwich. Guests are made to feel at home and are free to relax in the comfortable lounge. Rooms are sensitively decorated.
**Discount:** 5%

# LONDON Hammersmith, Shepherd's Bush

*Hotel*

## Dalmacia Hotel
*71 Shepherd's Bush Road, London, W6 7LS,* ☎*0044 207 603 28 87;*
*Fax: 0044 207 602 92 26*
*Info@dalmacia-hotel.co.uk*
*www.dalmacia-hotel.co.uk*
*Mr. George Krivosic.*
Singles from £ 49, twins / doubles from £ 59, triples from 72.
▦ yes; Breakfast; 🚌 Public transportation outside.
❖ Hammersmith 🕐 05.01. – 15.12; 👁 from 13:00 onwards. ☺ LTB
A very clean 15 room town house hotel at a high end 2 star standard; all rooms en-suite, basic German spoken well enough to make a booking.
**Discount:** 10%

*Pension*

## Windsor Guest House
*43 Shepherds Bush Rd, London, WW6 7LU,* ☎*0044 207 6032116;*

*Fax: 0044 207 6032116*
*Ms. Anna Lezaic.*
Single £ 28, twin £ 44, triple £ 56; all rooms have a shower, WC, hairdryer and TV; Breakfast; 🚌 All public transportation.
🕐 All year; 👁 9:00 – 21:00
Established 17 years ago as a family-run guest house – clean and well presented. English and continental breakfast included in the price. All rooms with private facilities and centrally heated.

*Hotel*

## Hotel Orlando
*83 Shepherd`s Bush Road, London W6, W6 7LR,* ☎*0044 207 603 4890;*
*Fax: 0044 207 603 4890*
*enquiry@hotelorlando.co.uk*
*www.hotelorlando.co.uk*
*Mr. Giuseppe Orlando.*
Single £ 40, double / twin £ 50, triple £ 70, family £ 85.
▦ Visa, MC, Eurocard, Amex, Deltacard; Breakfast; 🚌 Hammersmith tube
❖ Hammersmith
🕐 All year; Checkin:
☺ LTB, AA, RAC.
Family-run business for the past 22 years. In a Victoria terrace, this small, privately owned hotel with 14 rooms is near Hammersmith underground station. Ideal for connection to central London and Heathrow Airport.

# LONDON Hampstead, Highgate

*Hotel ***

## La Gaffe
*107-111 Heath Street, Hampstead, NW3 6SS,* ☎*0044 207 435 8965;*

Fax: 0044 207 7947592
info@lagaffe.co.uk
www.lagaffe.co.uk
Mr. Lorenzo Stella
🛏 18; Single £ 70 £, double / twin £ 95, honeymoon room £ 125, family room £ 125.
🏧 Visa, MC, Amex; Breakfast, Restaurant; 🚇 Hampstead Tube.
🕐 All year; 👁 1:00pm. – 11:00 pm.
In traditional and historic Hampstead village; twelve minutes by Tube to central London, a three minute walk from Hampstead Heath and Hampstead Underground. In 1734, this site was oruginally the home of a shepherd. Now it is a family run, cosy residential hotel emphasising comfort and informality.
All rooms have a shower, toilet, television, hair drier as well as tea andcoffee making facilities, as well as free WiFi access.
**Discount:** 10%

*Hotel \*\*\*\**
### House Hotel
*2 Rosslyn Hill, London, NW3 1PH,*
☎ *0044 207 431 8000;*
*Fax: 0044 207 433 1775*
*reception@thehousehotel.co.uk*
*www.thehousehotel.co.uk*
*Ms. Bernadette Koltai*
🛏 23 rooms; from : £ 145, incl. VAT and breakfast. Seasonal discounts.
🏧 yes; Breakfast, Restaurant; 🚇 Northern line and main live services 2 mins walk away.
❖ Hampstead, Camden Town
👁 24 hrs reception
The hotel reflects elegance and luxury. All the rooms are elegantly furnished and have en-suite bathrooms. Room facilities include TV, CD player, private safe, mini bar, telephone, data points.
**Discount:** 5%

*Pension*
### Dawson House Hotel
*72 Canfield Gardens, South Hampstead, NW6 3EG,* ☎ *0044 207 624 00 79;*
*Fax: 0044 207 644 63 21*
*dawsonhousehotel@aol.com*
*www.dawsonhouse.com*
*Mr. Murugesan Rajan*
🛏 15 rooms; Single en-suite from £ 45, double / twin en-suite from £ 71, triple en-suite from £ 90, family en-suite from £ 99.
🏧 Visa, MC, Switch and Amex; Breakfast 🚇 Underground station and busses available
❖ Finchley Road underground station
🕐 All year; 👁 1:00pm, check-out time 11:00am.
☺ 4 diamonds with AA and English Tourist Board
**Discount:** 5%

# LONDON Holborn Farringdon, Clerkenwell

*Jugendherberge*
### Barbican YMCA
*2 Fann Street, London, EC2Y 8BR,*
☎ *0044 207 628 0697;*
*Fax: 0044 207 638 2420*
*barbican.reception@cityymca.org*
*www.cityymca.org*
*Mr. Archie Swan*
🛏 240; Single room £ 32.75, double £ 60.48 pn, bed & breakfast. Or single £ 203.70, double £ 348.60 pr per week, including breakfast.
🏧 yes; Breakfast, Restaurant
🚇 London Underground.

❖ St. Paul's Cathedral
◉ 09.30 – 21.30
☺ YMCA

# LONDON Holland Park, Kensington

*Pension*
## Merlyn Court Hotel
*No. 2, Barkston Gardens, London (Central), SW5 OEN, ☏0044 207 370 16 40;*
*Fax: 0044 207 370 49 86*
*london@merlyncourthotel.com*
*www.merlyncourthotel.com*
*Ms. Lucy*
↝ 35; Single £ 38 – £ 50, double / twin £ 55 – £ 75, triple £ 65 – £ 85, 4 beds £ 70 – £ 90; with and without bathroom.
▦ Visa, MC; Breakfast
🚊 Earls Court tube
❖ Kensington and Chelsea, near museums, Kensington Gardens, Hyde Park, Notting Hill, Westminster, Piccadilly, Madame Tussaud's, Victoria. Eurostar is 15 mins. to Gatwick and Heathrow 1hr 40 mins.
◉ All year; ◉ 08:00 – 23:00
☺ LTB
A 19th century building with a friendly atmosphere. Very central and good value. Non-smoking.

*Hotel*
## Abbey House
*11 Vicarage Gate, London, W8 4AG,*
*☏0044 207 727 2594;*
*Fax: 0044 207 727 1873*
*abbeyhousedesk@btconnect.com*
*www.abbeyhousekensington.com*
*Mr. Rodrigo Souza.*
Seasonal; Single £ 35 – £ 45, double / twin £ 55 – £ 74, triple £ 70 – £ 90, quad £ 78 – £ 100, quint £ 85 – £ 110; Breakfast;
🚊 Near High Street Kensington and Notting Hill Gate stations, many bus routes.
❖ Kensington Palace and Gardens
◉ All year; ◉ 8:30 a.m. – 10 p.m.
Small, friendly bed and breakfast hotel in Kensington, set in a pretty Victorian house on a quiet street.

*Hotel*Hotel*
## London Lodge Hotel
*134-136 Lexham Gardens, London,*
*W8 6JE, ☏0044 207 244 8444;*
*Fax: 0044 207 373 6661*
*info@londonlodgehotel.com*
*www.londonlodgehotel.com*
*Ms. Mandy Chiu.*
Single room from £ 89, double room from £ 109, double executive room from £ 129; special packages are available.
▦ Visa, Master, Amex, Diners, Switch, JCB; Breakfast,Restaurant;
🚊 Earls Court underground station is a 4 minute walk; bus stop about a one minute walk from the hotel.
❖ Kensington High Street, Holland Park, Earls Court and Olympia exhibition centres
◉ All year; ◉ 24 hours
Refurbished London Lodge Hotel located in the centre of Kensington.
Small charming town house, all rooms are en-suite and offer facilities incl. wireless internet access, air conditioning, satellite television, direct dial telephone, computer socket, PC modem lines, trouser press, writing desk, hair dryer and mini-bar. Executive rooms have a whirlpool bath and a private safe.
**Discount:** 25%

*Pension*
## Vicarage Private Hotel
*10 Vicarage Gate Kensington, London,*
*W8 4AG,* ☎*0044 207 229 4030;*
*Fax: 0044 207 792 5989*
*reception@londonvicaragehotel.com*
*www.londonvicaragehotel.com*
*Ms. Eileen Diviney*
⬎ 17; Seasonal, Single room £ 40 – £ 46, double room £ 60 – £ 78, triple room £ 75 – £ 95, quad room £ 80 – £ 102 (rooms without private bath); Breakfast
🚌 3 mins walk to bus, 10 mins walk to 2 Underground stations
❖ Kensington High St & Notting Hill Gate
🕐 All year; 👁 7.30am – 8.00pm
⌛ Own key
Victorian town house retaining many original features, situated in quiet residential garden square
**Discount:** 5%

# LONDON Kensington, Chelsea

Herberge / Hostel
## The Lodge
*44 Norfolk Square, W2 1RT,*
☎*044 207 2624406,*
*Fax: 0044 207 2624406*
*londonlodge@londonby.com*
*Ms. Sam Arnold.*
⬎ 56, private room from € 58 pr, sleeps 4 or 6), from € 25.50 pp.
🚌 Trains, tube & buses
5 min walk, Regent's Park & Zoo – bus ride away, close to Oxford Street for shopping.
❖ Kensington Palace, Buckingham Palace, Harrods, Madame Tussauds & Planetarium.
👁 8am – 8pm Monday to Friday, 9am –

6pm Saturday and Sunday.
From Heathrow – take Paddington Express train to Paddington Station. From Paddington Station exit onto Praed Street. Then walk up London Street and Norfolk Square is second road on the left. A South African run hostel, clean and newly renovated with new carpets, curtains and duvets. All linen provided, plenty of bathrooms. Guest kitchen. TV Lounge. No smoking inside.

*Hotel*
## Claverley Hotel
*13/14 Beaufort Gardens, London,*
*SW3 1PS,* ☎*0044 207 589 85 41;*
*Fax: 0044 207 584 34 10*
*reservations@claverleyhotel.co.uk*
*www.claverleyhotel.co.uk*
*Mr. Danny Constantinescu*
⬎ 30; Basic single room with own bathroom outside on the hallway £ 79 pn, single room with shower / WC en-suite £ 99 pn, double / twin room with shower / WC en-suite – £ 149 pn, deluxe rooms with sofa bed and en-suite bathroom from £ 199, 4 poster bed with sofa bed and en-suite bathroom from £ 219.
💳 All major credit cards; Breakfast;
🚌 Tube, Knightsbridge Station on Piccadilly Line just 200 yds away, plus a variety of buses.
❖ Hyde Park and Harrod's Dept. Store
🕐 All year; 👁 7:30 a.m. – 12:00 midnight
Elegant, private, intimate, small bed and breakfast. Victorian building situated on a tree-lined, residential culdesac, a quiet place in the middle of a busy area. Very „English", small but elegant rooms tastefully furnished, all with marble bathrooms and showers and hairdryers. Rooms with TV, some have A / C. Rooms on the first floor have balconies.

Junior Suites which are larger rooms, overlook the tree-lined street, some Junior Suites have A / C and walk-in cupboard and can also accommodate 3 people. English breakfast in the dining room with salmon kedgeree served on Tuesdays and Saturdays, an Indian dish specially created for the British troops stationed in India last century. There is also a 24hrs open lounge on the ground floor with coffee, tea, chocolate, biscuits and newspapers.

**Discount:** 5%

*Hotel*

### Windsor House Hotel
*12 Penywern Road, Earl's Court, London, SW5 9ST,* ☎*0044 207 373 90 87; Fax: 0044 207 385 24 17 bookings@windsor-house-hotel.com www.windsor-house-hotel.com Ms. Jan Wardle.*
Prices 3/4/5 Rooms £ 12 – £ 28 pppn, twins: £ 18 – £ 36 pppn, singles £ 22 – £ 46 pppn.
📶 MC, Visa; Breakfast; 🚇 Two min. from Earl's Court Underground Station. ❖ Earl's Court Exhibition Centre ⏲ All year; ⌐ No curfew, guest get keys. Central London B&B Hotel, zone 1 – Earl's Court / Kensington and Chelsea Area. Prices include breakfast and the 17.5% VAT / local tax. Clean, comfortable, free showers, very affordable and friendly staff. Free use of hotel kitchen for preparing own meals! There is also a Patio Garden for relaxing and an Internet access. A launderette is close by. Home from Home in London and bring the whole Family.
**Discount:** Group Rates (30 or more) From £ 12 pppn

*Jugendherberge*

### YHA Earls Court Youth Hostel
*Bolton Gardens, London, SW5 0AQ,* ☎*0044 207 3737083; Fax: 0044 207 835 2034 earlscourt@yha.org.uk www.yha.org.uk.*
Twin Rooms are available, for £ 52 B&B. Beds in single sex shared dorms are £ 19 bed only.
📶 yes; Breakfast; 🚇 Earls Court Underground. ❖ Earl's Court ⏲ All year; ◉ 24 hours; ☺ HI Hostel with a lively cosmopolitan atmosphere, in good reach of all the bars, restaurants cafes and shops.

# LONDON Bayswater, Notting Hill (Portobello)

*Pension*

### Kensington Guest House
*72 Holland Park Avenue, Kensington, W11 3QZ,* ☎*0044 207 229 92 33; Fax: 0044 207 221 10 77 info@thiswaytolondon.com www.ThisWayToLondon.com Mr. Bill Mcelhill.*
Twin rooms from £ 50 prpn, Family rooms (3 or 4 single beds) from £ 60 pn, also winter rates; Breakfast; 🚇 Holland Park Station is 2 doors away and the direct bus service to Heathrow Airport stops outside. ❖ Center; Portobello Road ⏲ All year; ◉ 7:30 a.m. – 11 p.m. A budget English family-run bed and breakfast guest house in central London. All rooms with cable TV and own cooking facilities. A full English breakfast is included in the price. Family rooms available.

*Hotel*

## Lancaster Hall Hotel / German YMCA

*35 Craven Terrace, London, W2 3EL,*
☎ *0044 207 723 9276;*
*Fax:0044 207 706 2870*
*info@lancaster-hall-hotel.co.uk*
*www.lancaster-hall-hotel.co.uk.*
Private Bath / WC, twin – £ 79.00, single
– £ 59.00, without bath / WC single –
£ 28.00, twin – £ 44.00, triple – £ 55.00,
quad – £ 72.00. All prices include buffet
breakfast and VAT;
🚆 Train: Heathrow Express, Paddington, Mainline.
Ne.ar Underground: Paddington Station
/ Lancaster Gate
🕐 All year; Check-ins: 07:00 – 22:00
☺ YMCA and VCH
Modern hotel with 80 twin rooms with
bath / WC / TV / telephone and budget
hotel with 23 basic rooms.
**Discount:** 10%

*Herberge / Hostel*

## Bowden Court House London Hostels Association

*24 Ladbroke Road, London, W11 3NN,*
☎ *0044 207 727 5665*
*bowden@london-hostels.co.uk*
*www.london-hostels.co.uk*
*Mr. Kim Lee*
⤵ 270; Single £ 25 pppn, double £ 23
pppn, triple £ 21 pppn, special weekly
rates if staying over 14 nights.
🖳 yes; Breakfast, Restaurant
🚆 Tube to Notting Hill and buses
Near: Notting Hill and Portobello Market
🕐 All year;
👁 08:00 – 20:00
Situated in a quiet residential street but
close to Portobello Market, etc.

*Herberge / Hostel*

## Sandeman Allen

*40 Inverness Terrace, London, W2 3JB,*
☎ *0044 207 7272719*
*sandeman@london-hostels.co.uk*
*www.london-hostels.co.uk*
*Mr. Laurent Nolfo*
⤵ 90; single £ 24.50, twin £ 22.50 pppn,
dorm £ 20.50 pppn, weekly rates available if staying over 15 nights.
🖳 yes; Breakfast, Restaurant
🚆 Tube Paddington or Lancaster Gate.
❖ Kensington Gardens, Bayswater
🕐 All year;
👁 8:00 – 20:00

*Hotel*

## Astor's Quest Hostel

*45 Queenborough, London, W2 3SY,*
☎ *0044 207 229 77 82;*
*Fax: 0044 207 727 81 06*
*astorquest@aol.com*
*www.astorhostels.com*
*Mr. Lorette Luckett.*
Prices range from £ 14.00 pp in a 9 bedded dorm, £ 50 for a basic twin room.
Many rooms have en-suite facilities. Prices include VAT (tax) at 17.5% and a
continental breakfast. (cereals, bread
rolls, coffee).
🖳 All major cards except Amex; Breakfast; 🚆 Tube: Queensway and Baysswa-
ter, Paddington Rail Station. All the
major bus routes on the doorstep.
❖ Kensington Gardens and Hyde Park
🕐 All year; 👁 24 hours
☺ LTB, FIYTO, Hostelworld
A homely, friendly hostel close to all the
major attractions. Located in Zone 1 in
London. Kitchen facilities available for
guests to cook their own meals. All staff
live on the premises.
**Discount:** 10%

*Jugendherberge*
### Astor's Hyde Park Hostel
*2-6 Inverness Terrace, Bayswater W2 3HU, Tel 0044 207 229 5101; Fax: 0044 207 229 3170. hydepark@astorhostels.com www.astorhostels.com*
↵ 280; Prices range from 12 bed mixed dorm £ 11 pp, twin / double room £ 43 pr.

🚇 Bayswater or Queensway Tube Hyde Park, Kensington Palace, Portobello Market, Oxford Street 20
💳 Visa & MC; ⏱ All year
Nahe Hyde Park, Notting Hill, Portobello & Paddington
Fun and friendly hostel for backpackers with an excellent location opposite Hyde Park. With excellent facilities which include late night bar, internet and games room, travel agent and loads more
**Discount:** 10% (excluding other discounts and promotional offers)

*Jugendherberge*
### Astor's Leinster Inn
*7-12 Leinster Square, London, W2 4PP,* ☎*0044 (0)20 207 2299641; Fax: 0044(0)20 207 2215 255 leinster@astorhostels.com www.astorhostels.com Ms. Laura Cuello.*
↵ Singles: £ 26.00 pppn doubles / twins: £ 20.00 pppn, dorms: from 11.50 – 16.00 pppn.
💳 yes; Breakfast; 🚇 Bayswater and Queensway underground stations.
⏱ All year; ◉ 10:00 am
☺ VIP Backpackers, ISIC card
Lively youth hostel for the 18 – 35 year old traveller with continental breakfast included. Self-catering kitchen, laundry, internet access, games rooms, linen provided, late night bar.
**Discount:** 10%

*Pension*
### Portobello Gold
*95/97 Portobello Rd Notting Hill, London, W11 2QB,* ☎*0044 207 460 4910; Fax: 0044 207 229 2278 enquiries@portobellogold.com www.portobellogold.com Ms. Hayley Borg*
↵ 7 rooms; at £ 55 – £ 180 pn.
💳 Visa, MC, Amex, Diners, Jtb; Breakfast, Restaurant; 🚇 Notting Hill Gate tube and buses.
⏱ All year; ◉ 08:30 till midnight
Family-run bar and restaurant with 7 rooms above established in 1985. Award-winning wine list by owner Linda Johnson-Bell, excellent food and very popular local bar. Free internet access to guests with full business facilities, internet access and cybercafe.
**Discount:** 10%

*Pension*
### Nayland Hotel
*132-134 Sussex Gardens Paddington, London, W2 1UB,* ☎*0044 207 7234615; Fax: 0044 207 4023292 info@naylandhotel.com www.naylandhotel.com Mr. Yiannis Panayiotou*
↵ 70; Single £ 45 – £ 49, double / twin £ 57 – £ 69, triple £ 84, quad £ 112 pn.
💳All major cards except Amex; Breakfast; 🚇 Excellent connections, Paddington train and tube station 200 metres away. ❖ Paddington Station 200 m away and Hyde Park ⏱ 01.11 – 31.03. and 01.04. – 31.10. ◉ 24 hours
Tranquil and elegant in the heart of London with 41 single / twin, double and family bedrooms.

# LONDON Paddington, Marylebone

*Herberge / Hostel*
## New Mansion House
*38 Lancaster Gate, London, W2 3ND,*
☎*0044 207 723 4421*
*newmansion@london-hostels.co.uk*
*www.london-hostels.co.uk*
*Mr. Claudie Rebaud*
⚓ 90; single £ 24.50, twin £ 22.50 pppn, dorm £ 20.50 pppn, weekly rates available if staying over 15 nights.
▣ yes; Breakfast, Restaurant
🚇 Tube Paddington or Lancaster Gate.
❖ Kensington Gardens, Marble Arch, Oxford Street
🕐 All year;
👁 8:00 – 20:00

*Hotel*
## Oxford Hotel
*13/14 Craven Terrace, London, W2 3QD,* ☎*0044 207 402 6860;*
*Fax: 0044 207 262 7574*
*info@oxfordhotel.freeserve.co.uk*
*www.oxfordhotellondon.co.uk*
*Mr. Nicholas Panayi.*
Single Room: £ 60 pn, double/ twin room: £ 66 pnm triple room: £ 76 pn., family room: £ 83 pn.
▣ yes; Breakfast; 🚇 Buses and Lancaster Gate and Paddington stations nearby.
❖ Hyde Park
🕐 All year; 👁 7 a.m. – 5 p.m.
☺ BTA
All rooms benefit from en-suite facilities and have colour TV's, minifridges, tea / coffee making facilities, hairdryers and even microwaves. The hotel has been fully refurbished during the last 6 months and has been awarded 3 stars.
**Discount:** 10%

*Hotel*
## Lancaster Court Hotel
*202-204 Sussex Gardens, London, W2 3UA,* ☎*0044 207 402 8438;*
*Fax: 0044 207 706 3794*
*lancohot@aol.com*
*www.lancaster-court-hotel.co.uk*
*Mr. Mahmood Badrudin.*
Single from £ 30 pn, double from £ 45 pn, triple from £ 60 pn, quad from £ 80 pn.
▣ All major credit cards; Complimentary Continental Breakfast; 🚇 Underground / buses / cabs / Heathrow Express.
❖ Hyde Park
🕐 01.04. – 30.09;
👁 02:00 p.m. Check-out 11:00 a.m.
Free luggage room for the guests. There is a surcharge of 3.5% on credit cards. Cancellation policy is 72 hours before the date of check-in. One night deposit in advance. Non smoking hotel.
Bed and breakfast, basic rooms, rooms with shower only, rooms with shower and toilet.
**Discount:** 5%

*Hotel*
## Olympic House Hotel
*138 Sussex Gardens, London, W2 1UB,* ☎*0044 207 7235935;*
*Fax: 0044 207 2248144*
*info@olympichousehotel.co.uk*
*www.olympichousehotel.co.uk*
*Ms. Andrea Orphanides*
⚓ 40 rooms; at reasonable rates, including singles, double / twin, triple and family rooms.
▣ MC, Visa; Breakfast; 🚇 Paddington Station.
🕐 All year;
👁 8 a.m – 3 p.m.

*Hotel*
**Pavilion Fashion Rock'n'Roll Hotel**
*34/36 Sussex Gardens, London, W2 1UL,*
☎ *0044 207 262 0905;*
*Fax: 0044 207 262 1324*
*HOTELPAVILIONUK@aol.com*
*www.pavilionhoteluk.com*
*Mr. Danny Karne.*
Small single £ 60, large single £ 85, double / twin £ 100, triple £ 120 (Sleeps 3 adults), family £ 130 (sleeps 2 adults and 2 children).
▦ All major credit cards; Breakfast;
🚌 Near bus and tube stops.
🕒 All year; ☻ 24 hours
Small townhouse hotel in central London. All 30 rooms have small bathrooms, satellite TVs and telephones.
**Discount:** 5%

*Hotel*
**Kingsway Park Hotel**
*139 Sussex Gardens, London, W2 2RX,*
☎ *0044 207 723 56 77;*
*Fax: 0044 207 402 43 52*
*info@kingswaypark-hotel.com*
*www.kingswaypark-hotel.com*
*Ms. M. Shahriari.*
Single room £ 60 – £ 65, double / twin £ 70 – £ 90, triple £ 98 – £ 105, family £ 110 – £ 125, group bookings are welcome, Half board or full board.
▦ yes; Breakfast, Restaurant; 🚌 Public transportation.
❖ Hyde Park, Marble Arch
🕒 All year; ☻ 8 a.m. – 5 p.m. and 24 hrs reception Full English breakfast, tax at 17.5% and service charge are included in the prices. All rooms have been upgraded to a high standard with private bathroom, colour TV (Sky TV), direct dial telephone, tea / coffee making facilities, hair dryer, mini bar and a new elec-

tronic key system for maximum security. Located a 3 minute walk from Paddington station and a 5 minute walk to the Hyde Park and Marble Arch. Open 24 hours. Check in 1.30 p.m., Check out 11.30 a.m.
**Discount:** 5%, Special rate for groups and student groups.

*Hotel ***
**Abbey Court Hotel**
*174 Sussex Gardens, London, W2 1TP,*
☎ *0044 207 402 07 04;*
*Fax: 0044 207 224 9114.*
*info@abbeycourthotel.com*
*www.abbeycourthotel.com*
*Mr. Luis Gaspar*
🛏 61; Single from £ 49, double from £ 29 pp, triple from £ 21, family (4p max) from £ 19. Prices quoted pppn based on the low – season rates.
▦ MC, Visa, Amex, Switch; Breakfast
🚌 Paddington Underground and bus routes.
❖ Hyde Park; ☻ 09:00 – 16:00; ☺ LTB
Attractive rates in the heart of London and a warm welcome. Rooms with private facilities, centrally heated, and well decorated. Hyde Park is only 5 minutes away and Paddington Station a 2 minute walk for the Heathrow Express and the underground for access to London's sightseeing, theatres, museums and shopping areas.

*Hotel ***
**Westpoint Hotel**
*170-172 Sussex Gardens, London, W2 1TP,* ☎ *0044 207 402 02 81;*
*Fax: 0044 207 224 91 14*
*info@westpointhotel.com*
*www.westpointhotel.com*
*Mr. Luis Gaspar*

↗ 71; Single from £ 49, double / twin from £ 29, triple from £ 22, family (4pax max) from £ 21. Prices quoted pppn based on the low – season rates.
▥ MC, Visa, Amex, Switch; Breakfast
🚌 Paddington Underground and bus routes. ❖ Hyde Park 👁 09:00 – 16:00
☺ LTB
Good value in central London, just a 2 minute walk to Paddington Underground station and to Heathrow Express, in reach of London's sightseeing, shopping areas, museums, and theatres. Rooms are comfortable, well decorated with en-suite facilities, toilet, shower, TV, direct dial phones, and cleaned daily. Open 24 hours, seven days a week with a lift to all floors and car parking by arrangement.

*Hotel*

### St. David's Hotels
*14-20 Norfolk Square, Paddington, W2 1RS,* ☎*0044 207 723 3856;*
*Fax: 0044 207 402 9061*
*info@stdavidshotels.com*
*www.stdavidshotels.com*
*Mr. George Neokleous.*
Single room with en-suite facilities (shower and toilet) £ 49, single rooms with shower only (no toilet) £ 40, single rooms with no shower or toilet £ 35, double room with en-suite facilities (shower and toilet) £ 69, double room without en-suite facilities £ 59, triple room with en-suite facilities (shower and toilet) £ 80, quad with en-suite shower and toilet £ 100, family room (can accommodate up to 6 persons) with en-suite facilities £ 120. Prices are based on a room pn basis and are inclusive of VAT, service charges and a full English breakfast.
▥ All major credit cards – Visa, MC, Amex; Breakfast; 🚌 A 1 minute walk

from Paddington Underground Station, 15 minutes from Heathrow Airport with trains every 15 minutes.
❖ Paddington Underground Station
🕐 01.04 – 30.10. Special winter rates are available outside this main busy period;
👁 24 hours
Familyrun hotel in a quiet square in central London, just a one minute walk from Paddington Station and a ten minute walk to Oxford Street and Hyde Park and well placed for visits. Good value for the money. Established in the 1970's, it provides accommodation with first class service.
**Discount:** 5%

# LONDON Pimlico, Westminster, Saint James's Park

*Herberge / Hostel*

### Holland House
*53 Eccleston Square, London, SW1V 1PG,* ☎*0044 207 834 9104*
*holland@london-hostels.co.uk*
*www.london-hostels.co.uk*
*Ms. Paola Ferrante*
↗ 85; single £ 24.50, twin £ 22.50 pppn, dorm £ 20.50 pppn, weekly rates available if staying over 15 nights. ▥ yes; Breakfast, Restaurant; 🚌 Tube Victoria.
❖ Buckingham Palace, Houses of Parliament
🕐 All year; 👁 8:00 – 20:00

*Herberge / Hostel*

### Astors's Victoria Hotel
*71 Belgrave Rd, SW1,* ☎*0207 7834 3077, Fax: 0207 7932 0693,*
*www.astorhostels.com*
*astorvictoria@aol.com*
Prices range from £ 15 pp (8 bed mixed

dorm) to £ 50 (double / twin room). 🚌 250 m nw U Pimlico. Very modern house, 70 beds with breakfast, 13 dorms 12-16 £. Earlyreservations advised, as very popular because Victoria train station, Westminster Abbey and the Tate Gallery are close by.
**Discount:** 10%

*Hotel*
## Elizabeth House
*118 Warwick Way, London, SW1V 4JB,* ☎*0044 207 630 07 41;* *Fax: 0044 207 630 07 40* *elizabethhouse@ehlondon.fsnet.co.uk* *Mr.s. S. Salah.*
Rooms from: £ 35 pn.
🖥 MC, Visa; Breakfast; 🚌 Near underground and buses.
❖ Victoria
🕐 All year; ☻ 24 hours
Low budget bed and breakfast, clean and secure. Located in a central area, short walk away from Buckingham Palace, Big Ben and many more main attractions.
**Discount:** 10%

*Hotel*
## Hamilton House Hotel
*60 Warwick Way, London, SW1V 1SA,* ☎*0044 207 821 7113;* *Fax: 0044 207 630 08 06* *info@hamiltonhousehotel.com* *www.hamiltonhousehotel.com* *Mr. Nandagopal Shelliah.*
Single en-suite £ 45, double en-suite £ 60, single basic £ 35 double basic £ 45.
🖥 yes; Breakfast; 🚌 Underground, British Rail Coach. ❖ Victoria
🕐 All year; ☻ 9 a.m. – 7 p.m.
Situated in the heart of London's Belgravia, less than a five minute walk from Victoria Station within easy walking distance from Buckingham Palace, Westminster Abbey and Houses of Parliament.
**Discount:** 10%

*Hotel*
## Romany House Hotel
*35 Longmoore Street, London, SW1V 1JQ,* ☎*0044 207 834 5553;* *Fax: 0044 207 8340495* *romany.hotel@virgin.net* *Mr. Jaffer Jeraj.*
Single room £ 30, double / twin £ 40, rates pn include breakfast and tax; Breakfast; 🚌 Buses, Tube and BR Rail.
❖ Victoria Station
🕐 All year; ☻ 7 a.m. – 11 p.m.
**Discount:** 5%

*Pension*
## Morgan House
*120 Ebury Street, London,* *SW1W 9QQ,* ☎*0044 207 730 2384;* *Fax: 0044 207 730 8442* *morganhouse@btclick.com* *www.morganhouse.co.uk* *Ms. Rachel Joplin*
Standard Single £ 46, double £ 66, triple £ 86, en-suite
double £ 86, en-suite, triple £ 110, en-suite quad £ 122.
🖥 MC, Visa; Breakfast; 🚌 All buses and trains at Victoria.
❖ Victoria Station
🕐 All year; ☻ 7:00 – 22:00
In Belgravia, a smart, elegant, central area. A traditional bed and breakfast with cosy, individually decorated rooms. A hearty English breakfast and help and advice to our guests is included. The building is a listed Georgian town house in Belgravia and an ideal central location for the London visitor. Please visit web

site for online reservations.
**Discount:** 5%

*Pension*
### Morgan Guest House
*120 Ebury Street, London, SW1W 9QQ*
☎ *0044 207 730 2384;*
*Fax: 044 207 730 8442*
*morganhouse@btclick.com*
*www.morganhouse.co.uk*
*Ms. Rachel Joplin.*
Single £ 46, double / twin £ 66, triple £ 86.
⊞ MC, Visa; Breakfast; ⊞ Trains, Underground, Buses.
❖ Victoria Station
⊕ All year; ⊚ 7 a.m. – 11 p.m.
Morgan House is a listed Georgian building in fashionable Belgravia, central London. It boasts individually decorated rooms for up to four people. All rooms are comfortably furnished, some with privateen suite facilities.
**Discount:** 5%

*Pension*
### Rosedene Hotel Victoria
*119 Ebury Street Victoria, London, SW1W 9QU,* ☎ *0044 207 7304872;*
*Fax: 0044 2077307681*
*Mr. Jonny Kahl*
⤳ 15 rooms; from £ 13 to £ 22 pppn.
⊞ MC, Visa; Breakfast; ⊞ Nearly all transportation forms available.
❖ Buckingham Palace and Big Ben
⊕ All year; ⊚ Check In 13:00 – Check Out 10:30.
Small family-run Bed and breakfast in central London near Victoria Station, Buckingham Palace, Big Ben, Harrod's, the Thames River, Hyde Park and other attractions.
**Discount:** 10%

*Reservierungsbüro*
### Citadines Trafalgar
*18/21 Northumberland Avenue, London, WC2N 5EA,*
☎ *0033 4420 77 66 37 00;*
*Fax: 0033 4420 77 66 37 66*
*trafalgar@citadines.com.*
⤳ 187 rooms; Prices from £ 130.
⊞ All major credit cards; Breakfast;
⊞ Metro, bus.
❖ Trafalgar Square
⊕ All year;
⊚ 24 hours
Just a few minutes from Trafalgar Square, home of the National Gallery (collections of paintings). The streets lined with shops lead down to Covent Garden and Oxford Street. Nearby, St James' Park is a good place away from the bustle of the city. A must is the Church of St. Martin in the Fields for lunchtime and evening concerts.

*Hotel*
### Lunasimone Hotel
*47/49 Belgrave Road, Victoria, SW1V 2BB,* ☎ *0044 207 8345897;*
*Fax: 0044 207 8282474*
*lunasimone@talk21.com*
*www.lunasimonehotel.com*
*Mr. Mark Desira.*
Single £ 35 – £ 40, single en-suite £ 50 – £ 60, double / twin en-suite £ 65 – £ 80, triple / 3-bed £ 85 – £ 100.
⊞ yes; Breakfast;
⊞ Train, Tube, bus, coach.
❖ Victoria Station
⊕ All year;
⊚ 24 hours
In the heart of London. All rooms have TV, tea and coffee facilities, safety deposit boxes; most facilities en-suite.
**Discount:** 10%

# LONDON Soho, Piccadilly, Covent Garden, Oxford Circus

*Hotel*

**Astor's Museum Inn**
*27 Montague Street Bloomsbury,
London, WC1B 5BH,*
☎*0044 207 580 5360;*
*Fax: 0044 207 636-7948*
*astormuseuminn@aol.com*
*www.astorhostels.com*
*Ms. Lorette Luckett*
Prices range from £ 15 pp (12 bed mixed dorm) to £ 50 pr (Double / twin room).
▣ All major cards except Amex; Breakfast; 🚇 Underground (Tube/Metro) Stations: Russell Square, Tottenham Court Road and Holborn Stations.
❖ Opposite British Museum in Central London

*Reservierungsbüro*

**Citadines Holborn-Covent Garden**
*18-21 Northumberland Avenue, London,
WC1V 6LF,* ☎*0033 4420 73 95 88 00;*
*Fax: 0033 4420 73 95 87 99*
*holborn@citadines.com*
*www.citadines.com.*
£ 91 – £ 101 (studio), £ 147 – £ 173 (One Bedroom Apartment).
▣ All major credit cards; Breakfast;
🚇 Metro, bus. ❖ Covent Garden
🕐 All year; ◉ 24 hours
Surrounded by pubs (the 16th-century »Lamb and Flag«, the 17th-century »Ye Olde Cheshire Cheese«), restaurants, galleries, churches and the converted 19th-century fruit and vegetable market. Not far away, other places like Piccadilly and Oxford Street give guests a taste of the pace of life in London today. To be seen: the Courtauld Institute Gallery, with its collection of Impressionist and Post-Impressionist works.

*Studentenwohnheim*

**High Holborn Residence London School of Economics and Political Science**
*178 High Holborn, London, WC1V 7AA,*
☎*0044 207 1075737;*
*Fax: 0044 207 3795640*
*high.holborn@lse.ac.uk*
*www.lse.ac.uk/vacations*
*Ms. Victoria Uriarte.*
Single £ 31, twin £ 49, twin en-suite £ 70, triple en-suite £. 80.
▣ yes; Breakfast (Continental); 🚇 Bus, Tube.
❖ West End, Tube Stations: Holborn, Covent Garden, Tottenham Court Road
🕐 13th August to 23rd September,
◉ 07:00 – 23:00
**Discount:** 5%

# LONDON South East

*Jugendherberge*

**YHA Thameside Youth Hostel**
*20 Slater Road, Rotherhithe, SE16 5PR,*
☎*0044 207 232 2114;*
*Fax: 0044 207 237 2919*
*thameside@yha.org.uk*
*www.yha.org.uk*
⇥ 320, Prices from: £ 17.20, includes breakfast.
▣ yes; Breakfast, Restaurant; 🚇 600m to the underground, 20m to the bus.
❖ London Bridge
🕐 All year; ◉ 07.00 – 23.00 hrs
☺ YHA and HI
The UK's largest Youth Hostel. All rooms with private bathrooms, security lockers, central heating. Doubles / twins

also have TV and hot drinks facilities included. Licensed bar, internet and email access, laundry, games room, cycle storage and cycle workshop, disabled facilities, luggage storage, employment boards, etc.

## LONDON Southbank

*Herberge*
### Journey's London Hostel
*73 Lambeth Walk, London, SE11 6DX,*
☎ *0207 582 5000*
*www.london-hostel.co.uk*
*Mr. Lee Parsons.*
Twin £ 15 pppn, dorms from £ 10 pppn £ 60 pp, per week
🍽 yes; Breakfast, Restaurant;
🚇 Lambeth North Tube (Bakerloo Line).
❖ Westminster Bridge and Big Ben
🕐 All year;
👁 24 hours
☺ Hostelworld and Hostels of Europe
A friendly, clean and budget hostel in Zone 1 of London. Complete with refreshments bar (cappuccino all day long), pool table, jukebox, well-equipped kitchen and broadband internet café, roof terrace. Situated above a bar, it has good facilities and staff, the dorms and twins have good prices and winter rates and special offers are available, too. No Curfew
**Discount:** 20% on second stay

*Herberge*
### Dover Castle Hostel
*6 Great Dover St., London, SE1 4XW,*
☎ *0044 207 4037773,*
*Fax: 020 7787 8654*
*info@dovercastlehostel.co.uk*

*www.dovercastlehostel.co.uk*
*Mr. Bob Bayntun.*
Dorms 3 – 12, people £ 12 – £ 16.
🍽 yes; Breakfast, Restaurant;
🚇 Tube.
❖ London Bridge
Youth Budget Hostel.

*Studentenwohnheim*
### Bankside House
*24 Sumner Street, London, SE1 9JA,*
☎ *0044 207 63 3987;*
*Fax: 0044 207 574 6730*
*bankside-reservation@lse.ac.uk*
*www.lse.ac.uk/collections/vacations*
Single room £ 37, single En-suite £ 46, twin En-suite £ 66, triple En-suite £ 84, quad En-suite £ 92.
Bankside House is adjacent to the Tate Modern Gallery, on the south side of the Thames. Convenient for Shakespeare's Globe, the Millennium Bridge, Vinopolis, St Paul's, London Eye, Waterloo International, Tower Bridge and Southwark Cathedral.

## LONDON West End

*Studentenwohnheim*
### International Students House
*229 Great Portland Street Regents Park, London, W1W 5PN,*
☎ *0044 207 631 8310;*
*Fax: 0044 207 631 8315*
*accom@ish.org.uk*
*www.ish.org.uk*
*Mr. David Lodge.*
Single room £ 33, twin £ 25 per bed, dorms £ 11.99 – £ 18.
🍽 yes; Breakfast, Restaurant; 🚇 London Underground Gt. Portland Street or Regents Park stations.

❖ Regent's Park
🕐 All year;
👁 Monday to Friday: 7.45am to 10.30pm – Saturday and Sunday: 8am to 10.30pm.
A complimentary Drinks Voucher and an internet access voucher is given to all guests on arrival. A cyber cafe, a gym, a coin-op laundrette, late bars and many more facilities are on site.

*Hotel*

**Regent Palace Hotel**
*Sherwood Street, Piccadilly Circus, W1A 4BZ,* ☎*0044 8704 008703;*
*Fax: 0044 207 7346435*
*info@regentpalacehotel.co.uk*
*www.regentpalacehotel.co.uk*
*Mr. Andrew Ferguson*
✎ 900; Single with shared bathroom £ 75, double / twin with shared bathroom £ 89, single / double / twin with en-suite bathroom £ 119.
▦ yes; Breakfast; 🚇 Underground, bus.
❖ Piccadilly Circus
🕐 01.12 – 31.12; 👁 8 – 20
A two star hotel with 900 bedrooms in a good location in London.
**Discount:** 20%

# LONDON West London

*Hotel*

**Wake Up! London**
*1 Queens Gardens, London, W2 3BB,*
☎*0044 207 262 4471;*
*Fax: 0044 207 706 8548*
*signup@wakeuplondon.co.uk*
*www.wakeuplondon.co.uk*
*Ms. Georgina Low.*
Multi basic from £ 11 – £ 20 pp, single basic from £ 18 – £ 30 pr, single en-suite from £ 22.50 – £ 40 pr, twin basic from £ 30 – £ 45 pr, twin en-suite from £ 40 – £ 60 pr, double basic from £ 30 – £ 45 pr, double en suite from £ 40 – £ 60 pr bunk, twin en suite from £ 35 – £ 55 pr.
▦ yes; Breakfast; 🚇 Paddington Station.
❖ Nottinghill
👁 09:00 – 17:30
The hotel is centrally located in a quiet street adjacent to lively Queensway and Bayswater. The hotel is a good place for travellers on a budget. It is close to Notting Hill, Hyde Park and Paddington rail station, making it a good location to explore London. The rooms are basic, clean and modern. A mixture of rooms with and without private facilities; all with a TV. There is a bar with video games and internet access; also good for meeting other travellers.
**Discount:** 10%

# ENGLAND

## Cambridge

Zweite legendäre Universitätsstadt im Land Shakespeares und des Linksverkehrs. Seit zweihundert Jahren formt sie die Blüte der englischen Jugend. Wir werden poetisch ... Noch schöner als Oxford, da sich die hiesige Alma mater einzig der Vernunft verschrieben hat. Keine proletarischen Viertel, keine Industrie, keine Luftverschmutzung ... ist ja kaum zu ertragen! Nur Bäume und *Colleges*, Rasen und Studenten, der Fluß und jede Menge Fahrräder. Eine kleine Warnung vorweg: im Sommer fallen die Sprachstudenten in Cambridge ein, und man fühlt sich eher wie in Italien oder Spanien als in England. Fremdenverkehr pur, also besser ausweichen!

Schönste Reisezeit ist der Lenz, wenn die Säfte steigen und die Vögel singen oder so – jawoll – und sich die »Backs« übersät von Krokussen und Osterglocken präsentieren, zudem die Studenten anwesend sind, aber keine Prüfungszeit ist, zu der nämlich die meisten Colleges unzugänglich bleiben. Alles klar? Reizvoll ist es immer noch, das Städtchen in den Monaten Mai und Juni, also vor, während und nach den stressigen Prüfungen, zu besuchen. Zuerst herrscht eine arbeitsame Ruhe und dann wird gefeiert. Cambridge, erheblich kleiner als Oxford, wirkt dennoch lebendiger, quirliger, luftiger. Außerdem lassen sich einzigartige Bootsfahrten mit den *Punts* unternehmen, bei denen man die *backs*, die Rückseiten der Colleges, besuchen kann. In der zweiten Julihälfte steigt ein großartiges Festival.

## Nützliche Anschriften

**Verkehrsamt:** Wheeler St., in der Nähe vom Marketplace; ☎32 26 40. Je nach Jahreszeit von 9-17h, 17.30 oder 19h geöffnet; zwischen Ostern und Ende September zusätzlich sonntags 10.30 – 15.30h. Gegen eine Gebühr von 10% übernimmt es die B&B-Buchung. Für die erste Nacht liegen die Zimmerpreise auch um diesen Prozentsatz höher. Es bietet ferner mehrmals täglich eine Stadtführung an, wo mancherlei Interessantes zur erfahren ist, zumindest, wenn man der englischen Sprache Herr ist. Aufgebrochen wird meist um 11 oder 14h am Verkehrsamt. Die Plätze sind stets rasch ausgebucht, also schnell zugreifen bzw. reservieren. www.visitcambridge.org

Tourist Information Centre
*The Old Library*
*Wheeler Street Cambridge CB2 3QB,*
☎*0044 1223 464732;*
*www.visitcambridge.org*

**Fahrradvermietung:** *Geoff's Bike Hire,* 65 Devonshire Rd., nur ein paar Schritte von der JH. Auch Sonn- und Feiertag von 9-18h. ☎(01223) 36 56 29 Um Cambridge und Umgebung zu besuchen, ist der Drahtesel ideal. Außerdem:

*Cambridge Station Cycles*
*Station Building, Station Rd,* ☎*01223 30*

*71 25, www.stationcycles.co.uk*
Etwa ein Dutzend weiterer Adressen beim Fremdenverkehrsamt.

**Postamt:** St. Andrew's St.

**Bahnhof:** Station Rd. Schließfächer für das Gepäck stehen zur Verfügung.

**Busbahnhof:** *an der Drummer St. Hier fahren die meisten Busunternehmen ab:* National Express, ☎ *540 298 1395, www.nationalexpress.com*

## Fortbewegung

Neben Schusters Rappen ist das einzig Wahre ein Drahtesel. Sämtliche Studenten sind auf zwei Rädern unterwegs, was den Reiz der Stadt mächtig steigert. Die Verkehrsregeln – Achtung, jetzt kommt unser erhobener Zeigefinger! – muß man jedoch auch als Radler einhalten; auch sollte man das Gefährt nicht einfach irgendwo verkehrsbehindernd abstellen. Fußgänger aufpassen: Fahrräder sind SSS (silent, swift and savage).

## Ein Quentchen Geschichte

Cambridge existierte schon lange, bevor der erste Student seinen Fuß in die Stadt setzte. Der studentische Einfluß machte sich eigentlich erst am Ende des 14. Jhs bemerkbar, als das *Peterhouse*, das erste echte College, seine Tore öffnete, und damit dem Schicksal der Stadt eine entscheidende Wendung gab. Die ersten Studenten rekrutierten sich aus ehemaligen Mitgliedern der Universität in Oxford, die dort nicht mehr erwünscht waren. Es waren also eher undisziplinierte Exemplare, die eine Menge Krawall verursachten, so daß es zu Händeln zwischen den Einwohnern der Stadt und den

Studiosi kam. Im 17. Jh. bekämpfte Cromwell die Universität, die auf der Seite des Königs stand. Trotzdem gediehen die Colleges langsam aber sicher durch die Unterstützung reicher Mäzene. Zu jener Zeit handelte es sich allerdings noch gar nicht um Colleges, sondern lediglich um *Halls*, in denen ausschließlich die *Fellows*, d.h. die Professoren, wohnten. Die Studenten dagegen waren in der Stadt untergebracht.

Dann wurden die Kapellen errichtet, die Colleges wuchsen, und im 18. Jh. ersetzten vermehrt Steinbauten die ursprünglichen Gebäude aus Holz und Ziegel. Die Gebäude erheben sich in allen Colleges rund um einen viereckigen Innenhof.

Die Ordnung der Universität glich zwar nicht jener, die in einem Ursulinenkloster herrscht, entpuppte sich aber doch als recht streng. So war es den *Fellows* bis zur Mitte des 19. Jhs verboten zu heiraten, und Frauen wurden erst in den sechziger Jahren in Cambridge zugelassen. Das letzte frauenfeindlich gesinnte College gab erst vor wenigen Jahren den Widerstand auf. Wir verschweigen seinen Namen. Das Niedertrampeln des zarten, grünen Rasens ist bis heute den Fellows vorbehalten.

## Und was unternehmen?

»Punting« auf dem Fluß. Eine Spazierfahrt in diesen Stakkähnen, den *punts*, darf man sich nicht entgehen lassen. Boote sind auf der Höhe der Silver Street unterhalb des Anchor Pub, oder der Magdalena Bridge zu mieten (Aussprache:Magdalena ähnlich wie »modlin«). Eine solche Tour sollte man unbedingt einplanen, denn sie ist die eigentliche Attraktion des Ortes. Romantisch und reizvoll. Mit Hilfe einer langen Stange stößt man sich am Flußgrund ab, und versetzt so den schmalen Kahn in Bewegung. Man hat die Wahl zwischen einem Kahn, der sechs Personen aufnimmt, und mit dem man sich selbst eine Stunde lang abplackt, nachdem man 40 £ Kaution hinterlegt hat, oder einem Boot inklusive »Chauffeur« *Letzteres ist teuer und die Tour ist schon nach einer knappen Dreiviertelstunde beendet. Sich selbst im Staken zu versuchen, ist erheblich amüsanter, besonders für die Beifahrer.*

### Zwei Routenvorschläge:

1) *The Backs:* die nettere Tour. Man passiert dabei die Rückseiten der berühmtesten Colleges, daher auch der Name. Ein Boot bekommt man an der Magdalena Bridge. Achtung, im Sommer gewaltige Nachfrage, daher rechtzeitig vorbestellen. Den ganzen Fluß hinunter ziehen sich die bekanntesten Sehenswürdigkeiten. Man gondelt unter den sieben Brücken hindurch, darunter auch die *Seufzerbrücke,* die erstaunlicherweise wirklich Ähnlichkeit mit der in Venedig aufweist, die Holzbrücke, die Eisenbrücke.

2) *Grandchester:* Vermietung am Granta Place. Diese weniger bekannte Tour führt zu einem friedlichen kleinen Dorf 4 km außerhalb von Cambridge. Der Fluß plätschert durch eine bildschöne Landschaft. Ideal zum Picknicken.

---

### Preiswert durch Europa
http://shop.interconnections.de

---

## Übernachtung

Abgesehen von der Jugendherberge kommt man eigentlich nirgends preiswert unter, obwohl sich die Lage immer noch günstiger darstellt als in Oxford. Im Gegensatz zu jener Universitätsstadt bewohnen in Cambridge die Studenten die B&Bs, so daß diese nur während der Ferien an Touristen vermieten. Und selbst dann nicht alle. Während des Unibetriebs gestaltet sich die Suche nach einem Bett also eher schwierig. Wir nennen jene Unterkünfte, die das ganze Jahr über Touristen aufnehmen, und unter denen wiederum haben wir versucht die attraktivsten ausfindig zu machen. Da können sich unsere Leser wieder glücklich schätzen, oder?

## Unterkunft

Cambridgeshire
*Pension*

### Tenison Towers
*148 Tenison Road, Cambridge,*
*CB12DP,*
☎*0044 1223 363924*
*Fax: 0044 1223 411093*
*jpfchance@aol.com*
*www.cambridgecitytenisontowers.com*
*Ms. Frances Chance*
⌐ 6 rooms
£ 25 pp; including breakfast, excellent location
🚃 3 minutes walk from railway station and in town city centre: Very clean and comfortable with home made muffins and jam. Long stay self catering rooms available.
🕐 All year,
👁 09:00-21:00.
**Discount:** 5%

*Camping / Caravan*
**Highfield FarmTouring Park**
**Highfield Farm**
*Comberton, Cambridge, CB37DG,*
☎*0044 122 326 2308;*
*Fax: 0044 122 326 2308*
*enquiries@highfieldfarmtouringpark.co.uk*
*www.highfieldfarmtouringpark.co.uk*
*Mr. Brian Chapman*
🚌 Bus stop nearby. ⏲ 24th March 2006
to October 31st 2006. 👁 8:00-20:00
☍ Midnight
**Discount:** 10%

# Oxford

Die schöne Universitätsstadt, die, wie ihre Bewunderer behaupten, auch die berühmteste sei, blieb glücklicherweise während der Bürgerkriege und Weltkonflikte von Zerstörungen verschont. Ihre Einwohner sind mächtig stolz auf sie, und wenn sie auch gern zugestehen, daß jede englische Stadt ihre Besonderheit hat, so sind sie doch zugleich überzeugt, daß die ihre eben noch ein bißchen besonderer als andere ist. Natürlich haben auch sie von einer anderen Universität im Nordosten gehört, die Camdingsbums oder so heißt, aber sie wehren sich gegen die scheußliche Wortkreation »Oxbridge« Besuchern stellt sich Oxford als sympathische und lebendige Stadt dar. Alle wünschenswerten Ingredienzen sind vorhanden: Zeugnisse einer alten Tradition, ansehnliche Gebäude, Überschaubarkeit, viel Leben und jugendliche Ausgelassenheit. Gar nicht weit von London hat man hier Gelegenheit mal so richtig Sauerstoff zu tanken. Wer nur wenig Zeit zur Verfügung hat, schafft den Ausflug sogar an einem Tag, aber ein bißchen schade wäre es schon, sich abzuhetzen.

# Nützliche Anschriften

**Verkehrsamt:**

Oxford Information Centre 15-16 Broad Street. Montags bis samstags erhält man zwischen 9.30 und 17h Auskunft, im Sommer sogar sonntags zwischen 10.30 und 15.30h. Das Material ist sicher lesenswert, aber leider zum größten Teil nur käuflich zu erwerben. Angeboten werden Führungen durch die Stadt und Hotel- oder B&B-Buchungen – aber natürlich nicht umsonst. Insgesamt weniger freundlich als Cambridge. Der Laden erinnert eher an einen Nippesmarkt. Ist das Büro geschlossen, hilft vielleicht die Vitrine bei der Suche nach einem Bett in Oxford. Zahlreiche Auskünfte über Unterkünfte sowie eine Liste der B&B mit Preisen und Telefonnummern findet man dort vor. Besonders praktisch, wenn unsere genialen Vorzugsadressen alle ausgebucht sind. *www.visitoxford.org*

**Postamt:**

102-104 St. Aldate's, Abingdon Road, Woodstock Road.
Ein wenig Geschichte
Das Dorf Oxford existierte schon im 9. Jh., lange vor Gründung der ersten Universität hier Ende des 12. Jhs. Es war *Heinrich II.*, welcher den Grundstein einer englischen Universitätstradition legte, als er 1167 tausend faule englische Jünglinge aus Paris zurückholte, wo sie angeblich studierten. Zu jener Zeit waren die Bewohner Oxfords gar nicht begeistert von dem Zustrom der jungen privilegierten, lärmigen und streitsüchtigen Studiosi. Im Laufe der Jahrhunderte entstanden nach und nach die einzelnen Colleges. Oftmals geht ihre Gründung auf die Stiftung einer berühmten Persönlich-

keit oder eines sonstigen Gönners zurück. Das Wachstum der Universität
schritt also nicht nach irgendwelchen
Prinzipien, sondern ungeregelt und will-
kürlich voran. Die Colleges besaßen ihre
eigenen Gesetze, Statuten, Professoren,
und auch heute noch stellt jedes College
eine kleine Welt für sich dar. Sollte ein
Student beschließen, niemals das College
zu verlassen, so würde ihn nichts daran
hindern. Er hat fast alles, was er zum
Überleben braucht: ein Bett, ein Dach
über dem Kopf, eine Bibliothek, einen
Tutor, der ihn betreut, und einen kleinen
Laden. Was will man mehr? Hah, wenn
nur der Suff nicht wäre und die Sünde
nicht lockte ...

Oxford hat im Laufe der Zeit eine Tradi-
tion mit festen Regeln entwickelt, denen
auch jener Student noch folgt, der mit
Gruppendynamik überhaupt nichts am
Hut hat. Sie werden von niemandem in
Frage gestellt, und trotzdem sind diese
Gebräuche kein Zeichen für Borniertheit.
Sie gewährleisten nur eine gewisse Ein-
heit. Die eigentümlichen Zeremonien und
Traditionen ließen Oxford in der ganzen
Welt bekannt werden. *Christ Church* ist
heute das bekannteste College.

Die Colleges unterscheiden sich architektonisch voneinander, aber folgende Punkte sind ihnen gemein: ein weiter Hof mit
Rasen, drum herum eine Kapelle, eine
*dining hall* (d.h. eine bessere Kantine),
eine Bibliothek und die Zimmer.

Wer durch die Innenhöfe schlendert,
bemerkt vielleicht merkwürdige Kreide-
graffiti neben den Eingängen zu diversen
»staircases« den Auf- oder Eingängen.
Sie verraten die Erfolge der Rudermann-
schaften des entsprechenden College.
Dazu muß man wissen, daß die Flüsse

um Oxford zu eng sind, um mehrere
Boote parallel nebeneinander und gleichzeitig starten zu lassen. Dies erfolgt also
in gewissen Zeitabständen. Immer wenn
eines einem vorher gestarteten auffährt,
so nennt man das einen »bump« hat es
beispielsweise fünf vorausfahrende ein-
geholt, so steht »bumped five« neben der
Tür. »Head of the river« ist dann der Sieger des Rennens. Hier nun einige Fakten:
das Universitätsjahr setzt sich aus drei
achtwöchigen *Terms* zusammen, Oxford
zählt zwanzigtausend Studenten, 38% der
Bewerber werden angenommen, 5% bre-
chen nach einem Jahr das Studium ab
und nur 2% fallen durch das Abschlußex-
amen. Bis zu Beginn des 19. Jahrhun-
derts waren die Prüfungen ausschließlich
mündlich. Seit 1974 werden in sämtli-
chen Colleges auch Frauen aufgenommen.

Die Organisation der Universität ist
äußerst verzwickt. Jedes der fünfund-
dreißig Colleges, in denen die Studenten
leben und arbeiten hängt von der Universität als Ganzem ab. Die Studenten legen
die Prüfung nicht an ihrem eigenen College ab, sondern die Prüfungen werden
von der Universität durchgeführt, die so
Niveau und Gleichbehandlung der Studenten verschiedener Disziplinen sicher-
stellt. Jedes der Colleges verfügt über die
ganze Palette an Fachbereichen und ist
nicht auf ein bestimmtes Gebiet speziali-
siert. Jeder Student wird von einem Tutor
betreut, der jede Woche mit ihm seine
Kurse und seine Arbeit bespricht. Die
Verbindung zwischen Tutor und Student
ist oftmals sehr eng, manchmal geradezu
väterlich. Der Tutor steht seinem Zögling
in schwierigen Momenten zur Seite und
treibt ihn an, sollte er einmal in seinem
Lerneifer nachlassen. Der Erfolg des

Studenten fällt auf den Tutor zurück, der Mißerfolg natürlich genauso. Aber wir brauchen uns nicht allzu sehr um die Studenten in Oxford oder Cambridge zu sorgen. Ihr gesellschaftliches Fortkommen ist gesichert. Wer hier Examen macht, verfügt über die beste erdenkliche Ausgangsposition.

## Unterkunft

*Pension*

**Newton House**

*Abingdon Road, Oxford, OX1 4PL,*
☎ *0044 18 65 24 0561;*
*Fax: 0044 18 65 24 46 47*
*newton.house@btinternet.com*
*www.oxfordcity.co.uk/accom/newton*
*Mr. Marc Evans*
↩ 24; Double / twin £ 57 – £ 67, family of 3 £ 70 – £ 87, family of 4 £ 80 – £ 108, single occupancy £ 38 – £ 54., all rooms en-suite.
▤ MC, Visa, Amex, Barclay Card, Switch, Solo, all cards; Breakfast; ⛉ On the bus route to the city coach and train stations.
❖ City centre
☼ All year. ⟐ 07:00 – 22:00
Consists of two Victorian town houses, respectfully furnished retaining many original features such as fire grates and period furniture.
**Discount:** 5%

## Kent

Den nördlichen Zipfel der Grafschaft, rund um den Mündungstrichter der Themse, zeigt sich von Industrie geprägt, während das Bild im Süden eher Obstgärten und die letzten Hopfenfelder bestimmen. Das Fachwerk der kleine

Städte blieb weitgehend erhalten und es wäre jammerschade, Kent nur als Sprungbrett für die Rückreise auf den Kontinent zu benutzen.

## Gillingham

*Jugendherberge*

**YHA Medway Youth Hostel**

*Capstone Road, Gillingham, ME7 3JE,*
☎ *0044 0870 770 5964;*
*Fax: 0044 1634 400794*
*medway@yha.org.uk*
*www.yha.org.uk*
*Mr. Mark Bradley*
↩ 40; From £ 12.50 – £ 13.95 (adults).
▤ yes; Breakfast, Restaurant; ⛉ Bus stop 0.5 km away, train station 3.5 km away.
❖ Chatham; ⟐ 14.02. – 29.10. ⟐ 08:30 – 11:00 and 17:00 – 22:30; ☺ HI
Converted Kentish Coast House with a large car park, self-catering facilities and a laundry.
**Discount:** 5%

## Canterbury

Canterbury ist das »Ergebnis« einer Pilgerbewegung, die im Mittelalter von Winchester ausging und den Dichter Geoffrey Chaucer (1340-1400) zum ersten, auf einer Fiktion beruhenden Opus der englischen Literatur anregte: die »Canterbury Tales« (Canterbury-Geschichten), eine Rahmengeschichte von 24 Novellen mit eindrucksvoller Wiedergabe der Wirklichkeit und Betonung des individuellen Lebensgefühls – brav gelernt, was? Danach zu urteilen, handelte es sich bei den Pilgern, die sich gegen Ende des 15. Jhs auf den Pilgrims

Way begaben, eher um lebenslustige Wüstlinge. Ihr Ziel war das Wundergrab eines gewissen *Thomas Becket*, der 1170 von Rittern des Königs *Heinrich II.* mitten in der Kathedrale um die Ecke gebracht worden war. Dreihundertfünfzig Jährchen später krähte kein Hahn mehr nach den Wundern und die Wallfahrten schliefen ein. Becket hat ja übrigens einen nicht minder berühmten Namensvetter, den nämlich, allerdings mit zwei »t« Dieser ist u.a. bekannt für ein Theaterstück, »Waiting for Godot« das sich nicht gerade durch eine spannende, quirlige Handlung auszeichnet. Die gelungenste und denkwürdigste Fassung gelangte kürzlich in unserem Heimatstädtchen zur Aufführung, und zwar von einer der Verwaltung als »Geier« angemeldeten studentischen Theatergruppe in der Uni. Fleißige Plakatierung brachte immerhin rund hundert Zuschauer auf die Beine, die brav ihren Obolus von fünf Mark einem Maskierten – vermeintlich ein Schauspieler – vor dem Saal überreichten. Als sich der Saal gefüllt hatte, marschierte der Kerl mit der Kasse durch die Zuschauerreihen, auf die Bühne und verschwand in den hinteren Räumen. Das Licht wurde heruntergedreht, gespannt starrte das Publikum auf die kahle Bühne, auf der sich nur zwei Stühle befanden. Nichts Ungewöhnliches für moderne Inszenierungen. Nichts geschieht. Das Publikum geduldet sich. Nach zwanzig Minuten steigen zwei Besucher auf die Bühne, rücken die Stühle, machen ein paar Faxen, ein paar Lacher, kleine Diskussion zwischen den Stuhlreihen. Unsere Leser hatten's schon längst geahnt: das Publikum säße heut' noch da, um auf Godot zu warten, wären nach zwanzig weiteren (!) Minuten geduldigen Wartens nicht zwei Beherzte

hinter die Bühne gestiefelt, um mal nach dem Rechten zu sehen.

Na ja, was hatte dieser elende Betrüger denn da auch auf jeder der computergefertigten Eintrittskarten gestempelt? »Stumm« Wie heißt's bei Georg Henschels »Spielplan« über Beckett's Klassiker des modernen Theaters: Es kommt nicht auf Godot an, sondern auf das Warten« Insofern ein Erfolg, da die meisten ihr Warten begriffen und nur wenige in Erwartung etwas Bestimmten aus Wut Anzeige erstatteten. Ha, wie gut das wir ein Alibi haben ... Für etwaige weitere zu erwartende Aufführungen beanspruchen wir zehn Prozent Lizenzgebühr.

## Anreise

Jeweils eine halbstündige Fahrt mit der Eisenbahn von Dover und London. Wer nur kurz in Canterbury nach dem Rechten schauen möchte, läßt seine Siebensachen praktischerweise gleich in der Gepäckaufbewahrung. Automobilisten sei geraten, über die A 2 ab Dover anzureisen, statt der M 20 zu folgen: die Ankunft in Canterbury macht einfach mehr her. Unvermittelt erheben sich die majestätischen Mauern der Kathedrale über den grünen Hügeln der Umgebung.

## Nützliche Adresse

**Verkehrsamt:**

12/13 Sun Street Canterbury,
☎ 01227 37 81 00

## Sehenswertes

**Kathedrale:** die 1070 in Angriff genommenen Bauarbeiten zogen sich fünf Jahrhunderte lang hin. Noch heute residiert hier der Primas der anglikanischen Kirche, der Erzbischof von Canterbury, welcher sich den Vorsitz allerdings mit der englischen Königin teilen muß. Auf die Trennung von Kirche und Staat warten die Briten bis auf den heutigen Tag – oder vielleicht doch nicht? Jedenfalls können sie sich »Doppelhochzeiten« heute standesamtlich, morgen mit dem Segen der Kirche, sparen. Dafür gibt's dann aber auch nur eine Hochzeitsnacht. Wie schade auch ... Über die kleine Antenne auf dem Dach müssen wir immer schmunzeln, wenn wir uns dazu den Erzbischof in Pantoffeln vorm Fernseher vorstellen.

Zurück zur Architektur und dem hier zu konstatierenden stilistischen Kuddelmuddel: wer etwas genauer hinschaut, erkennt zwei unterschiedliche Niveaus. Am Eingang zu bedeutenden religiösen Baudenkmälern ist der Besucher gehalten, seinen Obolus für die Erhaltung derselben zu entrichten. Die Touristen tragen also sämtliche Restaurierungskosten.

**Canterbury Heritage:** Stour St., ☎1227 475 202. Der stattliche mittelalterliche Gebäudekomplex wurde erst kürzlich in ein Stadtmuseum verwandelt. Wen es nach Modellen und Bildern nach Abwechslung dürstet, der werfe mal einen Blick auf das Gebälk der ehemaligen Kirche. Einzelheiten werden wir uns ersparen. Wer sich näher dafür interessiert, wende sich an einen der Automaten nebenan. www.canterbury.gov.uk

**Canterbury Tales:** in der St. Margaret-Kirche, Stadtmitte. Fast fabrikneu (1988) und perfektioniert wie der Vorgänger. Baut auf dem gleichen Prinzip auf wie Jorvik in York: der Besucher begibt sich an den Ort der Ausgrabungen, wobei er

die Wallfahrt über Stock und Stein nachvollzieht. Vor dem geistigen Auge steigen die aus Chaucer entnommenen Szenen hoch, dazu die römischen Bäder ... Die Wallfahrt verkörpert selbstverständlich den schwierigen Weg der Seele durchs irdische Jammertal.

**Chilham:** etwa sieben Kilometer entfernt zwischen Canterbury und Ashford. Hübscher, von Antiquitätenhandlungen und alten Häusern aus dem 15. Jh. gesäumter Platz mit Blick auf den Eingang des Schlosses. Der Park ist der Öffentlichkeit zugänglich.

**Leeds Castle:** an der A 20 zwischen Ashford und Maidstone, ☎01622-65 400. Von April bis Oktober darf man zwischen 11 und 17h in die Gemächer eindringen, im Winter nur an den Wochenenden zwischen 12 und 16h. Ein prächtige Burg von beeindruckender Architektur und prachtvoller Einrichtung, deren ältester Teil aus dem 9. Jh. stammt. Der schöne Landschaftsgarten hat ein Labyrinth, eine Grotte mit behauenen Wänden und einige Springbrunnen zu bieten. *www.leeds-castle.com*

## Logis

*Herberge*

### Kipps Independent Hostel
*40 Nunnery Fields, Canterbury, CT13JT,*
☎*0044 12 27 78 61 21;*
*Fax: 0044 12 27 76 69 92*
*info@kipps-hostel.com*
*www.kipps-hostel.com*
*Mr. Tony Oakey.*
Dormitory £ 12, single £ 17.50, double £ 30, triple £ 40, tent £ 5 pp.
yes; Breakfast, Restaurant; 5 min to bus/coach and train stations.
❖ Dover and London

🕐 All year. 👁 7:30 a.m. – 11 p.m.
☺ Hostels of Europe and VIP Backpackers
Family-run independent hostel just a 10 minute walk from Canterbury's re-nowned cathedral and historic city cen-tre. Popular with visitors since Roman times.
**Discount:** 10%

*Hotel \*\*\**

### Swallow Falstaff Hotel
*St. Dunstans Street next to the West Gate, Canterbury, CT2 8AF,*
☎ *0044 1227 462138;*
*Fax: 0044 1227463525*
*Mr. Keith O'Shea*
🛏 From £ 45 – £ 55 pppn.
Double and twin rooms from £ 60. pn, depending on day and season.
🖼 All cards accepted; Breakfast, Restaurant; 🚃 Canterbury West with direct links to Ashford International Eurostar station and London nearby. Regular bus and national coach services.
❖ 20 minutes drive from Dover
🕐 All year; 👁 24 hours.
☺ Members of the Automobile Association, The Royal Automobile Club, Belgian Touring Club
Canterbury's good hotel; the main building formerly a coaching inn with its 600th anniversary in 2003. An Edwardian extension and Othello's restaurant with European cuisine.
**Discount:** 20%

*Pension*

### Chaucer Lodge Guest House
*62 New Dover Road, Canterbury, CT1 3DT,* ☎ *0044 1227 459141;*
*Fax: 0044 1227 459141*
*wchaucerldg@aol.com*
*www.thechaucerlodge.co.uk*
*Mr. Alistair Wilson.*
Single B&B from £ 25 to £ 35 pr, double / twin B&B from £ 40 to £ 52.00 pr, triple B&B from £ 50 to £ 60 pr, Family B&B from £ 55 to £ 80 pr.
🖼 yes; Breakfast; 🚃 Railway and coach stations nearby. 🕐 All year
Alistair and Maria Wilson, the resident proprietors' cleanliness and service are provided in a friendly and relaxed atmosphere. The large en-suite bedrooms are well furnished and decorated. All have colour TVs, hairdryers, clock radio alarm, electric razor points, mini-bars / fridges and tea / coffee making facilities. There is a full English breakfast menu and continental, vegetarian and special diets are catered for. The house is fully double-glazed and centrally heated with a fire certificate. There is a private car park on the property with ample secure parking.
**Discount:** 5%

# Margate

Margate nennt gar einen »Tempel« sein Eigen: es handelt sich dabei um eine natürliche Felsgrotte, die einst Schmugglern als Unterschlupf diente und im Landhausstil des 18. Jhs mit Muscheln ausgekleidet wurde. An der Küste reihen sich in Richtung Lydd eine erkleckliche Zahl gemütlicherer Badeorte wie Perlen einer Kette aneinander; dazwischen leuchtende Kreidefelsen. Lydd selbst wegen des Flughafens besser meiden.

## Nützliche Anschriften

**Verkehrsamt:**
Margate Tourist Information Centre,

12–13 The Parade, Margate, Kent, CT9 1EY, ☎ 01843 583334, Fax: 01843 292019

## Unterkunft

*Jugendherberge*
**Margate Youth Hostel**
*3-4 Royal Esplanade, Westbrook Bay, Margate, Kent CT9 5DL,*
☎ *0044 01843 221616;*
*Fax: 0044 01843 229539*
*margate@yha.org.uk*
*Mr. Alistair Wilson,*
↴ 60, Min. Prices: Adult £ 14 p, under 18: £ 10 oop 🖳 yes; Breakfast; 🚆 Railway and bus stations nearby.
🕐 All year, ☀ 08.00 – 10.00; 17.00 – 23.00.
The hostel, converted from a hotel, is on the beachfront at Westbrook Bay, which boasts a gently shelving sandy beach. A five-minute stroll along the promenade takes you to to Margate's main beach with its lively attractions and arcades. Be warned – with Dream-land Fun-Park and arcades galore, you'll have trouble dragging the kids away from their candyfloss.
**Discount:** 10%

# Sandwich

Sehenswert wegen seiner hübschen alten Bausubstanz. Außer der Anekdote über den hungrigen Grafen erzählt man sich hier auch die Geschichte von einem üppigen Bankett, welches Elisabeth I. dereinst in Sandwich gegeben haben soll. *Sandwich, Dover, Hythe, Romney* und *Hastings* bildeten seit dem 11. Jh. den später um *Wichchelsea* und *Rye* erweiterten Städtebund »Cinque Ports« (Fünf Häfen). Der französische Name kommt daher, daß Französisch damals eben Sprache des Hofes war. Diese Häfen stellten den harten Kern der englischen Flotte. Berüchtigt waren sie wegen der regen Schmuggeltätigkeit. Um 1800 sollen es 40.000 Leute gewesen sein.
Hythe mit seinen verwinkelten Gassen ist bekannt für die kleinste öffentliche Eisenbahn der Welt, spleeniges Steckenpferd des Millionärs und Autorennfahrers *Captain Jep Howey.* 1928 wurde die »Romney, Hythe & Dymchurch Railway« eröffnet und dampft zwölf Mal täglich die Schmugglerküste auf und ab. Am Friedhof von Hythe vorbei, wo das Grab des ehrenwerten Edward Lakin, Erfinder des Rettungsbootes, liegt. Auch er konnt's nicht lassen und wurde bei seiner ersten Erprobungsfahrt – ganz Kind seiner Zeit – prompt mit Schmuggelware erwischt.

## Unterkunft

*Pension*
**Le Trayas**
*Poulders Road, Sandwich, CT 13 0BB,*
☎ *0044 13 04 61 10 56;*
*Fax: 0044 13 04 61 10 56*
*enquiries@letrayas.co.uk*
*www.letrayas.co.uk*
*Ms. Rosemary Pettican*
↴ 4; Single, twin room £ 22 pp & Double en-suite room £ 25 pp Breakfast inclusive.
🚆 Rail and bus services local
❖ Canterbury, Dover and Folke-stone
🕐 All year; ☀ 07:00 – 23:00
☺ Sandwich Chamber of Commerce
A bungalow situated in the historic town of Sandwich close to the city Of Canterbury and the Channel Tunnel.

*Ferienhaus*
**Holiday Cottage**
*40 Stade Street, Hythe, Kent, CT21 6BD,*
☎ *02920 480667*
*sophie_james123@hotmail.com*
*Ms. Sophie James*
⤴ 1 double bedroom, oom with bunk beds, travel cot, two bathrooms
Between £ 270 – £ 410 a week for one double and one room with bunk beds, maximum of 4 people.
❖ Folkestone, Channel Tunnel at Ashford
🕐 All year; ⚷ n/a
18th century period cottage. Detached bungalow with own gardens. The cottage is set in its own well maintained gardens. There is a spacious lounge with dining area, table and chairs, a colour TV with video, DVD, CD player, a selection of videos and books and an open fire (coal is available from most garages). The kitchen has all necessary utensils including cooker, fridge and microwave. There is a small table with chairs. Visitors need to bring their own towels. No smoking. Pets allowed by prior arrangement..

*Hotel*
**Broadacre Hotel**
*North Street, New Romney, TN28.8DR,*
☎ *0044 1797 362381;*
*Fax: 0044 1797 372381*
*www.smoothhound.co.uk/hotels/*
*broadare.html*
*Mr. Lyndon Smith.*
Single from £ 45, twin / double £ 60, double for one £ 48, poster £ 70. Some more rooms in the ground floor cottage. Off season weekend breaks for bed, breakfast and evening dinner. Prices on request.
▦ MC, Visa; Breakfast, Restaurant;

▦ Bus stop nearby.
❖ Rye, Sussex; 🕐 All year except Christmas. ⟨眼⟩ 9 a.m. – 9 p.m. ☺ ETC
A 9-bedroomed family-run hotel situated in a quiet street but close to the main High Street of New Romney. An old building with traditional oak beams.

*Ferien a.d. Bauernhof*
**Puddock Farm Pine Lodges**
*Fairfield Brookland, Romney Marsh,*
*TN29 9SA,* ☎ *0044 1797 344 440;*
*Fax: 0044 1797 344 440*
*amanda_skinner@talk21.com*
*www.puddockfarmpinelodges.co.uk*
*Ms. Amanda Skinner*
No.of.beds:4 – 6 in three lodges..
From £ 225 – £ 585 per lodge; ▦ Car required.
❖ Rye, East Sussex
🕐 All year. ⟨眼⟩ 24 hours, ☺ ETC 4****
Pine lodges on Romney Marsh in Kent with country views and own verandas.

## Nützliche Anschriften

### Verkehrsamt:
Tourist Information Centre, Old Police Waiting Room St. Peters St, Sandwich, Kent, CT13 9BW, ☎ 01304 61 35 65

## Dover

Den Hafen, in dem wegen des ständigen Fährverkehrs Richtung Festland unablässig reges Treiben herrscht, umrahmen hohe weiße Klippen.
Die Stadt selbst überragt eine mächtige Burg: Dover Castle. Eine Gedenktafel dahinter erinnert an die großartige Leistung des *Louis Bleriot*, der am 25. Juli 1909 als erster den Ärmelkanal überflog.

Weniger bekannt ist die Tatsache, daß es im Jahr darauf dem berühmten Rolls, dem Gründer des weltbekannten Automobilkonzerns, gelungen ist, ohne Zwischenlandung bis Calais und zurück zu fliegen. In diesem Jahr erlangten jene Autos ihren sagenhaften Ruhm.

## Nützliche Anschriften

**Verkehrsamt:** The Old Town Gaol, Biggin Street; ☎01304 20 51 08

**Konsulat der BRD:** Limekiln St., ☎201 201.

## Sehenswert

Außer der *Burg* das gruselige und erschreckend realistische *Old Town Gaol* und die *White Cliffs Experience* mit *Dover Museum*, die den Besucher die Geschichte Großbritanniens von der römischen Eroberung an hautnah miterleben lassen.

## Unterkunft

*Jugendherberge*
### Dover Youth Hostel
*306 London Road, Dover CT17 0SY,*
☎*0870 770 5798,*
*Fax: 0044 01304 202236*
*dover@yha.org.uk*
⌐ 64, adult prices: £ 17.50; under 18: £ 13.95; No car park; Full breakfast included
▦ Yes ◔ all year. ◉ 07:00 – 22:30
**Discount:** 5%

# Folkestone

Hafen und bekanntes Seebad ähnlich wie Dover, aber kleiner.

**Verkehrsamt:**
Tourist Information Centre, Harbour St., Folkestone, Kent, CT20 1QN, ☎01303 258594

**East Cliff:** ein Spaziergang oben auf den Klippen beschert einen wunderbaren Ausblick.

## Unterkunft

*Bauernhof*
### Terlingham Manor Farm
*Gibraltar Lane, Hawkinge, Folkestone, CT18 7AE,* ☎*0044 1303 894141;*
*Fax: 0044 1303 894144*
*diana@terlinghammanor.co.uk*
*www.terlinghammanor.co.uk*
*Ms. Diana Craigie.*
Single £ 25, double £ 60, family from £ 75; Breakfast; ▦ None.
❖ Eurotunnel and Channel ferries
◔ All year. ◉ 09:00 – 21:00
☺ 4 diamond English Tourist
A Georgian farmhouse with beams and open fires. In an area of natural beauty with views to France, a games room and a tree house.

*Hotel*
### Banque Hotel
*4 Castle Hill Avenue, Folkestone, CT20 2QT,* ☎*0044 13 03 25 37 97;*
*Fax: 0044 13 03 253624*
*banquehotel4@hotmail.com*
*www.banquehotel.com*
*Mr. Martin Cameron*
⌐ 12 en suite bedrooms; All rates are pn and include breakfast and VA, Single £ 35 – £ 40 pn, double £ 60 pn, twin £ 60 pn, family room from £ 60 pn. Channel Crossing guests starting early morning – rooms only rates available. single £ 20,

double £ 40, twin £ 40, family room from £ 40 pn.
📧 All major credit cards; Breakfast; 🚌 Bus and train station very close. Near the town centre.
❖ Channel Tunnel
🕐 All year; 👁 9:00 – 5:00 p.m.
☺ Tourist Boards

The elegantly appointed Victorian style Hotel is small, select and very comfortable. Well maintained and close to the Channel Tunnel, the town centre, the Leas, shops and local restaurants. Bedrooms have colour TV, direct dial telephones, radios, tea and coffee making facilities. Full English breakfasts are served to the spacious and pleasantly decorated bedrooms. Well situated for late / early arrivals and departures when crossing the Channel from Folkestone or Dover.

**Discount:** 10%

*Hotel \*\*\**

**Langhorne Garden Hotel**
*10 – 12 Langhorne Gardens, Folkestone, CT20 2EA, ☎0044 1303 257233,*
*Fax: 01303 242760.*
*res@langhorne.co.uk*
*www.langhorne.co.uk*
*Mr. Ian Fell*
🛏 29 bedrooms sleeping 54 people; B&B sharing twin / double from £ 29.50 to £ 34, single from £ 30 – £ 45, family room (pr) from £ 65 – £ 90. There are reduced rates for stays of several days.
📧 All major cards; Breakfast, Restaurant; 🚌 Near Folkestone Central railway station and the local and regional bus network.
❖ Channel Tunnel
🕐 All year. 👁 8 a.m. until midnight

On the Garden Coast, adjacent to Folke-

stone's Leas Promenade and near the main shopping and entertainment areas of the town. Good for using the Channel Tunnel or the ferries at nearby Dover. Owned and run by Ian and Mark Fell for twenty years, refurbished each year and now offering informal accommodation. Bedrooms have en-suite facilities with direct dialling telephones, colour TV with satellite channel, radio, intercom and tea / coffee-making facilities; a lift for the accommodation on the upper floors. The hotel offers two bars, one for residents and public bar in the basement serving a selection of bar meals, ales and wines until 6pm. A garden patio, replaced by a log fire in the bar in the winter, gives guests the opportunity to sip their drink. The dining room on the ground floor offers traditional English cooking.

*Pension*

**Harbourside Hotel**
*12-14 Wear Bay Road, Folkestone, CT19 6AT, ☎0044 1303 256528;*
*Fax: 0044 1303 241299*
*joy@harboursidehotel.com*
*www.harboursidehotel.com*
*Ms. Jackie Pye*
🛏 12; £ 40 – £ 120 pppn.
📧 yes; Breakfast; 🚌 Bus stop nearby.
❖ Channel Tunnel
🕐 All year; 👁 07:30 – 22:00
☺ Member of STAY Folkestone

A short drive from the Channel Tunnel with good views overlooking the harbour and sandy beach. Situated in three restored Victorian houses and offering quality and hospitality with flexible and personal service. Strictly no smoking or children under 13.

**Discount:** 5%

*Pension*

**Kentmere Guesthouse**

*76 Cheriton Road, Folkestone,*
*CT20 1DG, ☎0044 1303 259661;*
*Fax: 0044 1303 259661*
*enquiries@kentmere-guesthouse.co.uk*
*www.kentmere-guesthouse.co.uk*
*Mr. Terry Fulton*
Single from £ 22, double / twin from
£ 42 en-suite available.
▣ Visa, MC, Switch, Electron, Delta,
JCB; Breakfast; 🚌 Bus and train.
❖ Channel Tunnel, Port of Dover
🕐 All year. 👁 7:00 a.m. – 10:00 p.m.
☺ English Tourism Council 3 diamonds
Clean, comfortable and affordable ac-
commodation situated in Folkestone
town centre. Close to Eurotunnel, port of
Dover and mainline bus and train stati-
ons. Frequent services from / to London,
Canterbury and picturesque East Kent.
**Discount:** 5%

# Rye

Eine der schönsten Städte Südenglands,
da sie sich mit ihrem Gewirr von gepfla-
sterten Gäßchen, die von alten Häusern
gesäumt werden, ihr mittelalterliches
Flair bewahrt hat. Rye war einer der
wichtigsten Marinestützpunkte für
Kriegsoperationen während des Hundert-
jährigen Krieges mit Frankreich.
Ryes Hafen ist längst versandet; erst drei
Meilen draußen beginnt die See. Auf der
Wiese unter Ypres Castle steht heute
noch, alt und schwarz, der Pranger.
In der malerischen *Mermaid Street* wird
das *Mermaid Inn*, ein wunderschönes,
1420 erbautes Haus, mit Erker auffallen.
Heute entpuppt es sich als ein selbstverständlich unerschwingliches Hotel. Aber
trotzdem mal rein, sich ein Bier in dem

dazugehörigen Pub gönnen und die
gewaltigen Kamine bewundern! Jedes
Zimmer ist nach einem Schmuggler
benannt, denn hier war eine ihrer Hoch-
burgen. Immer noch gibt es geheime
Gänge, natürlich spukt es, und nach einer
Nacht hier, fürchtet man sich vor gar
nichts mehr.
Unbedingt auch durch den engen
Glockenturm der *Kirche* aufs Dach stei-
gen und den schönen Blick auf Stadt und
Marsch genießen.

**Verkehrsamt:**
The Heritage Centre, Strand Quay;
☎01797 22 66 96

## Unterkunft

*Hotel*

**The Old Borough Arms Hotel**
*The Strand, Rye, TN31 7DB,*
*☎0044 1797 222128;*
*Fax: 0044 1797 222128*
*info@oldborougharms.co.uk*
*www.oldborougharms.co.uk*
*Mr. Glynne Norris*
Relying on low season (Jan – May, Oct –
Dec): Single from £ 35 – £ 45, family £
80 (3 persons) – £ 100 (3 persons),
double £ 70 – £ 90, four poster double £
80 – £ 100, twin (2 beds) £ 70 – £ 90;
prices include full English breakfast with
many alternatives
▣ All major cards except Amex; Breakfast; 🚌 Railway, buses.
❖ Hastings and Canterbury
🕐 All year. 👁 24 hours
Situated at the foot of Rye's Mermaid
Street and overlooking the Strand Quay
with its antique shops and restaurants.
The original 14th century Rye wall is
incorporated into the foundations of the
hotel and partly exposed on the ground

floor. Family-run, the hotel provides a happy, relaxing atmosphere during the guest's stay in Rye.

*Motel*

**Regent Motel**
*42 Cinque Ports Street, Rye, TN31 7AN,*
☎ *0044 1797 225884;*
*Fax: 0044 1797 225884*
*info@regentmotel.com*
*www.regentmotel.com*
*Ms. Sara Toby*
⤴ 23; Single rooms from £ 30 pn, double / twin room from £ 40 pn, family room for 3 from £ 50 pn, family room for 4 from £ 55 pn.
▣ yes; 🚌 A 3 minute walk.
❖ Rye
🕐 Mid Jan to Mid Dec. 👁 9 a.m. – 8 p.m. in summer, 10 a.m. – 5 p.m. in winter
☛ Entrance key provided
Small motel in the town centre; all rooms have en-suite shower rooms, tea and coffee trays, colour televisions and private parking is available.

*Pension*

**Culpeppers**
*15 Love Lane, Rye, TN31 7NE;*
☎ *0044 1797 224411*
*peppersrye@aol.com*
*www.culpeppers-rye.co.uk*
*Ms. Pat Ciccone*
Single £ 29 / £ 30, double £ 29/ £ 30 to include full English breakfast;
🚌 yes, 4/5 min walk. ❖ Camber Sands
🕐 all year
☺ English tourist Council, Tourism South East, Ramblers Association and Rye Hotel and Caterers Assoc.
Quiet, comfortable modern south facing house situated at end of no through road

adjacent farmland and river walks Few minutes walk central Rye, restaurants, etc. Short drive channel tunnel, Eurostar, Camber sands and Rye Golf. Club. Direct train link to Brighton. Rated ETC 4-crowns Silver Award.
Discount: 10% on first night of two or more nights stay.

# Ashford

*Pension*

**Oak Cottage**
*Elmsted, Ashford, TN25 5JT,*
☎ *0044 1233 750272;*
*Fax: 0044 1233 750543*
*info@oakcottage-elmsted.co.uk*
*www.oakcottage-elmsted.co.uk*
*Ms. Ann Nichols.*
There is one twin-bedded room and two singles. Adults pay £ 25 pppn incl. breakfast. Children pay £ 18 pppn incl. breakfast; Breakfast; 🚌 No regular public transport.
❖ Canterbury
🕐 All year excluding Christmas
👁 24 hours; ☺ 4 Diamonds – ETC
A 17th century cottage with an independent guest wing with its own TV. Guests have use of a conservatory and garden set in unspoilt, wooded countryside. The cottage is convenient for all Kent's attractions incl. Canterbury, castles, gardens, wildlife parks and walks. The Channel Tunnel / Ports are within easy reach and there are excellent restaurants and pubs nearby.
**Discount:** 5%

---

**Freiwilligendienste Deutschland**
http://shop.interconnections.de

## Nützliche Anschriften

**Verkehrsamt:** Tourist Information Centre, 18 Churchyard, Ashford Kent, TN23 1QG; ☎(0)1233 62 91 65

## Hastings

Bekanntes Seebad. Die Hügel rund um die Stadtmitte sind von kleinen Häusern übersät.

**Verkehrsamt:**
Queens Square, Priory Meadow, Hastings, TN34 1TL; ☎(0)14247811 11

## Sehenswertes

**In den Kellern von Saint-Clement:** ganz oben liegt dieses Schmugglermuseum. Mit Hilfe von Wachsfiguren wird ein ausgesprochen lebendiger Eindruck jener Tage vermittelt, als diese illegale Schattenwirtschaft blühte. Ein unterirdisches Labyrinth in den Felsen erlaubte den – mehr oder weniger ungestörten – Handel mit Frankreich. Nebenbei hatten die Schmuggler auch noch einen schönen Blick.

**Hafen:** Spaziergang zwischen Fischern, Booten und Netzen. Der Fischgeruch weist den Weg.

**Old Town:** hübsche, abschüssige Sträßchen.

**Sea Life Centre:** Rock a Nore Road. Ein ansehnliches Aquarium, aber beileibe nicht das einzige entlang der Küste.

**Schloss Wilhelm des Eroberers**, Sehenswerte Ruinen des Überbleibsel des Normanneneinfalls von 1066, mit unterirdischen Gewölben getrüffelt. Im 10. Jh. wurde es einigen Wikingern

(Nor-mannen, »Nordmännern« bei sich zu Hause zu eng. Sie überfielen den französischen Kapetingerkönig Hugo Capet, der ihnen die »Nor-man-die« überlassen mußte. Damit nicht genug: kurz darauf überquerten sie den Ärmelkanal, um sich auch das Land der Angelsachsen (England) unter den Nagel zu reißen. Es sollten jedoch einige Jahrhunderte vergehen, bis sie England tatsächlich besiedelten. Zunächst gab man sich damit zufrieden, von Angeln und Sachsen Steuern zu erheben. Die Namen der alten Königreiche leben in den Grafschaftsbezeichnungen weiter, Anglesey, Sussex (South Saxony) Essex (East Saxony) usw.

## In der Umgebung

**Bodiam Castle:** Da die Gräben dieser imposanten Festung aus dem 14. Jh. noch wassergefüllt sind, wirkt das Ganze besonders reizvoll. Von den Türmen aus überblickt man die Umgegend, und der Park lädt zum Picknicken ein.

**Battle Abbey:** 7 km nordwestlich. Ein hübscher Spaziergang führt den Besucher über das Schlachtfeld von Hastings und durch die beeindruckenden Überreste der Abtei, die Wilhelm der Eroberer hier errichten ließ. Es besteht kein Zutritt zum Kolleg.

## Unterkunft

*Pension*
**Pissarro's**
*9/10 South Terrace, Hastings, TN34 1SA,*
☎*0044 1424421363; Fax: 0044*
*1424729264*
*info@pissarros.co.uk*
*Ms. Jane Kendrick.*
From £ 19.50 pppn.

All major cards; Breakfast, Restaurant; A 5 minute walk from the Station.
❖ Eastbourne
⏲ All year. ◉ 24 hours
A bistro-style menu, a friendly cafe / bar and jazz and blues.

*Jugendherberge*
## YHA Hastings Youth Hostel
*Rye Road, Guestling, Hastings,*
*East Sussex, TN35 4LP;*
☎*0870 770 5850*
*hastings@yha.org.uk*
From £ 13.95 pppn (adults).
⏲ All year. ◉ 08.00 – 10.00 hrs, 17.00 – 22.30 hrs.
A good base for exploring this activity-packed area. Children in particular will love it here. With one-and-a-half acres of land and a wood, there's plenty of room for children to run around. Cots and highchairs are available, as is a special menu catering for the tastes of under-10s. A host of attractions will keep the kids entertained by day – Bodiam Castle, Camber Sands, Sealife Centre and Smugglers Adventure, set in a labyrinth of caves, are a few favourites.

# Brighton

Englands Seebad Nr. 1, vor allem während der »Bank Holidays« wenn es, wie man so sagt, unmöglich ist, eine Stecknadel auf den Kiesstrand fallen zu lassen. Die Häuser mit den eleganten Balkons verschaffen dem Besucher einen Eindruck davon, wie mondän Brighton sich im letzten Jahrhundert darstellte.

## Brauchbare Adressen

**Verkehrsamt:**
10 Bartholomew Square East Sussex; ☎09067 112255.
Zwischen dem Royal Pavilion und dem Meer. Dort kann man ein großes Modell vom Royal Pavilion sehen. Weitere Anlaufstelle, allerdings nur in den Sommermonaten besetzt: Seafront, unterhalb West Street, ☎26 450.

**Busbahnhof:** am Ende von Old Steine. Am Auskunftsschalter Hinweise zu den Fahrplänen.

## Sehenswürdigkeiten

**Royal Pavilion:** eine märchenhaft-verrückte, architektonische Spielerei, eine Mischung aus arabischem und mongolischem bzw. indischem Baustil. Das Ding diente ehemals als Residenz des Prinzen von Wales, der Verkörperung des britischen Dandys. Die Innenausstattung ist ebenfalls eine Besichtigung wert: chinesisches Dekor mit hübschen Staubfängern in Hülle und Fülle. Wir haben uns bestens amüsiert. Der Prinz pflegte gern ausschweifende Orgien zu veranstalten. Ferkel! Eine Treppe verband unmittelbar die Gemächer des Königs mit dem Zimmer seiner Geliebten. Das entsprach natürlich nicht dem Sittlichkeitsverständnis der Königin Viktoria, so daß sie diesen Sündenpfuhl einfach verwahrlosen ließ. Zum Glück hat die Stadt das Bauwerk später ausgezeichnet instandgesetzt.

**The Lanes:** so heißt das Gewirr der schmalen mittelalterlichen Gäßchen in der Nähe des Royal Pavilion. Den vielen Touristen entsprechend, trifft man hier auf jede Menge Antiquitätengeschäfte und Nobelrestaurants. Dennoch sehens-

wert.
Ganz in der Nähe des Palace Pier befindet sich ein sehenswertes Aquarium und Dolphinarium.

## Unterkunft

*Herberge*

**Brighton Backpackers**
*76 Middle St, Brighton, BN1 1AL,*
☎ *0044 1273 777717*
*www.brightonbackpackers.com*
*Mr. David Cross.*
Dorms for 4, 6 or 8 people from £ 13 – £ 15 and double rooms from £ 30 for 2 people sharing; weekly rates starting from £ 70 per week. 🚌 Train and bus.
❖ London
🕐 All year. ◉ 9 a.m. 12 p.m.
A friendly hostel in a relaxed atmosphere in the middle of Brighton, one hour from London. No curfew.

## Arundel

Kleines enges Städtchen zu Füßen des mächtigen *Arundel Castle*, wo die Herzöge von Norfolk einst Hof hielten.

## Unterkunft

*Hotel \*\**

**The Town House**
*65 High Street, BN18 9AJ,*
☎ *0044 01903 883847*
*info@thetownhouse.co.uk*
*www.thetownhouse.co.uk*
*Mr. and Mrs. Williams.*
↪ 5 doubles
Between £ 65 (small double) and £ 100. (large double).
▨ Visa, MC, Switch and Delta; Breakfast, Restaurant;

🚌 Direct trains from London, Gatwick.
❖ Chichester
🕐 All year, ◉ Check in time from 2pm, check out by 11am.
**Discount:** 5%

## Nützliche Adresse

**Verkehrsamt:** Tourist Information Centre, 61 High Street, Arundel, Sussex BN18 9AJ, ☎ 01903 88 22 68, Fax: 01903 88 24 19

## Portsmouth

Einer der bedeutendsten Häfen Großbritanniens. Außer der *H.M.S. Victory*, dem Schiff des Admiral Nelson, mit dem die Engländer die berühmte Schlacht bei Trafalgar vor der spanischen Küste gewannen, und einem weiteren Schiff, der berühmten *Marie-Rose*, einem englischen Kriegsschiff, das im 18. Jh. von französischen Kanonen getroffen auf den Meeresgrund geschickt wurde, gibt es hier kaum etwas zu sehen.

## Nützliche Anschriften

**Verkehrsamt:** Tourist Information Centre, The Hard, Portsmouth, Hampshire, PO1 3QJ, ☎ 023 92 82 67 22, Fax: 023 92 82 26 93, www.visitportsmouth.co.uk

## Logis

*Hotel*

**Pembroke Park Hotel**
*1 Bellevue Terrace, Southsea, Portsmouth, PO5 3AT,* ☎ *0044 239 2296817*
*bookingspph@ntlworld.com*
*www.hotel.uk.net*

*Mr. John Birch.*
Singles from £ 22 – £ 53, double / twins from £ 45 – £ 50, double / twins en suites from £ 53 – £ 60, family rooms £ 59 – £ 80, all prices include tax and a full English breakfast.
📠 MC, Visa; Breakfast; 🚌 Nearby.
❖ Sea Front
🕐 All year. 👁 6 a.m. – 11 p.m.
The 8 guest rooms are individually decorated with many unique features. All rooms have a TV, a hospitality tray and local information. All the attractions of both Portsmouth and Southsea are within easy walking distance (Gunwharf Quays 10 minutes).

## Salisbury

Eine friedliche Siedlung am Ufer des Avon. Salisbury ist im Besitz einer prächtigen Kathedrale und einer Reihe von Bauwerken, die dem Städtchen einen mittelalterlichen Anstrich verleihen. Mittelpunkt des hübschen Städtchens ist dienstags und samstags ein *berühmter Markt.*

## Sehenswert

**Kathedrale:** die einzige in ganz England, die in einem Anlauf erbaut wurde, was sich an der außergewöhnlich Einheitlichkeit des Stils zeigt. Die 123 m hohe Turmspitze ist die höchste des Landes. Am Abend nimmt die Kirche unterschiedliche Färbungen an. Wer einen hübschen Blick auf die Kathedrale erhaschen will, dem sei empfohlen, sich durch St. Ann's Street zu nähern. Die großzügigen Rasenflächen, die ausladenden Bäume und die altehrwürdigen Häuser bilden den richtigen Rahmen für das majestätische Bauwerk.

## Nützliche Anschriften

**Verkehrsamt:**
Tourist Information Centre, Fish Row, Salisbury, Wiltshire, SP1 1EJ, ☎01722 33 49 56, visitorinfo@salisbury.gov.uk

## Unterkunft

*Jugendherberge*
**YHA Salisbury Youth Hostel**
*Milford Hill, Salisbury, SP1 2QW,*
☎*0044 1722 327572;*
*Fax: 0044 1722 330446*
*salisbury@yha.org.uk*
*www.yha.org.uk*
*Mr. Vince Buckley.*
Prices from adult £ 17.50, children £ 13.95.
📠 Visa, Amex, Delta; Breakfast, Restaurant; 🚌 Buses, trains.
🕐 All year. 👁 7:30 – 23:00
☺ IYHF
A Georgian villa, built in 1830, set in its own extensive grounds with plenty of parking.

*Herberge*
**Glen Lyn House**
*6 Bellamy Lane, Milford Hill, Salisbury, SP1 2SP,* ☎*0845 129 8149*
*www.glenlynbandbatsalisbury.co.uk*
*Ms. Felicity Watts.*
From £ 50 pr.
📠 yes; Breakfast
❖ Stonehenge
🕐 All year. 👁 8 a.m. – 6 p.m.
The restored Victorian home is a smoke-free bed and breakfast in a quiet tree-lined lane with parking at the front. Breakfast is served using fresh local produce. Altogether a home away from home of a high standard. Stonehenge and the

New Forest are nearby, and the Cathedral with its tall spire is a feature of the medieval city.

**Discount:** 10%

# Der Westen (West Country)

Hier, wo die grüne Insel noch grüner scheint, ist das Land der Äpfel, deren frische Farbe sich in den Wangen der kessen Mädel widerspiegelt, die durch die Romane Thomas Hardys geistern, einem berühmten Kind der Stadt Dorchester. Kulinarische Pflichtübungen sind ein Glas *cider* (Apfelmost), den es in zahllosen Varianten zu genießen gilt, die feinen *cream*-Liköre und jene berühmten englischen *toffees*, denen man grobes Unrecht angedeihen ließe, übersetzte man sie profan mit »Karamelbonbon« Und die Spezialität aus dem Devon namens cream tea nicht zu vergessen. Hinter dieser vielversprechenden Bezeichnung verbirgt sich ein dreilagiger scone, gefüllt mit Erdbeerkonfitüre und saurem Doppelrahm. Dazu ein Tee nach Belieben ... ein Gedicht! Der Name West Country steht darüber hinaus für eine lebendige Folklore und natürlich für phantastische Phänomene wie von spukenden Piraten heimgesuchte Küstenstriche und jene *pixies*, Elfen und Gnome, die sich im milden Klima dieser Landschaft offenbar besonders heimisch fühlen. Inwiefern verwandtschaftliche Bande mit unserer heimischen Heinzelmännchen bestehen, ist noch nicht mit letztlicher Sicherheit zu sagen.

# Bournemouth

Das »englische Monaco« sowohl wegen seines warmen Klimas als auch wegen seiner Spielkasinos. Selbstredend fallen in diese Bastion jedes Jahr im Sommer ganze Heerscharen von Touristen ein, vor allem Franzosen und Deutsche, so daß alle schnell Freunde finden ... Viele Sprachschulen haben sich hier niedergelassen, so daß es von ausländischem Jungvolk nur so wimmelt. Herrliche Parks und amerikanisches Bowling.

## Nützliche Anschriften

**Verkehrsamt:** Tourist Information Centre, Westover Road, Bournemouth, Dorset, BH1 2BU, ☎01202 45 17 00, Fax: 01202 454799

## In der Umgebung

**New Forest**: eine der anziehendsten Ecken des Landes. Wir raten, mal *Burley*, einem bezaubernden Dorf inmitten des Nationalparks, einen Besuch abzustatten. Man kann hier ausreiten; die Pferde laufen auf den Straßen frei umher. Die romantische Zeit der mit ihren Ponies unter Schirmherrschaft der Krone umherstreifenden *gipsies*, der Zigeuner liegt noch nicht einmal so lange zurück. Im Norden erstreckt sich der *New Forest*, ein weitflächiges Gebiet mit wilden Pferden und Ponies. Hier bekommt man auch Damwild und Hirsche zu sehen. Ein weiter Teil dieses Geländes ist Spaziergängern vorbehalten.

*Conan Doyle*, Schöpfer von Sherlock Holmes, wurde auf dem Friedhof von Minstead beigesetzt. Und übrigens: in *Lyndhurst* wohnte Mrs. *Reginald Hargreaves*, die als kleines Mädchen *Lewis Carroll* zu seiner weltbekannten Erzählung »Alice im Wunderland« inspirierte.

## Bournemouth Tourism

*Visitor Information Centre Westover Road, Bournemouth, BH18 8NN,*
☎ *0044 1202 451702;*
*Fax: 0044 1202 451743*
*info@bournemouth.gov.uk*
*www.bournemouth.co.uk*
*Mr. Phil Smith.*
We can help you find accommodation in Bournemouth, from £ 25 pppn.
🖃 yes; Breakfast, Restaurant; 🚌 In the centre of town.
🕘 All year. 👁 9 a.m. – 5 p.m., Monday – Saturday
Bournemouth Tourism offers a full vacancy finding service for a range of accommodation at no extra cost. Online booking of accommodation at www.bournemouth.co.uk.

*Hostel*
## Bournemouth Backpackers

*3 Frances Road, Bournemouth, BH13RY,*
☎ *0044 1202 299491*
*book using form on website*
*www.bournemouthbackpackers.co.uk*
*Mr. Lawrence Harrell.*
Prices depending on season; Dorm £ 10 – 16, double / twin £ 21 – 42; 🚌 Main Rail, Bus station a 5 min walk.
❖ Bournemouth Rail / Bus Station
🕘 Only limited accommodation is available in winter (Oct to Apr) and reservation is essential at this time. 👁 In the summer months (May – Sept): 8:30 a.m. – 10:30 a.m. and 5 p.m. – 8 p.m. Low season (September until May) during Sunday reception 18:00 – 20:00, or on other days if a 17:30 arrival time is arranged.
☺ HOE
Small, clean, relaxing, cosy hostel – a good base for exploring the surrounding history and countryside.
**Discount:** weekly rates available for longer stays.

# Exeter

Die Stadt an den Ufern des Exe wurde im Zweiten Weltkrieg fürchterlich zerstört. Von den malerischen Häusern, die zu Großmutters Zeiten ihren Reiz ausmachten, blieb der Stadt kaum etwas. Immerhin wurden beachtliche Anstrengungen unternommen zu retten, was noch zu retten war. Bei näherem Hinschauen erweisen sich zahlreiche »Altbauten« als restaurierte Fassaden, hinter denen die Häuser neu hochgezogen wurden. Vor dem Krieg war Exeter ein getreues architektonisches Abbild der englischen Geschichte: zunächst römischer Lagerplatz, wuchs die Stadt bald zu einer römischen Siedlung Isca Dmnoniorum heran, wurde von *Wilhelm dem Eroberer* belagert, erlangte im Mittelalter durch Wollhandel einigem Wohlstand, der sogar den Neid der Regierungen erregte, diente gegen Ende des 16. Jh. als Flottenstützpunkt gegen die »unbesiegbare« spanische Armada um während des Bürgerkriegs von beiden Seiten abwechselnd eingekesselt zu werden.

## Nützliche Anschriften

**Verkehrsamt:**
Paris Street, Exeter, Devon, EX1 1JJ,
☎ 01392 265700, Fax: 01392 265260
tic@exeter.gov.uk
www.exeter.gov.uk
🖃 yes, 🕘 All year. 9 a.m. to 5 p.m. Monday to Friday, 9 a.m. to 1 p.m. and 2 p.m. to 5 p.m. on Saturdays, 10 a.m. to 4 p.m. Sundays in Jul and Aug.

## Unterkunft

*Herberge / Hostel*

### Globe Backpackers

*71 Holloway Street, Exeter, EX2 4JD,*
☎ *0044 13 92 21 55 21;*
*Fax: 0044 13 92 21 55 31*
*info@exeterbackpackers.co.uk*
*www.exeterbackpackers.co.uk*
*Ms. Caroline Heaton*
📞 57
Dormitory £ 14 pn, double room £ 35 pn.
📧 yes; 🚌 Accessible by all forms of public transport
🕐 All year 👁 08:00 – 23:00.
☺ Way Out West Backpacking (W.O.W. Backpacking)
An 18th century townhouse a short walk from the 900-year-old cathedral, the historic waterfront with cafes, pubs and nightclubs and High Street. ID is required for all nationalities.
**Discount**: the 7th night is free.

## Chagford

Der anziehende Flecken Chagford erlebte im 14. und 15. Jh. eine Periode ausgeprägten Wohlstands. Der König hatte ihm nämlich das Vorrecht der Zinngewinnung gewährt. Daher auch der Name »Stannary Town«

## Unterkunft

*Pension*

### Easton Court

*Easton Cross, Chagford, TQ13 8JL,*
☎ *0044 1647 433469;*
*Fax: 0044 1647 433654*
*stay@easton.co.uk; www.easton.co.uk*
*Mr. Paul Witting*
📞 5

Standard room £ 30 – £ 32, deluxe room £ 34 – £ 36. Lower prices: 2 or more nights.
📧 MC, Visa, Switch; Breakfast; 🚌 Bus.
❖ Exeter, Plymouth, Dartmoor
🕐 All year; 👁 09:00 – 17:00
14th Century manor house on Dartmoor National Park. Good views from the bedrooms and gardens to relax in.

## Princetown

*Pension*

### Dartmoor Tourist Association

*High Moorland Business Centre, Princetown, PL20 6QF,* ☎ *0044 1822 890567;*
*Fax: 0044 1822 890514*
*info@discoverdartmoor.com*
*www.discoverdartmoor.com*
❖ Dartmoor
🕐 All year.
A place with open moor land to explore, tors to climb and scenes to enjoy. People walk, horse ride, cycle or simply relax and enjoy this National Park.

## Unterkunft

*Herberge*

### Powdermills Bunkhouse

*Powdermills, Princetown, PL20 6SP,*
☎ *0044 1822 880277;*
*Fax: 0044 1822 880392*
*martin@powdermillsbunkhouse.co.uk*
*www.powdermillsbunkhouse.co.uk*
*Mr. Martin Hibbs.*
£ 9.50 pppn (£ 7.50 for under 18's), £ 160 pn for whole bunkhouse.
📧 yes; Breakfast, Restaurant; 🚌 Limited public transportation.
❖ Plymouth and Exeter
🕐 All year. 👁 08:00 – 17:00

# Exmoor National Park

Das Hochmoorgebiet, ehemals königliches Jagdrevier, gibt sich in bestimmten Tälern lieblich grün, in anderen dagegen rauh und unnahbar. Reh- und Damwild sind in freier Wildbahn zu beobachten. Den Viechern ist es offensichtlich völlig gleichgültig, ob sie sich nun auf dem Territorium der Grafschaft Devon oder im Bezirk Somerset aufhalten. Die B 3223 stellt eine herrliche Strecke dar.

## Unterkunft

*Pension*

**Lodfin Farm Bed and Breakfast**
*Morebath Bampton, Tiverton,*
*EX16 9DD,* ☎*0044 13 98 33 14 00;*
*Fax: 0044 13 98 33 14 00*
*enquiry@lodfinfarm.co.uk*
*www.lodfinfarm.com*
*Ms. Elaine Goodwin*
↲ 3
Double En-Suite £ 28 – £ 37 pppn (single occupancy), family En-Suite £ 30 – £ 42 pppn (single occupancy), child under 13 sharing room + £ 15, cot and child under 2 years + £ 7, double / single En-Suite bathroom £ 28 pppn.
▦ All major cards; Breakfast; ⛟ Not easy
❖ Exmoor National Park
🕑 01.02 – 30.11. ◉ 09:00 – 21:00
☚ 22:00
☺ English Tourism Council
17th Century farmhouse. Accommodation with all extra facilities. Full English cooked breakfast using own and local produce.

# Topsham

Der Ort unserer Wahl außerhalb der Stadt Exeter, noch hinter der Countess Wear YHA und immer noch an den Ufern des Exe. Jeden, der in Exeter etwas auf sich hält oder einfach nur dazugehören möchte, zieht es im Sommer hierher. Autofahrer benutzen die A 376; Unmotorisierte steigen am Hauptbahnhof in einen der regelmäßig verkehrenden Züge in Richtung Exmouth. Stadtbusverbindung ab Exeter-Mitte.
Die Küstenstraße säumen flämisch anmutende Giebelhäuschen aus dem 17. Jh., jedes von ihnen in einer anderen Farbe angepinselt. Fast wähnt man sich auf der anderen Seite des Ärmelkanals. Und wem verdanken wir dieses idyllische Fleckchen Erde? Flämischen Webern und Tuchhändlern.

*Pension*

**Reka Dom**
*43 The Strand, Topsham, EX3 OAY,*
☎*0044 139 287 3385;*
*Fax: 0044 139 287 3385*
*beautifulhouse@hotmail.com*
*www.rekadom.co.uk*
*Ms. Marlene Gardner*
↲ 2 suites and 1 twin.
Tower Suite £ 75 pppn (including all extras and breakfast), Woodbury Suite £ 70 – £ 74, Courtyard Suite £ 70 (ground floor and suitable for anyone having problem with the stairs); Breakfast, Restaurant
Pets: yes; ▦ Bus and train.
❖ Exeter; 🕑 All year, ◉ All day
400 year old large merchants house on the River Exe. The house has days when public are given guided tours, panoramic estuary views. Famous for its wonderful breakfasts in beautiful surroundings.
**Discount:** 5% on two nights or more

# Torquay

Der Ruf als mondänes Seebad rührt noch aus Zeiten, da mit Gold reich gesegnete Kolonisatoren aus Britisch-Indien und Burma voller Heimweh nach südlicher Sonne nach Torquay pilgerten, um auf dem hiesigen Felsvorsprung ihre protzigen Villen und aus Sicherheitsgründen fast immer verschlossenen Kirchen zu errichten. Die schwindsüchtigen jungen Damen ließen auch nicht lange auf sich warten. Derzeit residieren überwiegend pensionierte Sommerfrischler in Torquay und tragen entscheidend dazu bei, daß die Stadt zu den konservativsten des ganzen Landes gerechnet wird. Was die »konservieren« wollen, ist unschwer zu erraten. Und so kommt's, daß mal wieder Gut und Böse in unmittelbarer Nachbarschaft angesiedelt sind. Tausende ausländischer Schüler, die hier ihre Sommerferien verbringen, belegen *Castle Circus* mit Beschlag. Der Rest der Stadt gehört uns.

## Nützliche Anschriften

**Verkehrsamt:**
Torquay Tourist Information Centre, Vaughan Parade, Torquay, Devon, TQ2 5JG,
☎0870 70 70 010, Fax: 01803 21 48 85, torquay.tic@torbay.gov.uk

## Unterkunft

*Hostel*
**Torquay Backpackers**
*119 Abbey Road, Torquay, TQ2 5NP,*
☎*0044 18 03 29 99 24,*
*Fax: 01803 213479*
*jane@torquaybackpackers.co.uk*
*www.torquaybackpackers.co.uk*

*Ms. Jane Hodgson.*
Dorm £ 10 – £ 12pn, double £ 12 – £ 14 pn. (prices depend on season and length of stay); ⊞ Coach, train.
❖ Exeter
🄑 All year. ☞ 9 – 11 a.m., 4 – 9:30 p.m.
☺ WOW Backpackers
Friendly and relaxed, a home away from home. Situated centrally, with everything within a short stroll.
**Discount:** 5%

# Glastonbury

Die Stadt gilt als Wiege des Christentums in England. Die Überreste der Abtei liegen inmitten eines ausgedehnten, grünen Parks, wie ihn nur die Engländer anzulegen verstehen.
Man munkelt, König Arthur samt Gemahlin hätten hier ihre letzte Ruhestätte gefunden. Wer dieses Gerücht mit Hacke und Spaten nachprüfen wollte, hätte wohl ernsthafte Konsequenzen zu fürchten.

**Abbot's Kitchen** mit eindrucksvollem achteckigem Steindach ist es das einzige gut erhaltene Gebäude im Ort.

**Assembly Rooms:** seit über zehn Jahren muß Glastonbury als »Zentrum« für mythische Erfahrungen herhalten und ist so zum Treffpunkt bekehrter Althippies und sendungsbewußter Neuökos geworden. Wer diese verstehen lernen möchte oder Lust auf einen Plausch verspürt, ist in den Assembly Rooms recht am Ort

## Nützliche Anschriften

**Verkehrsamt:**
Tourist Information Centre, 9 High Street, Glastonbury, Somerset, BA6 9DP,

☎ 01458 83 29 54, Fax: 01458 83 29 49, glastonbury.tic@ukonline.co.uk

## Unterkunft

*Camping / Caravan*

***The Old Oaks Touring Park Wick Farm***

*Wick Lane, Glastonbury, BA6 8JS,*
*☎0044 1458 831437;*
*Fax: 0044 1458 833238*
*info@theoldoaks.co.uk*
*www.theoldoaks.co.uk*
*Mr. Jim White*
yes
❖ Bath
🕒 01.04. – 31.10. 👁 09:00 – 21:00
🔑 23:15

*Jugendherberge*

***Glastonbury Backpackers***

*4 Market Place, Glastonbury, BA6 9HD,*
*☎0044 1458 833353;*
*Fax: 0044 1458 835988*
*glastonbury@backpackersonline.com*
*www.glastonburybackpackers.com*
*Mr. Ben Butterell*
42
Dorm from £ 12 pn, twin / double from £ 30 pn, double en-suite from £ 35 pn.
yes; Breakfast, Restaurant; Bus, train
❖ Bath and Bristol
🕒 All year; 👁 9am – 11pm
☺ Way Out West Backpacking
**Discount:** 5%

# Porlock Weir

*Camping / Caravan*

***Porlock Caravan Park***

*High Bank, Porlock, Somerset, TA24 8ND., ☎0044 1643 862269;*
*Fax: 0044 1643 862269*
*info@porlockcaravanpark.co.uk*
*www.porlockcaravanpark.co.uk*
*Ms. Sue Macey*
There are 2 – 6 beds as a maximum per caravan; 9 Hire fleet, Bus.
❖ Near Minehead
🕒 15.03 – 31.10. 👁 8:30 a.m. – 9:00 p.m.

# Wells

Diese friedliche kleine Handelsstadt liegt zu Füßen einer der schönsten gotischen Kathedralen Englands. Als Besonderheit der Westfassade gilt, daß sie doppelt so breit wie hoch ist und daher an eine Kinoleinwand erinnert, auf der ein Ensemble von rund dreihundert mittelalterlichen Statuen agiert. Richtfest wurde im 13. Jh. gefeiert, nachdem die Bauarbeiten ein Jahrhundert zuvor in Angriff genommen worden waren. Im Juli verwandelt sich die Kathedrale gleichsam zum Konzertsaal.

**Verkehrsamt**

**City of Wells Tourist Information Centre,** Town Hall Market Place, Wells, BA5 2RB, ☎0044 1749 672552; Fax: 0044 1749 670869
touristinfo@wells.gov.uk
yes
❖ Glastonbury
🕒 All year. 👁 9:30 – 17:30 in summer and 10:00 – 16:00 in winter
Member of the UK-wide Accommodation Booking services, which are ticket agents for theatre, concerts, major events and UK coach holidays. It offers a route-planning service. Local and regional information is available as well as a range of maps, guide books and souvenirs.

## Unterkunft

*Pension*

### 30 Mary Road Bed and Breakfast
### Mrs. Bailey

30 Mary Road, Wells, BA5 2NF,
☎ 0044 1749 674031;
Fax: 0044 1749 674031
triciabailey30@hotmail.com
Ms. Tricia Bailey;
↩ 2 double, 2 single
£ 23 (double) pp, £ 23 (single); Breakfast; 🚌 Bus station the town.
🕒 Feb – Nov; ☺ English Tourist Board 3 Diamonds award
Small friendly family home with central heating, tea/coffee and TV in rooms, ample parking and choice of breakfast.

*Pension*

### Cadgwith House

Hawkers Lane, Wells, BA5 3JH
☎ 01749 67 77 99
fletcherels@yahoo.co.uk
www.cadgwithhouse.co.uk
Ms. Elspeth Fletcher;
↩ 8. Double / twin from £ 25 pppn, single occupancy of double from £ 30, family (2 adults, 1 child) from £ 62, family (2 adults, 2 children) from £ 74.; Breakfast; 🚌 Bus
❖ Bath
🕒 All year. ☞ 24 hours
**Discount:** 5% 3 nights or more

# Dorchester

**Verkehrsamt:**
Tourist Information Centre, Unit 11 Antelope Walk, Dorchester, Dorset, DT1 1BE, ☎ 01305 26 79 92, Fax: 01305 26 60 79

## Unterkunft

*Jugendherberge*

### Litton Cheney

Dorchester, Dorset DT2 9AT,
☎ 01308 482340, Fax: 01629 592627
reservations@yha.org.uk
↩ 22, adults from £ 11.95, children £ 8.95 pppn and breakfast
📧 yes
🕒 A Easter to October available by advance booking. ☞ 08:00 – 10:00, 17:00 – 22:00
Litton Cheney is surrounded by excellent walking and cycling country. This comfortable Dutch barn, once a cheese factory, makes a good family base and is close to Chesil Beach, Abbotsbury Swannery and subtropical gardens.

*Pension*

### West Down Farm

West Lulworth, Wareham, Dorset BH20 5PU, ☎ 01929 400308,
Fax: 01929 400308
sarah@westdownfarm.fsnet.co.uk
www.westdownfarm.co.uk
Ms. Sarah Weld
↩ 4 (2 en-suite)
£ 27 – £ 48 pppn bed and breakfast
❖ Lulworth Cove and Durdle Door
A beautiful four diamond Farmhouse bed and breakfast, with twin and double rooms, set back from the main road, secluded and serene, for real peace and quiet and spectacular views on all four sides. Families welcome, stabling / paddocks for horses. Travel arrangements can be organised for all without transport (walkers, riders) Smoking and non-smoking. All diets catered for.

# Lyme Regis

**Verkehrsamt:**
Guildhall Cottage Church Street, Lyme Regis, Dorset, DT7 3BS, ☎01297 44 21 38, Fax: 01297 44 46 68

*Pension*

**Old Lyme Guest House**
*29 Coombe Street, Lyme Regis, DT7 3PP,* ☎*0044 1297 442929*
*oldlyme.guesthouse@virgin.net*
*www.oldlymeguesthouse.co.uk*
*Ms. Valerie Ayling.*
Double with en-suite or private facilities £ 30 – £ 32.50, family with en-suite facilities £ 30 – £ 32.50, children sharing family £ 20 – £ 25.; Breakfast ☺ All year except Christmas. ☜ n/a
Historic, refurbished 18th century town house with comfortable en-suite rooms, a guest lounge. Breakfasts both traditional English and vegetarian, free parking for the guests.

# Cornwall

Bevor die Normannen seinerzeit die Angelsachsen aufs Haupt schlugen, was sich bekanntlich in »ten sixty-six« abspielte, hatten diese die Kelten bereits in die bergigeren und unfruchtbareren Landstriche vertrieben, wo wir sie nun heimsuchen werden. Diesmal allerdings ganz friedlich. Gegenden mit starkem keltischen Einschlag sind in Südengland Devon und dann Cornwall, im Westen Wales und dann Schottland sowie natürlich ganz Irland. Wer die Bretagne kennt, wird sich in Cornwall von der Architektur und Atmosphäre her sofort heimisch fühlen. Wie in allen zentralisierten europäischen Nationalstaaten wurde die Kultur von Minderheiten und damit die Sprache als wichtigstes Vehikel kräftig unterdrückt, so daß sie heute in Südengland völlig ausgerottet ist, in Wales aber noch im Norden und auf der Insel Anglesey sowie in Nordschottland und ebenfalls auf den Inseln zu hören ist. In dem Maße, wie Minderheiten assimiliert und damit ihrer Sprache und Identität beraubt werden, ihre Kultur also zu ungefährlicher, bedeutungsloser Folklore herabsinkt, werden die Verbote gelockert, ja das bisher Verpönte wird sogar gefördert. Richtet die britische Regierung doch Studiengänge für gälische Kultur und Sprache ein und hat dieser auch Sendezeit im Rundfunkprogramm eingeräumt. Ende 1992 wurde das Walisische dem Englischen immerhin als Amtssprache gleichgestellt
In *Tetbury*, unweit der Themsequelle, zwei Autostunden von London, liegt Prinz Charles' Landsitz Highgrove, wo er ökologischen Anbau betreibt. Unter dem Namen »Duchy Originals« wird sein Roggenzwieback (auf Neudeutsch wahrscheinlich Biscuit« weil's vornehmer klingt, aus »bi« zwei und »cuit« gekocht) und sein Weizenkeks mit Ingwer in Delikatessenläden und Edelkaufhäusern vermarktet.

## Spezialitäten aus Cornwall

**Cornish Cream Tea:** dazu gehören Tee mit Milch und zwei *scones*, kleine Kuchen, die man mit Konfitüre und einer Sahne verzehrt, die es nur hier gibt. Sättigend und wirklich ein Genuß.

**Cornish Pastry:** Blätterteigpastete gefüllt mit Zwiebeln, Kartoffelscheiben und Rindfleisch. Gar nicht teuer, in allen Fish & Chips-Buden.
Wie sie entstanden? Nun, um ihren Män-

nern in den Gruben ein warmes Essen mitgeben zu können, buken die Bergmannsfrauen Pasteten mit Gemüse- und Fleischfüllung, die sie reichlich einwickelten, damit sie warm blieben. Oft fehlte jedoch das Fleisch, denn die Familien waren arm.

Fischarten und Muscheln, die man am häufigsten auf den Speisekarten in Devon und Cornwall antrifft:

Cod: Stockfisch, Kabeljau; *crab:* Krabbe, Taschenkrebs; *cockles and mussels:* Herz- und Miesmuscheln; *lobster:* Hummer; *mackerel:* Makrele; *monkfish:* Quappe (armdicker, länglicher Fisch, in Frankreich als *lotte* bekannt); *oyster:* Auster; *plaice:* Glattbutt, Scholle; *prawn:* Garnelen (größere Krabbenart); *salmon:* Lachs, Salm; *shark:* Hai; *skate:* Rochen.

**Besonderer Hinweis:**
Das Wetter in dieser Region ist ein Wechselbalg: alle vier Jahreszeiten können an ein und demselben Tag auftreten, was für unsere Ausrüstung bedeutet, Sonnenbrille, Regenschutz und warmen Pullover stets in petto zu haben. Erfreuliche Seite der Medaille: fabelhafte Sonnenuntergänge sowie geheimnisvolle Licht- und Nebelspiele.

# Looe

Ein wunderschöner kleiner Fischerort zu beiden Seiten einer Trichtermündung. Dem hier vorbeiführenden Golfstrom hat es die Stadt zu verdanken, daß sie wegen ihrer Haifischerei bekannt wurde. Viele Touristen greifen auch selbst zur Angel und hieven vom hundert Kilo schweren Blauhai bis zu Riesenviechern, die es manchmal auf eine halbe Tonne bringen, alles Mögliche aus dem Wasser. Eine

kostspielige Sache. Ein Fotoapparat fehlt natürlich nie, damit die Kollegen im Büro etwas zu staunen haben.

## Nützliche Anschriften

**Verkehrsamt:**
Tourist Information Centre, The Guildhall Fore Street, Looe, Cornwall, PL13 1AA, ☎01503 26 20 72, Fax: 01503 26 54 26

## Unterkunft

*Camping / Caravan*

**Tencreek Holiday Park**
*Polperro Road, Looe, PL13 2JR,*
☎ *0044 1503 262447;*
*Fax: 0044 1503 262760*
*tencreek@dolphinholidays.co.uk*
*www.dolphinholidays.co.uk*
⌨ yes; Breakfast; ☒ Train and bus connection.
❖ Looe; ⌚ All year. ⌾ 8 a.m. – 8 p.m.

# Penzance

Englands westlichste Stadt ist ein renommiertes Seebad.
Hier legen übrigens die Schiffe zu den Scilly-Inseln ab, die für ihr mildes Klima berühmt sind.

## Nützliche Anschriften

**Verkehrsamt:** Station Approach ☎01736-62 207, Fax: 63600. In der Verlängerung von Market Jew St.

**Postamt:** Market Jew St.

**Bahnhof:** Wharf Rd; ☎01736-58 31.

**Omnibusse:** Wharf Rd ☎01736-22 75.

## Unterkunft

*Herberge / Hostel*
### YMCA Cornwall
*The Orchard Alverton, Penzance, TR18 4TE,* ☎ *0044 1736 365016;*
*Fax: 0044 1736 334823*
*bernie.hall@cornwall.ymca.org.uk*
*www.cornwall.ymca.org.uk*
*Mr. Bernie Hall;*
⤳ 50.
Dorm from £ 12.50, single from £ 16, twin from £ 14; Breakfast
🕐 All year except Christmas. ☜ 8 a.m. – 10 p.m.
� Midnight
☺ YMCA
Hostel with a breakfast bar, cyber cafe and recreational facilities. Situated with easy access to the town centre, bus and train stations, coastal footpaths and historic monuments. Full board available to organised groups.

*Herberge, Pension, Camping*
### Whitesands Lodge
*Sennen, Penzance, TR197AR,*
☎ *0044 1736 871776;*
*Fax: 0044 1736871776*
*info@whitesandslodge.co.uk*
*www.whitesandslodge.co.uk*
*Ms. Sarah Judd.*
Dorm Bed £ 12.50 – £ 17, single £ 22 – £ 26.50, twin / double £ 44 – £ 54, double en suite £ 50 – £ 59, family en suite £ 63 – £ 94, prices with and without B&B, group discounts available.
🖩 All major cards except Amex; Breakfast, Restaurant; 🚌 Local Bus Service.
❖ Lands End
🕐 All year. ☜ 9 a.m. – 6 p.m.
☺ Way Out West Hostels
Come and relax or party at Whitesands with its friendly, helpful staff and homely atmosphere. The converted granite farmhouse offers accommodation for everybody; the guesthouse for couples and families, and dorms for individuals and groups. There's also tent space during the warmer months. Also available a funky cafe / restaurant and late bar as well as self-catering facilities.
**Discount:** 10%

*Hostel*
### Penzance Backpackers
*The Blue Dolphin, Alexandra Road, Penzance, TR18 4EZ,* ☎ *00441736 363836*
*pzbackpack@ndirect.co.uk*
*www.penzancebackpackers.ndirect.co.uk*
*Ms. Peter Newell*
Dorm £ 13 pn, double room £ 28 pn.
🖩 yes; 🚌 Penzance British Rail Station.
🕐 All year. ☜ 8 a.m. – 11 p.m.
☺ Way Out West Hostels
A small independent hostel for guests at any time of the year – no curfew.

*Pension*
### Penzance Arts Club Chapel House
*Chapel Street, Penzance, TR18 4AQ,*
☎ *0044 1736 363761;*
*Fax: 0044 1736 363761*
*reception@penzanceartsclub.co.uk*
*www.penzanceartsclub.co.uk*
*Ms. Belinda Rushworth-Lund;*
⤳ 7 bedrooms
Single room from £ 35 pppn, bed and breakfast, double room from £ 35 pppn, bed and breakfast.
🖩 MC, Visa, Debit Cards; Breakfast, Restaurant; 🚌 Railway, bus, taxi.
🕐 All year; ☜ Mon. – Fri 10:00 – 17:00

*Pension*

**Rotterdam House**

*27 Chapel Street, Penzance, TR18 4AP,*
☎ *0044 17 36 33 23 62;*
*Fax: 0044 17 36 33 23 62*
*rogercurnow@f2s.com*
*www.rotterdamhouse.co.uk*
*Mr. Roger Curnow*
⤳ 4 bedrooms: A twin, a double and two singles £ 22 pppn.
📧 no; Breakfast; 🚆 Bus and train connections, a heliport and Isles of Scilly booking offices.
❖ St. Ives, The Eden Project
🕐 All year. 👁 10:00 a.m. / 9:00 p.m.
☺ Penzance and District Hotel and Restaurant Association
Small, friendly, clean and non-smoking guest house situated in Chapel Street, the oldest street in Penzance. It is well regarded for its full English breakfasts. All rooms have TV, tea- and coffee-making facilities and a hand basin. A shower and toilet is located between the rooms and an extra toilet is available. Built by the grandfather of the Bronte sisters in 1784, it is near many public houses and restaurants, incl. the famous Admiral Benbow Inn. There is on-street parking when available.
**Discount:** April / October: The charge of £ 22 pppn reduced to £ 20 (Winter Rates) for guests staying more than five nights.

# Porthcurno

Dort befindet sich das *Minack Theatre* (sprich: mainick). Hinter der Bühne gleich das Meer; die Zuschauerreihen verlaufen über den Felsen: ein wahres Freilichttheater also, mit grandioser Kulisse und überwiegend klassischen Stücken.

## Unterkunft

Hotel *

**Porthcurno Hotel**

*The Valley, Porthcurno, near Penzance, TR19 6JX,* ☎ *0044 17 36 81 01 19;*
*Fax: 0044 17 36 81 07 11*
*mail@porthcurnohotel.co.uk*
*www.porthcurnohotel.co.uk*
*Mr. Terry Goss;*
⤳ 17
En-suite £ 70 – £ 95 pn for a double or twin, £ 110 for a triple.
📧 yes; Breakfast, Restaurant; 🚆 Train to Penzance, bus
❖ Land's End
🕐 All year; 👁 16:00 – 22:00
☺ ETC
Family run hotel with restaurant close to Minack theatre and shell sand beach.
**Discount:** 5%

# Saint Ives

Der alte Fischerort hat den Ruf einer Heringsmetropole und wird auch wegen seiner schönen Sandstrände gerühmt. Das gilt vor allem für die Carbis Bay in der Umgebung. Ihre kleinen Gassen voller Atmosphäre machen die Stadt zu einem beliebten Treffpunkt für Künstler, die ihre Werke in der *Old Mariners Church* am Norway Square ausstellen.

**Verkehrsbüro:** Tourist Information Centre, The Guildhall Street an Pol, St. Ives, Cornwall, TR26 2DS,
☎ 01736 796297, Fax: 798309

## Sehenswertes

**Barbara Hepworth Museum and Sculpture Garden:** Einlaß unter der Woche 10-18.30h, sonntags 14-18h. Hier wohnte einst die große alte Dame der Bildhauerei. Per Testament vermachte sie Haus, Gärten und Skulpturen dem Museum, so daß die Kunstwerke in jenem Rahmen zu besichtigen sind, in dem sie zuvor auch entstanden waren. Viele Skizzen und Dokumente aus der damaligen Zeit ergänzen das Bild.

**Smeaton's Pier:** hier machen die Fischerboote fest und entladen unter den fachmännischen Blicken eines Seehunds makrelengefüllte Kisten. Behalten wir ihn nur im Auge: vielleicht haben wir Glück und er erfreut die Umstehenden mit seinen Kaspereien.

**Carbis Bay:** traumhafter, gepflegter Sandstrand, fern des unsäglichen Urlauberrummels in St. Ives, das nur 3 km entfernt liegt. Zum Landesinnern ragen hohe, bewachsene Klippen auf, und oben verkehrt fast geräuschlos die Bahn, ein Anblick wie im Bilderbuch.

## Unterkunft

*Camping / Caravan*
### Little Trevarrack Touring Park
*Laity Lane Carbis Bay, St. Ives, TR26 3HW,* ☎*0044 1736 797580;*
*Fax: 0044 1736 797580*
*littletrevarrack@hotmail.com*
*www.littletrevarrack.com*
*Mr. N. R. Osborne*
◖ 250; £ 8.50 – £ 13.50 per bed pn.
▦ yes, ◷ 01.05 – 07.09.
A good touring base from which to explore West Cornwall.

*Camping / Caravan*
### Polmanter Touring Park
*Halsetown, St. Ives, TR26 3LX,*
☎*0044 1736 795640;*

*Fax: 0044 1736 793607*
*reception@polmanter.com*
*www.polmanter.com*
*Mr. P. J. Osborne;*
◖ 240.
£ 11 – £ 20 per bed pn.
▦ yes, ◷ 01.04 – 31.10.
The 5-star family park is situated within walking distance of St. Ives. A good location for touring caravans and family camping.

*Herberge*
### Old Chapel Backpackers
*St. Ives, TR26 3BY,*
☎*0044 17 36 79 83 07;*
*Fax: 0044 17 36 79 830*
*zennorbackpackers@btinternet.com*
*www.backpackers.co.uk/zennor*
*Mr. Paul Whitey.*
Single from £ 12 pp, family room £ 50,
Breakfast £ 3 – £ 4.50., Restaurant;
▦ Bus.
◷ All year. ◉ 8 a.m. – 8 p.m.
☺ Independent
Converted old chapel.
The Old Chapel Zennor Backpackers is perfectly situated to explore the South West penninsular either by foot or by car. Untold hidden sandy smugglers coves to discover and the legends of the Mermaid of Zennor.
**Discount:** 10%

*Herberge*
### St. Ives International Backpackers
*The Stennark, St. Ives, TR26 1SG,*
☎*0044 17 36 79 94 44;*
*Fax: 0044 17 36 79 94 44*
*st.ives@backpackers.co.uk*
*www.backpackers.co.uk/st-ives*
*Mr. Jason Purton.*
Dorm £ 10.95 – £ 16.95 pn; ▦ Bus, train.

🕓 All year; 👁 10 a.m. – 1 p.m. and 5 p.m. – 10 p.m.
☺ Hostels of Europe, VIP
The building was originally a Wesleyan Chapel School built in 1845. The building contains the biggest painting in England and many other features.
**Discount:** 10%

# Newquay

**Verkehrsamt:**
Tourist Information Centre, Municipal Offices Marcus Hill, Newquay, Cornwall, TR7 1BD, ☎01637 85 40 20, Fax: 01637 85 40 30

## Unterkunft

*Herberge*
**Fistral Backpackers**
*18 Headland Rd, Newquay, TR7 1HN,*
☎*0044 1637 873146*
*enquiries@fistralbackpackers.co.uk*
*www.fistralbackpackers.co.uk*
*Mr. John Trebilcock;*
Bunk room £ 7.50 – £ 15.50, twin / double £ 8 – £ 17; 🚊 Train, bus, air.
🕓 All year. 👁 8 a.m. – 11 p.m.
Clean, friendly and informal atmosphere; budget accommodation close to the world famous Fistral surfing beach.
**Discount:** group discounts.

*Hostel*
**Newquay Backpackers**
*69-73 Tower Rd, Newquay, TR7 1LX,*
☎*0044 1637 879366;*
*Fax: 0044 1637 879366*
*newquay@backpackers.co.uk*
*www.backpackers.co.uk/newquay*
*Mr. Ray Smith. Seasonal,*

from £ 8.95 – £ 15.95 pppn.
🕓 All year. 👁 10 a.m. – 10 p.m.
☺ WOW
**Discount:** 10%

# Bude

**Verkehrsamt:** Tourist Information Centre, Crescent Car Park, Bude, Cornwall, EX23 8LE, ☎01288 35 42 40, Fax: 01288 35 57 69

*Camping / Caravan*
**Sandymouth Bay Holiday Park**
*Stibb, Bude, EX23 9HW,*
☎*0044 1288 352563;*
*Fax: 0044 1288 354822*
*sandymouth@dolphinholidays.co.uk*
*www.dolphinholidays.co.uk*
🖼 yes; Breakfast; 🚊 Bus.
❖ Bude
🕓 Apr. to Sep. 👁 37841

# Bristol

Bedeutender Industriestandort, 118 Meilen von London. Vom 15. bis zum 18. Jh. war Bristol die wichtigste Stadt Englands und bis Liverpool Bristol 1850 den Rang ablief, befand sich hier der zweitgrößte Hafen. An den Docks läßt sich nur schwerlich erkennen, wie Bristol einmal aussah, da die Stadt im Zweiten Weltkrieg schwer gelitten hatte. Dennoch gilt sie als schönste Großstadt des Landes. Bristol besitzt, wie auch Bath, eine eigene Universität, und die Studenten bringen ein bißchen Leben in die Stadt, so daß Bristol nicht nur als Industriestandort und wegen seiner Kirchen, sondern auch als Stadt der Kneipen bekannt ist.

## Brauchbare Adressen

**Konsulat der BRD:** 13 St. Thomas St., ☎117 930 95 42, anewby@ttuk.com

**Verkehrsbüro:** Tourist Information Centre, The Annexe Wildscreen Walk, Bristol, Somerset, BS1 5DB, ☎0117 926 0767, Fax: 0117 922 1557

## Unterkunft

*Herberge*

### Bristol Backpackers Hostel

*17 St Stephen's Street, Bristol, Old City, BS1 1EQ,* ☎*0044 117 9257900; info@bristolbackpackers.co.uk www.bristolbackpackers.co.uk*
Dorms £ 14 pppn (see website for discounts), Twin Room £ 36, Triple Room £ 45, weekly and monthly deals available.
▦ MC, Visa
❖ City centre
☉ All year. ☺ 9 a.m. – 10:30 p.m.
City Centre hostel, late night basement bar, big kitchen – clean & comfy. Linen & hot showers, free tea coffee & hot choc, piano/guitar room, dvd lounge, cheap internet, laundrette. Run by backpackers for backpackers, mixed / single sex dorms or private rooms – no curfew – no membership required.
**Discount:** Buy 3 nights and get 1 extra.

## Bath

Eine der Städte in England, in der eine äußerst erfolgreiche Stadtplanung Früchte trägt, was ihr einen außergewöhnlichen Reiz verleiht. Die georgianisch angelegten Häuser von Bath wachsen einen grünenden Hügel hinauf. Um nicht lange um den heißen Brei herumzureden:

in Bath, dem traditionsreichen Kurstädtchen mit immerhin 85.000 Einwohnern Halt zu machen, ist fast ein »Muß« Ende Mai, Anfang Juni steigt hier ein Musik- und Tanzfestival, ein unvergeßliches Erlebnis in diesem Rahmen.
Übrigens bringt fast jeder Monat ein neues Festival mit im Gepäck. Die Industrie machte einen Bogen um Bath und ließ sich in der Nähe nieder: in Bristol, eine knappe halbe Stunde entfernt. Kultur – die Bäderstadt scheint sich vornehmlich für Kammermusik zu begeistern – und gehobener Konsum dagegen sind Bath zugefallen. Wer glaubt, Vater Staat kümmere sich um den Erhalt der musealen Straßenzüge, ist gewaltig auf dem Holzweg: das besorgen die Bürger lieber selbst, in privater Mission oder im Schoße eines Vereins.

## Bath in der Geschichte

Mit den Kelten fing alles an, die hier ihrem Quellengott Sul opferten. Die praktischer veranlagten Römer befanden, es sei doch eine Schande, tagein tagaus Millionen Liter 50° C warmen Wassers ungenutzt davonrauschen zu lassen, legten in Aquae Sulis ihre Thermen und – um die Götter nicht ganz zu verprellen – auch noch einen stattlichen Minerva-Tempel an. Der Staub, in diesem Fall wohl besser der Schlamm der Geschichte, überzog Umkleideräume, Arkaden und Wasserbecken eine Weile. Die Sachsen sorgten sehr wahrscheinlich später für ein wenig Ordung, setzten sie hier doch eine gewaltige Kathedrale in den feuchten Untergrund: die heutige Abtei begnügte sich mit dem Areal, das zuvor das Kirchenschiff eingenommen hatte! Die Thermalquelle (spa) plätscherte sozusagen auf Sparflamme; zumindest bis zu jenem Tag, da Königin Anne sich ihrer erinnerte und im ersten Jahr ihrer Regentschaft (1702) hier Genesung suchte. Den Vorschlag brauchte sie ihrem Hofstaat, ihren Günstlingen und Paladinen nicht zweimal zu unterbreiten. Voller Begeisterung zog man nach Bath. Die Landbesitzer witterten die Möglichkeit, die Königin für ihre Partei, Whig oder Tory, einzunehmen, verbrachten daher die Hälfte des Jahres im Dunstkreis des Hofes und ließen sich zweckmäßigerweise gleich ihre Villen hier errichten. Beau Nash empfahl sich als perfekter Dandy, als Maître de Plaisir, und Ralph Allen, mit der Erfindung des modernen Postwesens zu Geld gekommen, betraut einen Architekten mit dem Bau der Häuser und einen anderen mit der Errichtung der Monumente. Während der Regentschaft der drei ersten Georges, welche die Königin aus Hannover hatte kommen lassen – und wo diese auch viel lieber geblieben wären, da diese mit ihr auf der protestantischen Whig-Linie lagen, für die sie sich nun einmal entschieden hatte – entwickelte sich das Renommee von Bath prächtig und im Gefolge auch die Ausbreitung der Syphilis, benannt nach einem armen leidenden Hirten in einem lateinischen Gedicht aus dem späten Mittelalter. Kein Wunder, bei den damaligen losen Sitten

Aber zurück zum Thema: alle Künstler, die etwas auf sich hielten, verbringen hier den Sommer. Manufakturbesitzern, den Vorläufern der späteren Industriellen, und Ministern bleibt so genügend Zeit, weise Entscheidungen zu treffen und die Vormachtstellung Englands in der Welt zu zementieren.

Da geschah es, daß die Seebäder erfunden wurden und Bath versank erneut in Vergessenheit. Großzügig dimensionierte Häuser werden in kleine Wohnungen unterteilt und an Kleinbürger oder Rentner veräußert, die wegen des angenehmen Klimas hier die Sommermonate verbringen oder sich für immer niederlassen. Tatsächlich liegen die Temperaturen in Bath geringfügig über dem Landesdurchschnitt.

## Nützliche Adressen

**Verkehrsamt:** Tourist Information Centre, Abbey Chambers Abbey Churchyard, Bath, Somerset, BA1 1LY, ☎0906 711 2000, tourism@bathnes.gov.uk

**Bahnhof:** Bath Spa Station, Dorchester St., ☎63 075. Zug nach London-Paddington im Stundentakt. Ein Schnellzug benötigt für die Strecke siebzig Minuten. Eine interessante Querverbindung: Salisbury-Cardiff.

**Busbahnhof:** Manvers St., in der Nähe des Bahnhofs, ☎464 446.

**Postamt:** New Bond St.

**Wechselstube:** täglich geöffnet; *Jane's Hotel* an der Manvers Street. Aufpassen: der Kurs ist schlechter als bei den Banken.

**A One Drive Hire:** 97-101 Walcot Street, ☎46 67 52. Nette Autovermieter.

**Bath International Festival:** *Liley House*, 1 Pierrefond Place, Bath BA1 1JY. Unter dieser Anschrift ist im voraus das Festivalprogramm erhältlich.

## Unterkunft

*Pension*

**The Henry**
*6 Henry Street, Bath, BA1 1JT, ☎0044 12 25 42 40 52;*

Fax: 0044 12 25 31 66 69
enquiries@thehenry.com
www.thehenry.com
Ms. Susan (Sue) Wright;
↵ 18
Single from £ 35, double from £ 60, triple from £ 75, all rates include full English breakfast; Breakfast; 🚆 Train/ Bus
🕐 All year; 👁 08:00 – 21:00
All rooms with washing facilites, colour TV and tea / coffee facilites.
Bathroom / showers are shared.

*Pension*
### Three Abbey Green
*3 Abbey Green, Bath BA1 1NW,*
☎ *0044 01225 428558,*
*Fax: 0044 01225 316669*
*enquiries@threeabbeygreen.com*
*www.threeabbeygreen.com*
*Ms. Susan (Sue) Wright;*
No.of.beds 16; Double £ 95, family from £ 135, all rates included full English breakfast; Breakfast;
🚆 Train / Bus
🕐 All year; 👁 08:00 – 21:00
All rooms en suite, colour TV and tea / coffee facilites. Rooms are large, elegant & beautiful. Extra bed in room for £ 30 ist possible.

*Herberge*
### City of Bath YMCA
*Broad Street, Bath, BA1 2PR,*
☎ *0044 1225 325900;*
*Fax: 0044 1225 462065*
*www.bathymca.co.uk*
*Mr. Philip Horton.*
↵ 210. Single £ 18 pn B&B, twin £ 32 B&B, dorm £ 12 B&B.
▦ yes; Breakfast; 🚆 Adjacent public transportation.

❖ Bristol
🕐 All year. 👁 12:00 noon onwards for the house side and 2:00 p.m. onwards for the dormitories.
☺ YMCA
Bath's biggest accommodation provider with a laundry, a fitness suite, a restaurant, a TV, Internet access, a fax, 24 hr reception and a quiet city centre location.

*Hotel*
### Wentworth House Hotel
*106 Bloomfield Road, Bath, BA2 2AP,*
☎ *0044 12 25 33 91 93;*
*Fax: 0044 12 25 31 04 60*
*stay@wentworthhouse.co.uk*
*www.wentworthhouse.co.uk*
*Ms. Theresa Boyle;*
↵ 38.
Single from £ 80 for B&B, double from £ 90 for B&B.
▦ yes; Breakfast, Restaurant; 🚆 Bus every 10 minutes to the city.
🕐 All year except Christmas. 👁 8:30 a.m. – 10:30 p.m.
☺ BHA, BIGHA
Victorian mansion overlooking the city of Bath, a 15 minute walk from the centre. Many rooms have 4-post beds, the garden has a hot tub open all year and a swimming pool open in the summer.
**Discount:** 10% Not on Friday and Saturday.

*Pension*
### Northwick House
*North Road, Bath, BA2 6HD,*
☎ *0044 1225 420963;*
*Fax: 0044 1225 420963*
*info@northwickhousebath.co.uk*
*www.northwickhousebath.co.uk*
*Ms. Veronica Metcalfe.*
↵ 6; Single £ 50 pn Double / twin £ 35

– £ 40 pppn; Breakfast;
🚃 Yes.
🕐 All year. 👁 8 a.m. – 10:30 p.m.
☞ 11.15 p.m. (flexible!!)
With views over Bath and the surrounding countryside, this Georgian house was built in 1821, on the upper slopes of Bathwick Hill with its Italianate vil-las. It is 5 min. to the city centre, near a regular bus route and also near the Uni-versity. Rooms with views, TV, radio, hairdryer; tea / coffee available in the rooms.
**Discount:** 5%

*Pension*

**Villa Magdala Hotel**

*Henrietta Road, Bath, BA2 6LX,*
☎*0044 1225 466329;*
*Fax: 0044 1225 483207*
*enquiries@VillaMagdala.co.uk*
*www.villamagdala.co.uk*
*Mr. Roy Thwaites*
⤵ 18 bedrooms Single occupancy of a double £ 65 – £ 85, double £ 89 – £ 98, large double / twin £ 95 – £ 105, superior double / twin £ 110 – £ 125, four poster £ 145 – £ 160, family room £ 120 – £ 150.
🖼 MC, Visa; Breakfast; 🚃 Close to bus stop and railway station.
❖ Opposite Henrietta Park, Pultenay Bridge and the city centre.
🕐 All year. 👁 8 a.m. – 10 p.m.
☺ ETA, AA, Johansens, Fodors
Victorian villa, built in 1868 and set in its own gardens. The house has a peaceful location overlooking Henrietta Park and is only a five minute level walk to the city centre and all its attractions. The hotel is completely non-smoking and has a car park for guests. All rooms are spacious and en-suite, complete with tele-

phone, television, hairdryers and hospitality trays. No dinner, but bistros, wine bars and restaurants are within walking distance.

# Ledbury

**Verkehrsamt:** Ledbury Tourist Information Centre, 3 The Homend, Ledbury, Herefordshire, HR8 1BN, ☎01531 63 61 47, F 01531 63 43 13,
tic-ledbury@herefordshire.gov.uk

## Unterkunft

*Herberge*

**Berrow House Activity and Camp Centre**

*A 438, Holybush, Ledbury, HR81ET,*
☎*0044 153 163 5845;*
*Fax: 0044 153 163 5845*
*bunkhouse@berrowhouse.co.uk*
*www.berrowhouse.co.uk*
*Mr. Bill Cole*
⤵ 12; Self – catering, bunkhouse accommodation at £ 7 pppn.
❖ Ledbiry
🕐 All year. 👁 24hours
☺Independent Hostel Guide
Bunkhouse accommodation plus a campsite with showers, etc.
**Discount:** 10%

# Cheltenham

Seit es Georg III. Anno 1785 als Kurgast hierher verschlug, hat sich Cheltenham zu einer Badestadt (spa) gemausert. Den Durchbruch erlebte die Stadt während der *Regency* zu Anfang des 19. Jh. (1810–1820).

## Nützliche Adressen

**Verkehrsamt:** 77 Promenade, Cheltenham, GL50 1PP, ☎01242 52 28 78, Fax: 01242 255848, tic@cheltenham.gov.uk

**Bahnhof:** Queen's Rd.

**Busse:** St. Margaret's Rd.

**Postamt:** Promenade.

## Sehenswertes

Am naheliegendsten ist natürlich ein Streifzug durch die von der Regency-Epoche geprägten Straßen der Stadt. Als Ausgangspunkt eignet sich *The Promenade*, an der sich vornehmlich schickere Läden angesiedelt haben.

**Montpellier Walk:** den breiten Trottoir säumen elegante Boutiquen, deren Dutzende von Karyatiden altgriechischen Tempeln entliehen scheinen. Nicht übel.

**Imperial Gardens:** malerische Parkanlagen mit der imposanten Fassade des Rathauses als Kulisse.

**Montpellier Gardens:** fast in unmittelbarer Nachbarschaft zu ersterem und nicht minder sehenswert.

**Pittville Park:** hier, an der Straße nach Evesham (A 435) in einem Außenbezirk der Stadt Cheltenham, plante ein Bankier namens Pitt sein persönliches Thermalbad. Und dazu zählt selbstverständlich ein blühender Kurpark, um den manche Gartenschau die Stadt beneiden würde. Im Pittville Pump Room darf jeder die Heilwirkung des Wassers am eigenen Leibe ausprobieren. Überflüssig zu erklären, daß das 1830 errichtete Gebäude nach dem Vorbild eines griechischen Tempels geschaffen wurde. Im ersten Stock hat sich ein *Modemuseum* breitgemacht.

## Sightseeing

**Sudeley Castle:** inmitten herzerfrischender Parkanlagen. Einlaß täglich 12-17.30h gegen einen happigen Tribut. Die Burg diente im 15. Jh. den Königstreuen als Stützpunkt und wurde im Bürgerkrieg (1640-1650) von den Anhängern Cromwells geschleift. Daraufhin mußte sie bis zum 19. Jh. auf ihre Restaurierung warten. Im Inneren fallen das stilvolle Mobiliar und einige bemerkenswerte Gemälde der englischen Künstlercreme auf, unter anderen Werke von Constable. In der Kapelle ruhen die sterblichen Überreste *Catherine Parrs*, jener Witwe *Heinrich VIII.*, die als einzige ihre Ehe mit dem grausamen Herrscher nicht vorzeitig mit dem Leben bezahlen mußte. Nun, gestorben ist sie trotzdem, aber nicht, bevor sie sich ein weiteres Mal hätte verheiraten können: mit Lord Seymour of Sudeley nämlich, was auch erklärt, warum sie schließlich in Winchcombe gelandet ist.

**Castle Cottages:** eine ganze Reihe schmucker *cottages*, die einst zur Burg gehörten und später instandgesetzt wurden.

**Vineyard Cottages:** an der gleichnamigen Straße, 300 m vor dem Westeingang von Sudeley Castle.

## Nächtigen

*Pension*

**Lonsdale House**
*Montpellier Drive, Cheltenham, GL501TX,* ☎*00441242232379; Fax: 0044 1242232379*
*lonsdalehouse@hotmail.com*

*Regency House Hotel*   www.regencyhouse-hotel.com   s.S. 59

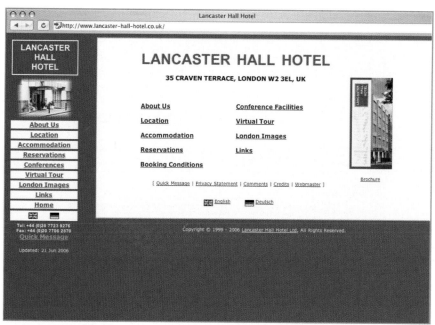

*Lancaster Hall Hotel*   www.lancaster-hall-hotel.co.uk   s.S. 66

I

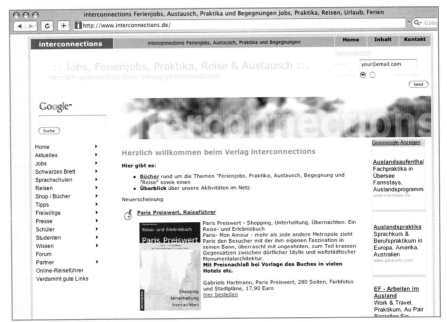

*interconnections.de – Jobs, Praktika, Austausch und Begegnungen*
*www.interconnections.de*

*Au-Pair-Box – Kostenloser Service für Au-Pairs und Gastfamilien weltweit*
*www.au-pair-box.com*

*Mr. Chris Mallinson.*
⤳ 9; £ 28 pp inclusive of a full breakfast.
▦ Visa, MC, Switch, Amex; Breakfast;
▦ Coach station is close by.
❖ Cotswolds
🕐 All year; ☺ Privately owned
Regency (1830) townhouse, no smoking.
**Discount:** 10% Available for 2 nights and over.

## Chipping Camden

Wieder ein schmuckes Dorf mit vorbildlich erhaltenen Häusern aus goldgelben Steinen. Wer den Film »Canterbury Tales« von Pasolini gesehen hat, dem wird die eine oder andere Dorfansicht bekannt vorkommen.

### Zum Anschauen

**Market Hall:** diente nach ihrer Errichtung 1627 als Wollhalle und wird besonders wegen ihres Gebälks bewundert.

**Grevel House:** am Ende der Hauptstraße (High Street); wenn man bedenkt, daß das Haus schon im 14. Jh. hier stand, weiß man die bemerkenswerten Wasserspeier und Sonnenuhren um so mehr zu schätzen.

**Wool Staplers Hall:** genau auf der anderen Seite, die 1340 fertiggestellte Wollbörse. Londoner Händler und lokale Schafzüchter legten in diesen Mauern die Wollpreise fest. Heute beherbergt die Halle ein Heimatmuseum, das den vielen, zum Teil außerordentlich seltenen, Trödel kaum mehr fassen kann.

### Nützliche Adressen

**Verkehrsamt:** The Old Police Station, High Street; Chipping Camden, Gloucestershire GL55 6HB, ☎01386 84 12 06

### Unterkunft

*Pension*
**Dragon House**
*High Street, Chipping Camden, GL556AG, ☎0044 1386840734; Fax: 0044 138684734*
*info@ dragonhouse-chipping-campden.co.uk*
*www. dragonhouse-chipping-campden.co.uk*
*Ms. Valerie James*
⤳ 3; Double / twin from £ 55 pn, single occupancy from £ 45 pppn, Self-Catering £ 200 – £ 550 per week, incl. breakfast and all taxes; ▦ Busconnections.
❖ Stratford-upon-Avon
🕐 01.01 – 23.12. ☜ 9a.m. – 10p.m.
**Discount:** for stays of three or more nights.

## Chester

An der Grenze zu Wales und eine der malerischsten Städte Großbritanniens. Das liegt vor allem an ihrer mittelalterlichen Atmosphäre, die der hervorragend erhaltene Stadtmauerring und die vielen Fachwerkhäuschen ausstrahlen.

### Nützliche Adressen

**Verkehrsamt:** Town Hall, Northgate Street, Chester, Cheshire CH1 2HJ, ☎01244 40 21 11, Fax: 01244 40 04 20, tis@chestercc.gov.uk

**Busauskunft:** Delamore St.

## Sehenswürdigkeiten

**The Rows**: Einkaufspassage mitten im Ort mit einer Kette verschiedener Boutiquen im Erdgeschoß und einer weiteren im oberen Stockwerk einer Reihe hoher Fachwerkhäuser. In der Watergate Street befindet sich eine *Laura Ashley*-Boutique, die erste, die überhaupt eröffnet wurde. Die Gründerin wohnte zwar in Frankreich, wo sie 1985 starb, war aber eigentlich Waliserin.

**Die Kathedrale**: ein schönes Bauwerk aus rotem Sandstein, was ihm einen besonderen Reiz verleiht. Auffällig ist die Stilmischung. An die Kathedrale grenzt ein mächtiger gotischer Kreuzgang. Ein Durchgang führt zu einer romanischen Krypta, einem einstigen Vorratskeller. Im Ostflügel liegt der wunderbare Kapitelsaal im gotischen Stil, in dem heute Broschüren zu Geschichte und Architektur der Kathedrale verkauft werden.

**Rundgang auf der Stadtmauer**: am East Gate hat man Stufen in die dicke Festungsmauer gehauen. An diesem Tor beginnt der Rundgang auf den Stadtmauern, den *city walls*, welche die Altstadt einfassen.

**Bootsausflüge**: in der Südostecke des Stadtwalls wurde eine schöne Promenade, *The Groves*, errichtet mit einer Anlegestelle, Ausgangspunkt für romantische Kahnfahrten.

**Grosvenor Museum**: Grosvenor St., kostenlos. Ein wenig Kunst, Geschichte (Römerzeit) und Mobilar der Jahrhundertwende.

## Unterkunft

*Herberge / Hostel*
### Chester Backpackers
*67 Boughton, Chester, CH3 5AF,*
☎*0044 1244 400185;*
*Fax: 0044 1244 400185*
*sales@chesterbackpackers.co.uk*
*www.chesterbackpackers.co.uk*
*Mr. Andy Lyon.*
↙ 34; Dorm £ 12.50, single £ 17, double £ 29.
▣ yes; ⊞ Train and bus stations close by.
☽ All year. ☞ 9 a.m. – 10 p.m.
☺ VIP, IHG
A clean, comfortable and friendly hostel providing quality accommodation at reasonable prices. Most rooms are en-suite. All linen is freshly laundered, tea and coffee are free, it is a 5 minute walk to railway station, it is close to all amenities, the city centre, shops, the city walls and the pubs. It has a free left luggage facility and a TV lounge. Friendly atmosphere, no curfew, 24 hr. access.
**Discount:** 5%

*Hotel*
### Hamilton Court Hotel
*Hamilton St, Chester, CH2 3JG,*
☎*0044 12 44 34 53 87;*
*Fax: 0044 12 44 31 34 04*
*hamiltoncourth@aol.com*
*Mr. Vivian Finan.*
↙ 11; Single B&B from £ 35 – £ 45 pr, double / twin B&B from £ 60 – £ 75 pr, triple B&B from £ 75 – £ 85 pr, family B&B from £ 75 – £ 85 pr.
▣ yes; Breakfast; ⊞ Train and bus
❖ Chester
☽ All year; ☞ 24 hours
Small family-run 11 bedroom hotel for business people and tourists.

# Manchester

**Verkehrsamt:** Visitor Information Centre, Town Hall Extension, Lloyd Street, Manchester, M60 2LA, ☎ 0871 222 8223, Fax: 0161 236 99 00

## Unterkunft

*Herberge*
### Manchester BackPackers Hostel and Guest House
*64 Cromwell Road, Stretford, Manchester, M32 8QJ,* ☎ *0044 16 18 65 92 96; Fax: 0044 1618 659 296*
*manchester.backpackers@btinternet.com*
*Ms. Joan Haggas;*
↯ 16 in 2 dorms and 2 private rooms, holiday house for 4 to 12; Double £ 18 pp, single £ 20, dorm. £ 13; 🚆 Stretford Metrotram stop, buses.
❖ Old Trafford / city centre
🕐 All year. ☞ 09:00 – 21:30
Recently featured as one of the 'Oddest Hostels in the World'. Manchester's longest established hostel caters for 16 guests in 2 mixed dorms and 2 private rooms. Separate Holiday House available sleeping 4 to 12.
**Discount:** 10%

# Settle

**Verkehrsamt:** Settle Tourist Information Centre, Town Hall, Settle, Yorkshire, BD24 9EJ, ☎ 01729 82 51 92, Fax: 01729 82 43 81, settle@ytbtic.co.uk

## Unterkunft

*Jugendherberge*
### YHA Stainforth Youth Hostel
*Stainforth, Settle, BD24 9PA,*

☎ *0044 0870 770 6046;*
*Fax: 0044 1729 825404*
*stainforth@yha.org.uk*
*www.yha.org.uk*
*Mr. Chris Alder.*
Dorms (adult) £ 13.95 (under 18) £ 9.95.
📶 yes; Breakfast, Restaurant; 🚆 Trains to Settle (3km).
🕐 Feb to Dec. ☞ 07:30 – 10:00 hrs, 17:00 – 23:00 hrs. ☺YHA
Refurbished Georgian country house, set in its own wooded grounds. A friendly welcome and tasty food in a beautiful setting

# Ingleton

**Verkehrsamt:** Ingleton Tourist Information Centre, The Community Centre, Ingleton, Lancashire LA6 3HG, ☎015242 41 049

## Unterkunft

*Herberge*
### Timberlodge
*Ingleton, LA6 3DP,*
☎ *0044 15242 41462;*
*Fax: 0044 15242 41462*
*enquiries@pine-croft.co.uk*
*www.pine-croft.co.uk*
*Mr. Robin Hainsworth.*
↯ 10 bedrooms or dormitories for a maximum of 48 people; Three or six – person dorms, prices from £ 250 to £ 00 per cabin per week; 🚆 None.
❖ Lancaster; 🕐 All year. ☞ 9 a.m.–6 p.m.
A large log cabin from Finland with ten bedrooms or dormitories, a kitchen and dining room with self-catering facilities, a separate lounge, a drying room and a sauna. The maximum number of people is 48.

# Ambleside

Eine weitere Stadt, die kein langes Verweilen lohnt, es sei denn man wohnt in der Jugendherberge am Ufer des Waterheadsees.

Die Stadt hat immerhin etwas mehr Charme aufzuweisen als Windermere, dank einiger schöner Häuser aus dem 17. und 18. Jh.

**Markttag:** mittwochs herrscht Hochbetrieb in der Stadt.

## Nützliche Anschriften

**Verkehrsamt:** Central Buildings, Market Cross, Ambleside Cumbria LA22 9BS, ☎0044 015 39 43 25 82, ambleside-tic@telinco.co.uk

**Bus:** National Travelworld, Market Cross, ☎0044 015 39 43 32 33.

## Sehenswürdigleiten

**The Bridge House:** winziges Steinhaus aus dem 17. Jh. oberhalb des Flusses.

Im oberen Teil des Dorfes rund um die Kirche entdeckt man weitere Steinhäuser aus dem 17. und 18. Jh., zum Teil unter Denkmalschutz stehend.

## In der Umgebung

**Rydal:** Dieser Weiler verdankt seine Berühmtheit der Tatsache, daß Wordsworth hier mit seiner Familie von 1813-1850 wohnte und schließlich auch hier starb. Sein wunderschönes Haus liegt inmitten eines Parks oberhalb der Kirche mit Blick auf den Rydalwatersee. Das Anwesen gehört heute seiner Ururenke-

lin. Er selbst hatte es seit der Geburt des zweiten Kindes gemietet, da *Dove Cottage* (mit kurzem »a« nicht »ou« wie in »boat« gesprochen), in der Nähe von Grasmere, wo er zuvor gehaust hatte, für die Familie zu eng wurde. Wordsworth muß ein recht gastfreundlicher Mensch gewesen sein, denn seine Freunde De Quincey, Coleridge und Scott nisteten sich des öfteren für längere Zeit bei ihm ein, was zu einer gewissen Überbevölkerung im Hause führte. Zumal auch seine Schwester Dorothy und seine Schwägerin Sally Hutchinson zum Haushalt zählten. Im Haus befinden sich noch zahlreiche Gegenstände, Portraits und Möbel aus seinem Besitz.

## Nachtlager

*Herberge / Hostel*

***Ambleside Backpackers Hostel Iveing Cottage***
*Old Lake Road, Ambleside, LA22 0DJ,*
*☎0044 15 39 43 23 40;*
*Fax: 0044 15 39 43 23 40*
*enquiries@englishlakesbackpackers.co.uk*
*www.englishlakesbackpackers.co.uk*
*Mr. Michael Fletcher.*
🛏 72; mid-week £ 15, weekend £ 16.50 and single private room £ 17.50, all include free tea / coffee and light breakfast.
🖾 yes; Breakfast; 🚈 Train and Coach.
❖ Windermere
🕐 All year. 👁 check in before 20:00
☞ none/ coded front door
☺ Independent
Located in an large 1760 cottage overlooking the local mountains, clean accommodation. The whole building has been refurbished retaining original features, a large common room, dining room and commercial-sized kitchen. All dorms

overlook local fells and have wash basins. The resident manager has no lockout or curfew and it's only a five minute walk to the lake.
**Discount:** 5%

## Grasmere

Ein weiterer Pilgerort für alle Wordsworthanhänger. Hier steht das *Dove Cottage*, wo er von 1799-1813 lebte und den überwiegenden Teil seiner bekannten Gedichte schrieb, darunter auch *The Prelude*. Er saß nicht gerne beim Verfassen seiner Gedichte und diktierte sie oftmals seiner Schwester Dorothy oder später, nach 1810, seiner Frau. Manchmal fertigte er auch nur eine Kladde an und überließ ihnen das Erstellen einer Reinschrift. Auf dem Friedhof bei der Kirche wurde er zusammen mit seiner Frau Mary, seiner Tochter Dora, seinem Schwager und seiner Schwester Dorothy beigesetzt. Im Nachbargrab ruht *Coleridge*.

### Nützliche Adresse

**Verkehrsamt:** Redbank Rd, ☎0044 015 39 43 52 45, Fax: + 44 (0)15394 35057. Auch Busauskünfte.

### Sehenswertes

**The Dove Cottage** und das *Wordsworth Museum:* beginnen wir zunächst mit dem Museum, in dem Leben und Werk des Dichters ausführlich erläutert werden und wo man einigen seiner Gedichte lauscht. Der Schlüssel zu seinem Werk scheint in der Tatsache zu liegen, daß er seine Eltern schon sehr früh verlor – sein Vater verschwand, als er zehn Jahre alt war – und in der umliegen-

den Natur Trost und Zuflucht suchte. In seinen Gedichten beschreibt er diese Natur, aber auch das Leben der einfachen Leute, denen er auf seinen Spaziergängen begegnete.

Im Museum und im Cottage finden sich zahllose Gegenstände aus dem persönlichen Besitz des Dichters: sein Rasierpinsel sowie das dazugehörige Messer, sein Regenschirm, ein Paar Socken, ein Anzug, sein Hut, seine Brille, seine Spazierstöcke und natürlich seine Manuskripte. Man könnte fast meinen, er sitze noch im Nebenzimmer. Zu Beginn seines Lebens, nach der französischen Revolution, war er Republikaner. 1843 verlieh Königin Victoria I. ihm den Titel des *Poet Laureat.* Das Bemerkenswerte daran ist, daß er als einziger Träger dieses Titels niemals ein Gedicht zum Gedenken an ein bedeutendes Ereignis geschrieben hat. Er starb im Jahre 1850.
In der Umgebung

## Easedale Tarn

Fahren wir die Straße von Easedale bis ans Ende, und folgen dann den Wegweisern. Nach anderthalb Stunden gelangt man an einen völlig abgelegenen Bergsee. Manche wagen sich in das Wasser, andere zelten am Ufer, auch wenn der National Trust davon gar nicht angetan ist. Auf der anderen Seite des Berges gelangt man zur *Jugendherberge von Elterwater*, oder man kehrt zurück und erklimmt den *Helm Crag*, indem man einfach den entsprechenden Schildern folgt.
In der Ferne zeichnen sich die *Langdale Pikes* (800m) ab. Gegenüber der Bootsvermietung nimmt ein Wanderpfad seinen Anfang, dem nur folge, wem es

einem nach einer langen Wanderung gelüstet. Auf alle Fälle sollte man mit einer Landkarte der Gegend bewaffnet sein, ehe man die Berge hinaufstürmt.

## Elterswater

Dieses hübsche Bergdorf mit seinen vielen Steinhäusern liegt in dem Tal, in welchem sich die Flüsse Langdale und Brathay treffen. Reizvolle Wanderungen führen an ihren Ufern entlang. Vom Wasserfall *Dungeon Force* aus erklimmt man die *Langdale Pikes*. Achtung, der Aufstieg ist steil und man sollte unbedingt mit festen Schuhen, Landkarte und Regenkleidung versehen sein.

### Nächtigen

*Herberge*
**Grasmere Independent Hostel**
*Keswick Road, Grasmere, LA22 9RU,*
☎ *0044 1539 435055;*
*Fax: 0044 15394 35733*
*bev@grasmerehostel.co.uk*
*www.grasmerehostel.co.uk*
*Mr. Bev Dennison*
⤻ 24, 5 bedrooms; From £ 15.50 pp self catering. Whole hostel hire please ring for details. Sale of self catering breakfast packs – individuals.
▦ yes; ⛟ Train, then bus.
❖ Ambleside
⏱ All year. ☻ 9 a.m. – 5:30 p.m.
☺ Independent, family run and owned Bedrooms for 3 to 6 people with mostly en-suite bathrooms. Sauna, laundry, drying room, self-catering kitchens, studio, common room with a large television.
**Discount: 5%**

*Herberge*
**Walkers Hostel**
*Oubas Hill, Ulverston, LA12 7LB,*
☎ *0044 1229 585588;*
*Fax: 0044 1229 585588*
*povey@walkershostel.freeserve.co.uk*
*www.walkershostel.freeserve.co.uk*
*Ms. Jean Povey*
⤻ 30, 7 bedrooms; £ 14 pppn for bed and breakfast, £ 8 evening meal (4 course vegetarian); Breakfast, Restaurant; ⛟ Train or bus.
❖ Windermere
⏱ All year. ☻ 8:00 a.m. – 9:00 p.m.
Rooms vary from 2 to 7 beds. One is a family room with a double, 2 singles and a cot. Relaxed atmosphere.

## Keswick

»Kesik« mit stimmhaftem »s« gesprochen. Ein Marktflecken in den Bergen am Ufer des Derwent Sees. In den Steinhäusern zahlreiche Touristenläden und Pubs.

### Nützliche Anschriften

**Verkehrsamt:** Moot Hall, Market Square, ☎ 017 68 77 26 45, Fax: 017687 75043

**Bus Terminal:** Parkers Diy, 3 Bank St., ☎ (0) 17 68 77 32 00

### Sehenswürdigkeiten

**Motor Museum**: mitten im Ort. Das Museum stellt vor dem Hintergrund typischer Fernsehserien originelle Fahrzeuge berühmter Persönlichkeiten aus, darunter der Ford T von Laurel und Hardy, den Volvo des »Heiligen Vaters« usw.

**George Fisher**: an der Lake Road. In diesem Laden bekommt man zum Teil Camping- und Wanderausrüstungsgegenstände, die man andernorts vergebens sucht. Da können Kontinentaleuropäer nur vor Neid erblassen.

Ein Boot schippert über den See. Man steigt in *Hawes End* aus, umrundet den See zu Fuß und klettert am Hafendamm beim *Lodor Swiss Hotel* wieder an Bord. Dabei kommt man dicht an den ehemaligen Minen von Brandlehow vorbei, die einen herrlichen Blick auf die Felsen von Borrowdale Fells bescheren. Diese – z.B. der Shepherds Crag – bilden ein vorzügliches Übungsrevier für Bergsteiger und Kletterer.

**Friar's Crag**: erheblich leichter zu erreichen, oberhalb der Mole am Seeufer gelegen. Diese Klippe wurde aus verschiedenen Gründen zu einem Pilgerort. Zum einen machten sich von hier aus die Gläubigen auf den Weg, um den Segen des heiligen Herbert, eines Lokalheiligen sozusagen, der in der Mitte des Sees auf der Saint Herbert's Insel hauste, zu bekommen. Zum anderen schwärmte schon John Ruskin von dem herrlichen Blick über den See und seine gegenüberliegenden Ufer, der sich vor dem Betrachter auftut. Also, nichts wie hin!

**Skiddaw Man**: Wagemutige machen sich an die Besteigung dieses etwa tausend Meter hohen Berges. Man macht sich von Keswick aus auf den Weg, zunächst in Richtung Latrigg Walk. Nach der Überquerung des Greta River, läuft man hinter dem Museum vorbei. Man darf nur nicht die Stelle verpassen, wo sich der Weg teilt und zum einen in Richtung Latrigg Summit, zum anderen in Richtung Skiddaw Man führt. Danach durchquert der Weg trostlose Gegenden. Auf dem Gipfel angekommen, blickt man über den See und auf die Hevellyn Berge.

Faule Zeitgenossen schummeln, parken ihr Auto nördlich von Latrigg am Ende der Gate Road und wählen die Abkürzung über Applethwaite und Underscar. Es geht erheblich schneller, man verpaßt aber auch einiges.

## Unterkunft

*Jugendherberge*
**YHA Derwentwater**
*Borrowdale, Keswick, CA12 5UR,*
☎*0870 770 5792;*
*Fax: 0044 17687 77396*
*derwentwater@yha.org.uk*
*www.yha.org.uk*
*Mr. David Piercy.*
Adults £ 13.95, under 18s £ 9.95.
🖩 Visa, MC, Amex; Breakfast, Restaurant; 🚌 79 Bus from Keswick, nearest railway station in Penrith (30 km away). 🕐 All year. 👁 7 a.m. – 10:30 p.m. ☺ YHA
Mansion overlooking the lake and the mountains with its own waterfall, woodlands and play area.

## Mohope

*Jugendherberge*
**YHA Ninebanks**
*Orchard House, Mohope, NE47 8DQ,*
☎*0044 1434 345288;*
*Fax: 0044 1434 345414*
*ninebanks@yha.org.uk*
*www.yha.ninebanks.co.uk.*
Adults £ 10.95, under 18 years £ 7.95.
🖩 yes; Breakfast
🕐 All year; ☺ YHA

Simple 300-year-old lead miners cottage with a welcoming fire, a coffee pot and a beautiful quiet countryside, good for walking and cycling.

# Bardon Mill

*Jugendherberge*
**Once Brewed Youth Hostel**
*Military Road, Bardon Mill, NE47 7AN,*
☎*0044 1434 344360;*
*Fax: 0044 1434 344045*
*oncebrewed@yha.org.uk*
*www.yha.org.uk*
⌇ 77 beds; Adults £ 13.95, under 18s £ 9.95.
⊞ yes; Breakfast, Restaurant; ⊞ Limited public transportation.
❖ Hadrian's Wall
⏱ 07.02. – 23.11. ☀ 8 – 10 a.m. / 2 – 10 p.m.; ☺ HI
Seventy-seven beds, cosy fire in winter, small dorms, friendly people, SC facilities, open access all day.
**Discount:** 5%

# Wark

*Herberge*
**Shitlington Crag Bunkhouse**
*Wark, NE48 3QB,* ☎*0044 1434 230330*
*info@penninewayaccommodation.co.uk*
*www.penninewayaccommodation.co.uk*
*Mr. Keith Turnbull*
⌇ 8; £ 10pp; Breakfast, Restaurant; ⊞ Take the train or the National Express Bus to Hexham (20km), then the Tyne Valley Coaches route 880 (Bellingham) to Billerley Gate. Then walk along the gated road (ignore 2 left turns), through the farmyard, turn left and follow the track to the bunkhouse (2km).

❖ Hexham, Northumberland.
⏱ All year. ☀ 08:00 – 23:00
A small bunkhouse (max. 6 people) in an isolated location – it is necessary to walk to get to it.
**Discount:** Group discounts available

# Chathill

*Herberge*
**Tackroom Bunkhouse, Annstead Farm**
*Beadnell, Chathill, NE67 5BT,*
☎*0044 1665 720387;*
*Fax: 0044 1665 721494*
*stay@annstead.co.uk*
*www.annstead.co.uk*
*Ms. Susan Mellor.*
Per bed – £ 10 per adult, £ 7 under 12's. Childrens prices also available; ⊞ Bus 0.5 miles, train 15 miles. ❖ Beadnell
⏱ Easter to 30th Sept. ☀ Telephone calls taken from 7 a.m. until 9 p.m.

# Whitby

Rund 75 km nordwestlich von York. Ein hübscher kleiner Fischerort, überragt von der Ruine einer Abtei, die, eingebettet in den dazugehörigen Friedhof, auf der Spitze eines gezackten Felsens thront. Die Sage erzählt, daß hier Graf Dracula den Fuß auf englischen Boden setzte. Dementsprechend gibt es reichlich Geschäfte mit Masken und finsteren Grimassen. Und was wir uns noch haben sagen lassen: Captain Cook stach von Whitby aus in See.

**Verkehrsamt:** Tourist Information Centre, Langborne Road, Whitby, Yorkshire, YO21 1YN, ☎01947 60 26 74, Fax: 01947 60 61 37

## Unterkunft

*Hostel*

### Whitby Backpackers

*Harbour Grange, Spital Bridge, Whitby,
YO22 4EF,* ☎*0044 1947 600817*
*backpackers@harbourgrange.co.uk*
*www.whitbybackpackers.co.uk*
*Ms. Birgitta Ward-Foxton*
⌐ 24, 5 dorms; From £ 12 (in dorm);
🚌 Buses from York, Middlesborough or
Scarborough; train from Middlesborough.
❖ Scarborough and York
🕐 All year. 👁 8 a.m. – 10 a.m., 4 p.m. –
9 p.m.
☞ 11.30 p.m.
☺ IHG
Well situated on the River Esk in Whitby
itself, a 10 minute walk from bus and
train station and the beach. Good self-
catering facilities, a dining room and a
TV lounge. Non-smoking premises.

## Scarborough

Traditionsreiches See- und Thermalbad
an der englischen Ostküste mit zwei
ellenlangen Sandstränden, deren Ruf
selbst wasserscheue Landratten kaum
widerstehen werden. Saust man die 150
m lange Wasserrutsche hinunter, so landet man in einem angenehm temperierten
Becken. Theaterfreunde, des Englischen
mächtig, können sich auf eine Vorstellung im *Theatre in the Round* freuen.
Naturfreunden hat das Seebad in der Verlängerung des Nordstrandes einen land-
schaftlich reizvollen Küstenpfad zu bieten: der *Cleveland Way* (150 km); von
Helmsley an Rieveulx Abbey vorüber,
mit atemberaubenden Ausblicken über
das Vale of York, nördlich bis Saltburn

und dann die Küste entlang bis Scarborough. Bauernhöfe und menschenver-
lassenes Ödland wechseln einander ab.
Hält man sich von Scarborough kom-
mend links, trifft man wieder auf von
Busse befahrene Straßen, die einen über
Scalby zum Ausgangspunkt Scarborough
zurückbringen.

## Nützliche Anschriften

**Verkehrsamt:** Tourist Information
Centre, Unit 3 Pavilion House, Scarborough, Yorkshire, YO11 1UY,
☎01723 37 33 33, Fax: 01723 36 37 85

## Unterkunft

*Jugendherberge*

### Scarborough Youth Hostel The White House

*Burniston Road, Scarborough, YO13
0DA,* ☎*0870 770 6022;*
*Fax: 0044 1723 500054*
*scarborough@yha.org.uk*
*www.yha.org.uk*
⌐ 48; Under 18 years old £ 9.95, adults
£ 13.95 in dorms.
▦ yes; Breakfast, Restaurant; 🚌 Buses
to Scarborough.
🕐 Easter to the end of Oct. 👁 08:00 –
10:00 und 17:00 – 22:00
☞ 23:00; ☺ HI
A 400 year old former water mill in a
riverside location with small rooms and a
relaxed atmosphere.

## Harrogate

**Verkehrsamt:** Tourist Information
Centre, Royal Baths Assembly Rooms,
Harrogate, Yorkshire, HG1 2RR,
☎01423 53 73 00, Fax: 01423 53 73 05

## Unterkunft

*Hostel*
**West End Outdoor Centre**
*West End Summerbridge, Harrogate,*
*HG3 4BA,* ☎ *0044 1943 880207;*
*Fax: 0044 1943 880207*
*m.verity@virgin.net*
*www.westendoutdoorcentre.co.uk*
*Mr. John Verity*
↙ 30, 9 bedrooms; £ 10 pppn, discount
for group booking; ⊞ No.
❖ Harrogate
☺ All year; ☺ Tourist Board 3 Star
Hostels
Twelve miles from Harrogate and
Skipton. Full central heating.

## York

Von allen größeren Provinzstädten Englands ist York eine der attraktivsten. Sie
hat's am besten verstanden, die Atmosphäre der mittelalterlichen Siedlungen
jenseits des Ärmelkanals zu bewahren.
Noch heute gelingt es der einstigen
mächtigen Metropole im Norden Englands, das Aussehen, das sie schon unter
der Herrschaft der Tudors zeigte, originalgetreu wiederzugeben. Ihre ver-
schlungenen Gäßchen und ihre zahllosen
Fachwerkhäuser bilden den Rahmen um
die stolze Kathedrale, des »Minster«
(Münster), an dessen hoch emporragen-
der Silhouette man die Stadt schon von
weitem erkennt. Wer durch die Gassen
schlendert, sollte immer wieder mal
einen Blick nach oben riskieren: Teufel
und sonstige Ungeheuer zieren die Bal-
ken, beispielsweise am Haus 3 Stonegate.

## Nützliche Adressen

**Verkehrsamt:** De Grey Rooms, Exhibition Square. ☎ 62 17 56

**Postamt***: 22 Lendal (Plan B1).

**Busbahnhof:** Rougier St. (Plan B2).

## Unterkunft

*Herberge*
**York Youth Hotel**
*11/13 Bishophill Senior, York, YO23*
*1LG,* ☎ *0044 1904 625904; Fax: 0044*
*1904 612494*
*info@yorkyouthhotel.com*
*www.yorkyouthhotel.com*
*Ms. Maureen Sellers.*
Dorm from £ 12, twin dorm £ 38, single
£ 25, family of 4 £ 46.
🅱 All major credit cards; Breakfast,
Restaurant;
⊞ All means of transport.
❖ York city center
☺ All year. ☻ 8 a.m. – 9 p.m.
☺ Independant Hostels
Located in the city centre. A beautiful
converted Georgian town house, close to
all the tourist attractions with a shop, kitchen, laundry, night porter, TV lounge
and all the usual facilities. Suit-able for
backpackers, families, and school / stu-
dent groups.
**Discount:** 10%

## Burnham Deepdale

*Herberge*
**Deepdale Backpackers and Cam-
ping**
*Deepdale Farm, Burnham Deepdale,*
*PE318DD,* ☎ *0044 1485 21 02 56 56;*
*Fax: 0044 1485 21 01 58*

*info@deepdalefarm.co.uk*
*www.deepdalefarm.co.uk*
*Mr. Jason Borthwick.*
Bunk – £ 10.50 pppn, twin room – £ 27 pppn.
⊞ Visa, Mastercard, Delta and Maestro; Restaurant offering breakfast and lunch, local pubs offer evening meals; 🚌 Coast Hopper bus stops at the doorstep, which connects to trains and coaches at King's Lynn from London and the Midlands.
❖ Hunstanton and, Wells-next-the-Sea
🕐 All year. 👁 Anytime after 2pm any day.
☺ Nomads, VIP Backpackers, Independent Hostel Guide

In the heart of Burnham Deepdale. This beautiful village is by the sea in an Area of Outstanding Natural Beauty.
Deepdale is an eco-friendly backpackers hostel, with dorms and twin / double rooms, which all have en-suite shower rooms.
All bedding is provided, you just need a towel. The hostel is centred around a partially covered old stable courtyard and the buildings date back to 17th century. They've been restored in the traditional style, and where possible „green" technologies have been used to reduce the environmental impact.
**Discount:** 10%

*www.interrailers.net*
*Website für alle InterRailer – mit tausend Tipps und Tricks rund ums Thema Europa aus der Schienenperspektive*

# WALES

Berge und Meer: das erwartet uns auf unserem Streifzug durch *Cymru*, wie die keltischsprachigen Waliser ihre Heimat nennen. Im Süden und Westen einladende Sandstrände, gebirgiges, unzugängliches Land in der Mitte und im Norden. Die *Cambrian Mountains* erreichen im *Snowdon* mit 1085 m hier ihre höchste Erhebung. Bei den »walisischen Alpen« handelt es sich um uralte geologische Formationen, heute von Seen, Wasserfällen, Wäldern und kargen Hochflächen bedeckt, die dem Land seinen unverwechselbar rauhen Charakter verleihen. In den Cambrian Mountains beherrschen Schafe das Bild, deren Wolle in ganz Europa für ihre Güte bekannt ist. Die frei umherstreunenden Herden können vor allem Autofahrern gefährlich werden, da sie in aller Seelenruhe die Straße überqueren, ohne auch nur einmal nach links oder nach rechts zu schauen.

Bevor wir's vergessen: lukullischer Leckerbissen dieses Landes ist der *Bara Brith*, ein über Nacht in Tee getauchter Fruchtkuchen. Lauch (leek) ist das Gemüse des Landes, und wenn er nicht gerade auf den Tisch kommt, dann stecken die Waliser eine Stange an ihr Rever – jedenfalls am 1. März, dem St. David Tag. Lauch ist auch das Emblem der Welsh Guards, zum Gedenken des Heiligen, der im 6. Jh. lebte und sich nur von Grünzeug ernährte.

## Geschichte

Seit 1282 gehört Wales zu Großbritannien. *Eduard I.* zwang das walisische Volk unter die englische Knute, nachdem er den letzten Prinzen von Wales, Llewellyn ap Gruffuydd, besiegt hatte. Um seine Macht auf eine solide Grundlage zu stellen, ließ er an etlichen strategischen Punkten des Landes Zwingburgen aus dem Boden stampfen, natürlich ohne auch nur einen einzigen Gedanken daran zu verschwenden, daß diese Jahrhunderte später zu bevorzugten Ausflugszielen für in- und ausländische Touristen würden herhalten müssen. Getreu besetzungspolitischer Grundsätze siedelte er ergebene Händler und Rechtskundige in zahlreichen walisischen Städten an und verdrängte damit Einheimische von ihren einflußreichen Posten. Die Rechnung ging auf: bis heute war die englische Autorität in Wales nie ernsthaft in Gefahr. Dabei hatten sich die Waliser bis dahin so tapfer gegen römische und sächsische Besatzer geschlagen. Der Sachsenkönig Offa sah sich im 9. Jh. sogar gezwungen, einen Wall *(dyke)* gegen Übergriffe walisischer Krieger zu errichten, nachdem er jahrelang vergeblich versucht hatte, Wales zu erobern. Letzte Reste dieses Walls an der walisisch-englischen Grenze sind heute noch zu besichtigen. Ein Wanderweg hält die Erinnerung an den entnervten Sachsenherrscher aufrecht: der *Offa's Dyke Path*.

*Heinrich VIII.* sicherte schließlich 1536 auf rechtlicher Ebene endgültig die

Union Englands mit seinem westlichen Nachbarn: mit der Unterzeichnung des *Statute of Union*. Die ganze Geschichte wird übrigens in einem der Säle des *Caernarvon Castles* auf anschaulichere Art und Weise erläutert, als uns dies an dieser Stelle möglich wäre.

## Walisische Sprache (Kymrisch)

Walisisch gehört wie Bretonisch, Schottisch oder Irisch zur keltischen Sprachfamilie, und es handelt sich bis auf den heutigen Tag um eine quicklebendige Sprache, von vielen Walisern aller Altersstufen noch gesprochen, was sicher nicht zuletzt darauf zurückzuführen ist, daß der keltische Dialekt an allen Schulen auch nachwachsenden Generationen vermittelt wird. Man kann übrigens unbesorgt sein: alle Bewohner Wales sprechen Englisch. Verständigungsprobleme sind nicht zu befürchten, wenn auch das auf Schulenglisch getrimmte Ohr eine Weile braucht, um sich an den walisischen Akzent zu gewöhnen. Die Waliser sind freundliche und (normalerweise) gemütvolle Zeitgenossen: wer etwas nicht verstanden hat, sollte ruhig auch ein zweites Mal nachhaken! Unter Major wurde Ende 1992 übrigens das Walisische neben Englisch als Amtssprache eingeführt. Alle Ortsschilder und Wegweiser sind zweisprachig beschriftet, die Unterschiede beträchtlich. Cardiff heißt auf Walisisch beispielsweise Caerdydd. Also dann: »Welcome in Wales« »Croeso i Gymru«

## Eisteddfods

Die Waliser sind ein Volk der Geschichtenerzähler, Dichter, Sänger und Schau-spieler. Die Tradition der mündlichen Überlieferung besteht fort und ließe sich wohl bis in die Zeit der Druiden zurück-verfolgen. In Anbetracht dieses – ihrer Meinung nach – Überangebots an fahren-den Sängern, wollte *Elisabeth I.* endlich einmal für Ordnung sorgen und richtete die sogenannten *Eisteddfods*-Treffen ein, wo das bunte Völkchen aus Bänkelsän-gern, Geschichtenerzählern und Minne-sängern höchst offiziell zusammenkom-men sollte. Diese Treffen haben die Zeit überdauert und locken heute Neugierige gleich scharenweise an.

## Historische Baudenkmäler

Der Verband *Welsh Historic Monuments* bringt für jede Region Broschüren her-aus, in denen alle sehenswerten Bau-denkmäler und historische Stätten kurz beschrieben und mit einer Abbildung versehen werden. Ausgabestellen für diese *Castle and Historic Places* titulier-ten Infomaterialien sind wie immer die örtlichen Verkehrsämter. Der *National Trust* backt seine eigenen Brötchen für die von ihm verwalteten Sehenswürdig-keiten. Sich einfach im nächstbesten Fremdenverkehrsamt erkundigen.

## Cardiff

Erst seit 1955 offizielle Verwaltungs-hauptstadt von ganz Wales – böse Zun-gen behaupten »Sitz der Kolonialverwal-tung« im dichtbesiedelten Industriestrei-fen an der Südküste. Mit der Ausfuhr von Kohle kam im 19. Jh. Geld in die Stadt. Um den Ausbau von Hafen und Dockan-lagen hat sich insbesondere eine Familie namens Bute verdient gemacht. Dieselbe Familie ließ auch im 19. Jh. die Cardiffer

Burg wieder aus ihren Trümmern erstehen, wobei man die unterschiedlichsten Stilrichtungen ungeniert zusammenwürfelte.

## Nützliche Adressen

**Wales Tourist Board:** Brunel House 2 Fitzalan Rd, Cardiff South Glamorgan, CF24 0UY, ☎+(44) (0) 8701 211255, www.visitwales.com

**Verkehrsamt:** Cardiff Tourist Information Centre, The Old Library, The Hayes, Cardiff, Wales, CF10 1ES, ☎029 2022 72 81, F 029 2023 91 62

**Busse:** Wood St. 371 und 331. Die beiden Bahnhöfe liegen nur einen Steinwurf auseinander.

**Postamt:** West Gate St., Nähe Hill St. Ein weiteres an der Queen St.

**Konsulat der BRD:** c/o ACTAIR, Penarth Rd, ☎0044 29 20 34 55 11.

**Fahrradvermietung:**
*Forest Farm*, 304 Cairphilly Rd, ☎751 235; auch Wandertouren
*Mike Thane's Garage*, 9 Castle Street, gegenüber der Burg, ☎623 854
*Free Wheel,* 667 049, Fax: 238 197

## Sehenswertes

**Cardiff Castle:** nimmt den Platz einer römischen Siedlung ein. Übriggeblieben ist ein Turm aus dem 13. Jh., während die Gesamtheit der zu besichtigenden Säle auf das 19. Jh. zurückgeht und von einem gewissen *Lord Bute* beim Architekten W. Burges in Auftrag gegeben wurde, der mit schmückenden Details nicht geizte. Heraus kam ein stilistisches und kunstgeschichtliches Kuddelmuddel,

vor dem man damals nicht zurückschreckte. *Crazy*, das Ganze!

**National Museum of Wales:** in der Nachbarschaft der City Hall und in Sichtweite von Cathay's Park. Eintrittspflichtig. Montags ganztägig zu. Zunächst das Erdgeschoß: Steine in Hülle und Fülle mit lateinischen und runenartigen keltischen Inschriften, wie sie überall in Irland und Wales vom 5. bis ins 7. Jh. angefertigt wurden. Eine Treppe höher die Gemäldegalerien: darunter englische Landschaftsmaler wie Constable und Turner, aber auch französische Impressionisten, insbesondere die stark vertretene Schule von Barbizon, einem Weiler etwas südlich von Paris bei Fontainebleau. Daneben ziert auch Zeitgenössisches die Ausstellungssäle. Lohnt einen Umweg; verschnaufen kann man anschließend im öffentlichen Park.

**Chapter Arts Centre:** Market Rd, Nähe Cambridge Rd; ☎39 60 61. Quirliges Kulturhaus, wo Ausstellungen, Videoshows, Experimentalkino, Tanz-, Theater- und Jazzveranstaltungen sich einander ablösen. Kurz: in dem ehemaligen Schulgebäude geht das ganze Jahr über die Post ab.

**Sherman:** Shenghennydd Rd (Plan B1), nahe der Universität. Weiteres Kulturzentrum mit zwei Theatersälen, Kino und anderem mehr.

**Cardiff Arms Park:** *National Rugby Stadium.* Das Stadion thront an prominenter Stelle mitten in der Stadt, gegenüber der Burg. Nicht zu übersehen, von allem an Spieltagen ... wobei die sportbegeisterten Menschenmassen vergleichsweise diszipliniert aber fest entschlossen zusammenströmen.

**Cardiff Male Voice Choir:** öffentliche Proben Mittwoch- und Freitagabends ab 19.30h. Wo? In der Radnor Road School, unweit der Cambridge Road.

**Jazzfestival** in der zweiten Augusthälfte.

**Blue Anchor:** in Rhoose, einem Dorf in der Nähe des Flughafens von Cardiff. Der letzte Bus fährt, nachdem der Pub seine Pforten geschlossen hat. Es handelt sich um den besten Pub in Südwales mit Strohdach und exklusiven *real ales*.

## Unterkunft

*Hostel*

### Cardiff Backpacker Hostel

*98, Neville Street, Riverside, Cardiff, CF11 6LS,* ☎*0044 2929 345577; Fax: 0044 2923 0404 info@cardiffbackpacker.com www.cardiffbackpacker.com Mr. Sion Llewelyn.*
Dorm £ 16, single £ 24, double £ 38, triple £ 48.
🚻 yes; Breakfast
🕐 All year. 👁 07:30 – 02:30
☺ Hostels of Europe

*Hotel \*\**

### Preste Gaarden Hotel

*181 Cathedral Rd., Cardiff, CF119PN,* ☎*0044 29 2022 8607; Fax: 0044 29 2037 4805 stay@cosycardiffhotel.co.uk www.cosycardiffhotel.co.uk Ms. Sarah Nicholls*
🛏 10; Single from £ 32, double from £ 46; Breakfast; 🚌 Bus stop is 30 min. away.
🕐 All year. 👁 08:00 – 22:00
☺ WTB

The hotel was formerly a Norwegian Consulate and offers a lot of old-world charm with the benefit of modern facilities.
**Discount:** 10%

*Jugendherberge*

### YHA Cardiff Youth Hostel

*2 Wedal Rd, Cardiff, CF14 3QX,* ☎*0870 770 5750; Fax: 0044 292 0464571 cardiff@yha.org.uk www.yha.org.uk Ms. Hilary Davies.*
£ 17.50 adults, £ 13.95 U18.
🚻 yes; Breakfast, Restaurant; 🚌 Bus 28, 29.
🕐 All year. 👁 7:00 – 22:00
☺ IYHF

*Pension*

### Town House

*70 Cathedral Road, Cardiff, CF11 9LL,* ☎*0044 29 2023 9399; Fax: 0044 29 20223214 thetownhouse@msn.com www.thetownhousecardiff.co.uk Ms. Paula Mullins*
🛏 8 bedrooms; Single en-suites from £ 45, double / twin en-suites from £ 59.50, family / triple en-suites from £ 79.50. All the above are prpn and include full breakfast.
🚻 MC, Visa, Amex, Debit or Switch; Breakfast;
🚌 Bus and train close at hand.
🕐 All year. 👁 13:00 – 20:00
☺ WTB, BTA, Wales Great Little Places.
**Discount:** 10%

# Erwood

### Trericket Mill

*Trericket Mill Vegetarian Guesthouse, Bunkhouse and Camping Erwood, Builth Wells, LD2 3TQ,* ☎*0044 1982 560312 mail@trericket.co.uk www.trericket.co.uk Alistair and Nicky Legge*
Single from £ 14.50 (S / C), double from £ 12 (S / C), dorm from £ 10 (S /C); Breakfast, Restaurant; 🚌 Limited public transportation.
❖ Brecon
🕐 All year. 👁 16:00 – 23:00
☺ ABO
A range of accommodation appealing to the environmentally aware:
Camping in a cider orchard, cosy bunkrooms sleeping up to four and en-suite B&B rooms. All catering vegetarian, using wholefood, organic, free-range and fair trade produce wherever possible. Des-ignated site of special scientific interest in the upper Wye valley. Good stop-over on the Wye Valley Walk and Sustrans Cycle Route 8.
**Discount:** 5% for one night, 10% on stays of 2 nights or more

# Brecon

Im wildromantischen Land der *Brecon Beacons.*

### Nützliche Anschriften

**Verkehrsamt:** Cattle Market Car Park; ☎01874-62 24 85, Fax: 01874 625256

**Mountain Centre:** Libanus, an der A 470; ☎01847-36 66. Zuständig für Auskünfte aller Art zu Bergwanderungen. Alle Wanderkarten vorrätig.

### Sehenswert

**Städtisches Museum:** unverkennbar englisch in seiner abwechslungsreichen Zusammenstellung, aber durchaus sehenswert.

**Bis zur Kathedrale bergan stiefeln:** im Inneren ein prächtig gemeißelter Chor, rundum Friedhof, Gärten, Kreuzweg etc.

Wanderungen im *Nationalpark* braucht man wohl nicht eigens anzupreisen. Die Wege verlaufen im Höhenbereich von 500-800 m, so daß auch Ungeübte gut zu Potte kommen werden.

### Unterkunft

*Gruppenunterkunft*
### Glynmeddig Barn
*Pentrefelin, Brecon, LD3 8UA,* ☎*0044 1874 638949; Fax: 0044 1874 63 80 80 goodmaughaning@btinternet.com www.glynmeddigbarn.co.uk Ms. Nicola Maughan.*
🛏 20, 8 bedrooms; £ 15 pppn – self catering, With all the beds made up the rate for a 2-night weekend is £ 775; 🚌 Local buses.
❖ Brecon
🕐 All year. 👁 9:30 a.m. – 3:30 p.m.
☺ Association of Bunkhouse Operators
The house is let out to groups. There is a large dining / sitting room, well equipped kitchen, games room, all-weather tennis court.
**Discount:** 5%

*Herberge / Hostel*
### Bikes and Hikes
*10 The Struet, Brecon, LD3 7LL,*

☎ *0044 1874 61 00 71*
*info@bikesandhikes.co.uk*
*www.bikesandhikes.co.uk*
*Mr. Keith Lee.*
⤴ 12; £ 12.50 per bed pn; 🚌 Bus or
National Express coach.
❖ Brecon
🕐 All year. ☻ 09:00 a.m. – 7:00 p.m.
Bikes and Hikes is a large Georgian town
house close to all amenities and the
National Park. There are 3 twin rooms as
well as a dorm sleeping 6, a large kitchen
area, a drying room and good on premises bike storage. The owner and his wife
are outdoor activity instructors and can
give good advice and loan of maps.
There is a fleet of mountain bikes for
hire.

## Pontneathvaughan

*Herberge*
**Clyngwyn Bunkhouse**
*Ystradfellte Rd, Pontneathvaughan,*
*SA11 5US,* ☎ *0044 1639 722930*
*bunkhouse@just-organic.com*
*www.just-organic.com*
*Mr. Alan Clements.*
£ 10 – £ 12 per bed pppn; Breakfast,
Restaurant; 🚌 None.
❖ Glyn Neath
🕐 All year. ☻ 9 a.m. – 6 p.m.
☺ ASE, ABO, WTB
**Discount:** 5%

## Swansea

In der zweitgrößten walisischen Stadt
gibt seit dem 16. Jh. die Industrie den
Ton an: Kohle, Zinn, Kupfer, zu denen
sich in diesem Jahrhundert Erdölraffine-
rien gesellten. Swansea bildet überdies
aber auch das Tor zur Halbinsel Gower,
die ihren Namen jenem Bischof aus dem
14. Jh. verdankt, der lange Jahre in der
Kathedrale von Saint David residierte.
Zugegeben: damit lockt man heutzutage
kaum noch einen Hund hinter dem Ofen
hervor. Ganz anders, wenn der Name des
renommierten walisischen Dichters
*Dylan Thomas* (1914-1953) fällt, der in
Swansea das Licht der Welt erblickte.
Wem nicht mal der etwas sagt: schon mal
was von Bob Dylan gehört? Der zählte
nämlich zu den Bewunderern seines
literarischen Nachlasses – vornehmlich
neuenglische Lyrik von barocker, surrea-
listischer Metaphorik: »Unter dem
Milchwald« 1954; »Am frühen Morgen«
1957 – und nahm kurzerhand den Namen
seines Lieblingsschriftstellers an, als er
nach einem wohlklingenden Künstler-
namen suchte.
### Brauchbare Adressen

**Verkehrsamt:** Swansea Tourist Information Centre, Plymouth Street, Swansea, Wales, SA1 3QG, ☎ 01792 46 83
21, Fax: 01792 46 46 02

**Hauptpostamt:** Wind St.

**Bahnhof:** High Street; ☎ 46 77 77

**Busbahnhof:** Quadrant Bus Station;
☎ 47 55 11

## Sehenswertes

### Maritime and Industrial Museum:
verdeutlicht in vielgestaltiger Weise die
industriell geprägte Vergangenheit von
Stadt und Umland. Unter den Ausstel-
lungsstücken ausgediente Webstühle,
Dampfmaschinen aller Art, bemerkenswerte alte Motorräder etc., all das ist in
einer früheren Lagerhalle untergebracht.

**Dylan Thomas:** Uplands Trail. Statt sich um Mitternacht auf dem Friedhof von Laugharne herumzutreiben, in der Hoffnung, das Grab des Dichters werde sich öffnen und sein Geist sich mit Freundin ablichten lassen, sollte man lieber zum Verkehrsverein traben und dort die Gratisbroschüre über D.T. verlangen, die jedem wertvolle Dienste leistet, der auf den Spuren des Dichter wandeln möchte. D.T. qualifizierte seine Heimatstadt übrigens als *ugly lovely town*. Die spinnen, die Poeten ... Gegenvorschlag: schnurstracks in die nächste Ortschaft auf der Halbinsel fahren, wo Thomas viele Stunden damit zugebrachte, von einem Pub in den anderen zu wanken. Herrschte in seinem Geldbeutel Ebbe, zahlte er auch schon mal mit einem Manuskript! Auch wir haben das des öfteren versucht, stießen aber nirgendwo auf Verständnis.

## Unterkunft

*Pension*

**Coast House**
*708 Mumbles Road Mumbles, Swansea, SA3 4EH,* ☎*0044 17 92 36 87 02*
*thecoasthouse@aol.com*
*Ms. Janet and Len Clarke;*
⌁ 6 rooms
2003 prices: single en-suite between £ 23 and £ 30, double en-suite between £ 42 and £ 46 (2 people sharing); Breakfast; 🚌 Bus, ⏱ 08.01.-30.11.
The Coast House has good views over Swansea Bay.

---

**Läuse knacken, na und?**
http://shop.interconnections.de

---

# Carmarthen

## Nützliche Anschriften

**Verkehrsamt:** Carmarthen Tourist Information Centre, 113 Lammas Street, Carmarthen, Wales, SA31 3AQ, ☎01267 23 15 57, Fax: 01267 22 19 01

## Unterkunft

*Herberge*

**Pantyrathro Country Inn and International Hostel**
*Llansteffan, Carmarthen, SA335AJ,* ☎*0044 1267 241014;*
*Fax: 0044 1267 241014*
*kenknuckles@hotmail.com*
*www.pantyrathrocountryinn.co.uk*
*Mr. Ken Knuckles.*
£ 12 per bunk, double room £ 26 for two; Restaurant; 🚌 Buses from Carmarthen and a regular bus and train service from London and Southern England.
❖Carmarthen
⏱ All year. 👁 9 a.m. – 2 a.m.
☺ Independent Hostel Association
Facilities: A self-catering kitchen, a TV lounge, laundry facilities, hot showers and the internet. Two Mexican bars offer pool, darts, TV, weekly drink specials and food.
**Discount:** 10%

# Pembroke

Alte Festungsstadt im Schutz einer Burg aus dem 12. Jh.

## Nützliche Adresse

**Verkehrsamt:** Pembroke Visitor Centre, Commons Road; ☎01646 622388, Fax: 01646 62139

## Sehenswert

**Pembroke Castle:** die Bauarbeiten für die Küstenfestung wurden bereits 1207 in Angriff genommen. Im Jahre 1648 ließ Cromwell sie schleifen, und es sollten Jahrhunderte vergehen, bis *Pembroke Castle* wieder im alten Glanz erstrahlte (1928). Inzwischen vergnügen sich Touristen beim Versteckspiel in den labyrinthartigen restaurierten Sälen. Wer also ein Faible für verwunschene Burgen mit geheimen, mysteriösen Gängen hat und alte Kindheitsfantasien wiederaufleben lassen will, sollte sich das Gemäuer keinesfalls entgehen lassen. Man fühlt sich wie in einem Ritterfilm, wenn man den Irrgarten von Treppenauf- und Abgängen, von geheimen Gängen durch die Außenmauer, von unzähligen Räumen in den Türmen mit den verschiedenen Aus- und Eingängen, durchstreift. Allerdings darf man nicht erst um 16 h antanzen, denn die Besichtigung nimmt zwei Stunden in Anspruch. Ein Paradies für große und kleine Kinder. Es handelt sich übrigens um die Geburtsstätte *Heinrich Tudors*, der 1485, nach dem Sieg über *Richard III.*, als *Heinrich VII.* die Krone des Königreichs übernahm.

## Unterkunft

*Hotel*

### Coach House Hotel
*116 Main Street, Pembroke, SA71 4HN, Dyfed Wales,* ☎ *0044 01646 684602, Fax: 0044 01646 687456*
⌐ 13; Single from £ 45, double from £ 70
▥ Master Card, Visa, Maestro (Switch) The hotel is situated in the historical town of Pembroke.
The hotel was once an old Coaching Inn dating back to mediaeval times. It is said that many visiting gentry rested at the Coach House before continuing their journey. The gardens of the coach house run down to the Mill Pond and a well preserved tower, part of Pembroke's town wall. The Coach House has recently been refurbished to a high standard but its mediaeval character and charm has been preserved, allowing travellers all the luxury in a very historical hotel. Single, double and family rooms available.

## Fishguard

Anfahrt über Goodwick, hoch über dem in einer Bucht Schutz vor den Stürmen des Atlantiks suchenden Tiefseehafen, wo meist eine Sealink-Fähre nach Irland ankert. Der bescheidene Fischereihafen Lower Fishguard und die Hafenstadt selbst verstecken sich auf der anderen Seite des Hügels: Main Street und Market Square.

## Nützliche Adresse

**Verkehrsamt:** Fishguard Town Tourist Information Centre, The Square, Fishguard, SA65 9HA, ☎ 01348 87 34 84, Fax: 01348 87 52 46

## Unterkunft

*Herberge*

### The Ferryboat Inn and Restaurant
*Manor Way, Dyffryn, Goodwick, Fishguard, SA64 0AE,* ☎ *0044 01348 874747, Fax: 0044 01348 874748*
*info@ferryboatinn.co.uk*
*www.ferryboatinn.co.uk*
*Denham & Michele Gregory*

Single from £ 25-£ 35, double / twin from £ 40 – £ 60, family rooms from £ 50 – £ 75; Restaurant
❖ Fishguard Harbour
▣ Visa, Master Card. Also Travellers Cheques and Euro Cheques.
The Inn, Fishguard, is a family run traditional Welsh Inn, offering accommodation, a fully licensed restaurant specialising in fish and steak, and a fully Licensed Bar, serving Welsh beers.
**Discount:** 5%

## Llandysul

*Herberge / Hostel*
**The Long Barn Penrhiw**
*Capel Dewi, Llandysul, SA44 4PG,*
☎*0044 1559 363200;*
*Fax: 0044 1559 363200*
*cowcher@thelongbarn.co.uk*
*www.thelongbarn.co.uk*
*Ms. Eva Cowcher.*
⌁ 34; Under 18 £ 5.50 pppn, over 18 £ 7.50 pppn.
❖ Carmarthen
🕒 All year; ☺ IHG

## Rhiw-yr-Hwch

*Herberge / Hostel*
**Old Stables Bunkhouse**
*Rhiw-yr-Hwch, Llandovery, SA20 0HG*
☎*01550 720856; Fax: 01550 720856*
*dave@outdoorliteventures.co.uk*
*www.outdoorliteventures.co.uk*
*Ms. Pauline Nutt;*
⌁ 11
£ 12 pppn, bunkhouse, breakfast £ 4, evening meal £ 10, packed lunches on request; Breakfast, Restaurant; 🚆 Train
🕒 All year, 👁 24 hours

☺ ABO
Converted stables on 200 year old farm (non working). Living room, kitchen, 2 shower rooms, 3 bedrooms containing 4 + 4 + 3 beds. All meals freshly prepared by owner.

## Aberystwyth

Keine Angst, ist ganz leicht, wenn man's ausspricht wie »aberistwith« mit Betonung auf »rist« Was sich dahinter verbirgt, ist durchaus reizvoll. Es ist die geistige Hauptstadt an der Westküste von Wales. Zu sehen gibt es hier alte Schlösser, Schulen, Colleges eine Universität und die Walisische Nationalbibliothek. Der Hauptort der Grafschaft mauserte sich dank seiner weiten Sandstrände zu einem Seebad ersten Ranges mit dem Schwergewicht auf Touristen im fortgeschrittenen Alter. Wer also etwas erleben möchte, meide die vorlesungsfreie Zeit.

### Nützliche Adressen

**Verkehrsamt:** Aberystwyth Tourist Information Centre, Lisburne House, Terrace Road, Aberystwyth, Ceredigion, SY23 2AG ☎01970 61 21 25. Fax: 01970 62 65 66

**Postamt:** 8 Great Darkgate St.

**Züge und Busse:** Alexandra Rd.

**Keltische Buchhandlung:** North Parade.

### Unternehmungen

Malerischer, bunter **Montagsmarkt,** der scharenweise Bauern aus der Umgebung anzieht.

## Unterkunft

*Herberge*
**The Cambria**
*Marine Terrace, Aberystwyth, Ceredigion, SY23 2AZ,* ☎*01970 626 350;*
*Fax: 01970 625 577*
*info@thecambria.co.uk*
*www.thecambria.co.uk*
⌁ over 50, Single room £ 15 – £ 25 pn, twin £ 25 – £ 35 pn.
☺ during July and August for travellers,
◉ 24 hours
Beautiful historic building. The Cambria unifies an uplifting combination of history and contemporary thinking to make its conferencing and business environment a truly unique experience. The top three floors of the Cambria plays host to accommodation for students of the University of Wales Aberystwyth during term time and summer accommodation during July and August for those travelers and holiday makers looking for budget accomodation in a beautiful location by the sea.

## Holyhead

Hauptort der Insel Anglesey, über den man gleich zu Beginn stolpert.

## Nützliche Anschriften

**Verkehrsamt:** Holyhead Tourist Information Centre, Stena Line, Terminal 1, Holyhead, Isle of Anglesey, LL65 1DQ, ☎01407 76 26 22, Fax: 01407 761462

## Unterkunft

*Gruppenunterkunft*
**Outdoor Alternative Cerrig yr Adar**
*Rhoscolyn, Holyhead, LL65 2NQ,*

☎*0044 1407 860469*
*centre@outdooralternative.org*
*www.outdooralternative.org*
*Mr. Ian Wright.*
⌁ 36; £ 19.45 – £ 24.90 for self – caterers; Breakfast, Restaurant; 🚌 To within 1.5km
☺ All year. ◉ Waking hours.
The centre has been in operation for 17 years, providing accommodation for groups who visit Holy Island.
**Discount:** for groups staying 3 nights or more.

## Llanfairfechan

*Herberge*
**Y Gelli**
*Aber Road, Llanfairfechan, Conwy, LL33 0HR,* ☎*01248 680 643,*
*Fax: 01248 680 888*
*mail@y-gelli.co.uk*
*www.y-gelli.co.uk*
⌁ 3; Single en-suite £ 25 pppn, family (double / single) en-suite £ 22.50 pppn, junior Suite dressing room en-suite £ 25 pppn; breakfast
🚌 Bus, nearest bus stops for either direction are within 20 metres.
Family-run Guest House offering bed and breakfast North Wales, established for over 20 years, and situated in its own extensive grounds on the edge of Llanfairfechan, an unspoiled Victorian seaside town on the North Wales coast. Owners are Annwen & Arwel Owen.

## Betws-Y-Coed

Ein Mekka für Wanderfreunde! Das Wegenetz ist vorschriftsmäßig markiert, geeicht und kartographisch aufbereitet. In

der Stadt selbst herrscht dichtes Gedränge. Nach einem einstündigen Spaziergang jedoch, besonders wenn mit einigen
harmlosen Kletterpassagen verbunden,
leisten einem nurmehr Schafe Gesellschaft. Sogar an den Swallow Falls ganz
in der Nähe, wohin es immerhin etliche
Familien verschlägt, läßt sich's aushal-
ten: nach Besichtigung der Wasserfälle
wetteifern die Cafés mit guten Ideen, wie
den durchgefrorenen Touristen – wir
befinden uns immerhin in mittlerer
Höhenlage – wieder auf die Beine gehol-
fen werden könnte.

## Nützliche Anschriften

**Verkehrsamt:** Tourist Information
Centre, Royal Oak Stables, Betws-Y-
Coed, Wales, LL24 0AH, ☎01690 71 04
26, Fax: 01690 71 06 65

## Unterkunft

*Herberge*

### The Eagles
*Penmachno, Betws-y-coed, LL24 0UG,*
☎*0044 1690 760177;*
*Fax: 0044 1690 760178*
*inn@eaglespenmachno.co.uk*
*www.eaglespenmachno.co.uk*
*Mr. Gerry Mcmorrow.*
£ 14 pppn, groups of 10 or more £ 12.50,
entire bunkhouse (sleeps 28) £ 280,
breakfast £ 3.50.
yes; Breakfast; 🚌 Directly accessible
by bus; train station 4 miles away.
❖ Snowdonia
🕐 All year. 👁 24 hours
Luxury bunkhouse in a country pub – all
rooms centrally heated, bed linen and
duvets included.
**Discount:** 10%

*Herberge / Hostel*

### Lledr House
*Pont-y-Pant, Dolwyddelan, LL25 0DQ,*
☎*0044 1690 750202*
*www.ukyh.com*
*Lledrhouse@aol.com*
*Mr. Brian Quilter.*
All rooms are £ 11 pp. Any persons sha-
ring a double bed in a private room pay
£ 12 pp;
🚌 Train or bus.
❖ Betws-y-Coed
🕐 All year with the exception of Christ-
mas week and New Year's week.
👁 5:00 p.m. – 11:00 p.m.
**Discount:** 10%

# Bala

Am Nordende des Bala-Lake, jenes größten natürlichen Sees in Wales, unter dessen Wasseroberfläche der Legende nach
ein versunkener Palast verborgen ist,
erreichen wir das Städtchen Bala, welches sich aus nicht viel mehr als einer
Hauptstraße und etlichen Pubs zusam-
mensetzt.

## Nützliche Anschriften

**Verkehrsamt:** Bala Tourist Information
Centre, Pensarn Road, Bala LL23 7NH,
☎01678 52 10 21, Fax: 01678 52 10 21

## Sehenswertes

Ein See überbietet Bala Lake in seiner
landschaftlichen Pracht: es ist der etwas
weiter südlich gelegene **Vyrnwysee** an
der B 4393. Umgeben von einem ausgedehnten Wald bietet er Ruhe und Erho-
lung. Außerdem kann man zu einem
mäßigen Tarif angeln.

**Llanfor:** weniger als einen Kilometer nördlich von Bala an der A 494. Im 19. Jh. war Richard John Lloyd Price, Besitzer des Anwesens, leidenschaftlicher Spieler und Bon Vivant auf dem besten Wege sein Vermögen zu verprassen. Die Schulden häuften sich im Laufe der Jahre immer mehr an, so daß er zuguterletzt doch begann, sich zu fragen, wo das wohl mal enden solle mit ihm. Ein Adliger, der im Armengrab landete, welch eine Schande für seinen Namen. Am Tag des großen Pferderennens setzte er alles auf eine Karte, d.h. auf sein eigenes Pferd Bendigo. Dieser treue Freund galoppierte tatsächlich als erster über die Ziellinie und rettete so die Ehre seines Besitzers. Letzterer ließ dem Pferd als Dank jenen Grabstein errichten, den man auf dem kleinen Friedhof hinter der Kirche entdeckt.

## Unterkunft

*Herberge*

**Bala Bunkhouse**

*Llanfor, Bala, LL23 7HD,*
☎*0044 1678 520738;*
*Fax: 0044 1678 520738*
*thehappyunion@btinternet.com*
*www.balabunkhouse.co.uk*
*Mr. Guy Williams.*
Staying 2 or more nights £ 10 pppn, single night £ 12 pp; Breakfast; 🚌 Buses from Wrexham and Dolgellau to Bala, 1.5 miles from Bala Bunkhouse.
❖ Snowdonia
🕐 All year. 👁 24 hours
☺ Wales Tourist Board 2 Star
The hostel is set back from the road in over an acre of grounds bounded by a river and a stream. From the Tomen, an ancient Castle Mound, there is a view of the Berwyn Hills; together with the Aran and Arenig hills they provide good hiking. Near the Snowdonia National Park and only a few minutes drive from the lake and white water centre, the location is well suited for outdoor activity groups, be it canoeing, rafting, sailing, fishing, climbing, walking, cycling, riding or golf.

# Corwen

Der Ort selbst ist weniger sehenswert, aber von hier aus läßt sich eine schöne einstündige Wanderung zu einer prähistorischen Festungsanlage auf einem nahegelegenen Hügel mit wunderschönem Blick über das Deetal unternehmen. Los geht's vom Parkplatz in Corwen. Zu Fuß der Hauptstraße folgen, entlang des Sportplatzes bis zum Schwimmbad an der nächsten Straßenkreuzung. Von dort ist der Weg ausgeschildert. Von der vermutlich von Kelten errichteten Festung ist abgesehen von einem Steinwall nichts mehr zu sehen. Bei schönem Wetter läßt es sich hier in der Einsamkeit – nur Schafe leisten einem Gesellschaft – wunderbar picknicken. Wer im September unterwegs ist, holt sich seinen Nachtisch beim Abstieg von den Brombeerhecken mit saftigen, dicken Früchten.

## Unterkunft

**ActivityPubs**
*The Square, Glyndyfrdwy, LL21 0NR,*
☎*0044 1490 413 465*
*jenny@activitypubs.co.uk*
*www.activitypubs.co.uk*
*Ms. Glenna Davies.*
£ 16 B&B.
🍴 yes; Breakfast, Restaurant
❖ Corwen; 🕐 All year.

# SCHOTTLAND

Schottland, Land der – trügerischen – Legenden. Nicht Phantome und Gespenster sind das Faszinierende an diesem Land sondern seine Landschaft. Von Nessie sieht man jedenfalls nicht mal die Schwanzspitze, obwohl ihr *Loch* verschiedentlich durchkämmt wurde. Auch der legendäre schottische Geiz entpuppt sich als Vorurteil. Die Schotten erweisen sich als höflich und gastfreundlich, hilfsbereit und herzlich. Und die Mahlzeiten sind üppig! Ein weiterer Mythos zerstäubt, wenn man den *haggis*, den gefürchteten schottischen Hammelpansen, probiert. Er ist unbestritten das leckerste schottische Gericht überhaupt. Was nicht heißen soll, daß alles andere ungenießbar sei, auch wenn die Pommes-Erbsen Diät auf die Dauer etwas eintönig werden kann. Liebhaber von Heidelandschaft, romantischen Lochs, Farnkraut, Felswänden und Wasserfällen wissen, daß das eigentliche Schottland, rauh und wild, nördlich von Inverness liegt. Die Unberührtheit der Highlands hat kaum ihresgleichen in Europa: auf einem Quadratkilometer leben weniger als zehn Menschen. Es ist die Heimat der schottischen Schafe, die keineswegs immer die Fußgängerüberwege zu benutzen pflegen, der hoppelnden Hasen, der freundlichen Kühe mit langem Fell *(Highland Cows)* und der unzähligen Inseln, von Robben und Vögeln bevölkert.

Einziger Feind des Reisenden bleibt der Regen. Ihm entgeht niemand. Die Schotten behaupten, den Kilt erfunden zu haben, um endlich keine nassen Hosenbeine mehr zu bekommen. Damit unsere Leser auch ohne dieses Kleidungsstück auskommen, raten wir dringend, wasserfeste Schuhe und Regenkleidung einzupacken. Und vor allem Geduld sollte man mitbringen. Denn wenn dann doch mal die Sonne hervorlugt, wirken die Mondlandschaften traumhaft schön.

## Anreise

Autoreisende, vor Ungeduld brennend, so rasch wie möglich Loch Ness zu Beginn ihrer Reise zu erreichen, nehmen die Autofähre der *North Sea Ferries Company* in Zeebrügge. Sie befördert einen gleich nach Hull an der Nordostküste Englands, von wo es nicht mehr weit bis nach Schottland ist. Die Überfahrt ab Zeebrügge in Belgien dauert eine Nacht. Die Fähre legt jeden Abend um 18h ab. Da sie schon um 8.30h früh in Hull eintrifft, wird man noch am selben Tag die 350 km entfernte Hauptstadt Edinburgh erreichen. Studenten wird für die Fähre Ermäßigung gewährt. Abendbrot und englisches Frühstück im Preis inbegriffen. Die Auswahl an verschiedenen Abendessen kann sich wirklich sehen lassen: zur Wahl stehen fünf warme Gerichte, kaltes Buffet u.a. Übrigens serviert man morgens kurz vor der Ankunft in Hull in der Kabine einen »morning tea«. Weitere Auskunft im Reisebüro. Hier die Adresse in Belgien:

**North Sea Ferries Company**, Leopold II Dam, B – 8380 Zeebrügge., ☎0032 (050) 54 34 30.

## Per Anhalter in Schottland

Gar nicht so schwierig, wie man annimmt, unter der Bedingung, daß Anhalter nicht zu arg bepackt und zu einer Zeit unterwegs sind, in der viele Feriengäste mit ihren vollgepackten Wagen die schottischen Straßen bevölkern. Sonst hat man möglicherweise zu warten, denn die Eingeborenen nehmen einen leider nicht mehr regelmäßig mit. So kann's vorkommen, daß stundenlang am Straßenrand auszuharren ist, bis sich jemand erbarmt. Zeigt man sich jedoch von Schottland begeistert, so scheuen sie, die zu Recht so stolz auf ihre Heimat sind, keinen Umweg, um den Fremden mit Gegenden vertraut zu machen, die bislang von Touristen ausgespart blieben. Eine kleine Anekdote am Rande: einer unserer Leser war mal mit einem Schild mit der Aufschrift »Not Far« unterwegs. Die Autofahrer hielten jedesmal an und fragten ihn, wo denn sein »Not Far« liegen solle, so daß er wenigstens mit Flohsprüngen sein Ziel erreichte. Wer wenig Zeit hat, spart sich den nordöstlichen Teil der Highlands, da er im Vergleich zur Westküste, mit Ausnahme der Orkney Islands, weniger zu bieten hat. Tramper gewinnen durch diese Verkürzung fast eine Woche. In den schottischen Fremdenverkehrsbüros liegen kostenlose Zug-, Schiffs- und Omnibusfahrpläne aus. Wegen der wunderbaren Landschaft und der zahlreichen Schlösser zieht man vorzugsweise an der Küste entlang nach Schottland. Anhalter brauchen auf der A 19 kaum Konkurrenz zu fürchten; der schnellste Weg führt aber über die A1. Schlimmste

Feinde aller Reisenden im Norden und an der Westküste sind die »midges«, die Mücken. Bösartig, klein, penetrant und »piekant«. Wer verschont bleiben will, meidet unbedingt alle offenen Wasserflächen und hält sich lieber an luftigeren Orten auf, an Stränden oder auf Hügeln. Beim Zelten leisten ein Insektenmittel und ein Moskitonetz beste Dienste.

## Eisenbahn

Für Bahnfahrer würde sich die sieben oder vierzehn Tage gültige *Scotland Rovers*-Fahrkarte lohnen. Oder auch der *Highland Travel Pass*, der zum kostenlosen Benutzen aller Züge, Linienbusse und Fähren in Schottland berechtigt. Von London aus zahlreiche Direktverbindungen, darunter auch Nachtzüge, nach Inverness oder Glasgow.

## Schottland per Bus

Busfahren eignet sich hervorragend zum Kennenlernen des Landes, sowohl was die Anzahl der Strecken angeht als auch hinsichtlich der vergleichsweise niedrigen Fahrpreise. Vorsicht geboten ist allerdings Sonn- und Feiertags, wenn viele Züge und Busse überhaupt nicht verkehren. Auch sonst erweisen sich die Fahrpläne zum Teil als ungenau, weshalb man lieber noch mal nachhakt, ehe man wild drauflos plant. Im Frühjahr wird die Insel Skye nicht vom *Scottish City-Link* angesteuert, sondern andere Unternehmen übernehmen zu dieser Zeit die Verbindung. Dies nur als Beispiel, auf dasselbe Phänomen stößt man allerorten. Da hilft nur eins: nachfragen.

## Unterkunft

Zahllose Jugendherbergen liegen an abgelegenen Orten und sind zudem häufig überaus rustikal und schlicht eingerichtet. So besteht die Beleuchtung zuweilen aus Petroleumlampen und die Wildbäche der Berge stellen das einzige fließende Wasser dar, was vielleicht den besonderen Reiz ausmacht. Zudem herrscht in manchen Herbergen eine verdammt kasernenmäßige Disziplin.

Kochzubehör wird bis auf das Besteck gestellt. Unabdingbar ist jedoch ein Schlafsack (sheet sleeping bag). Auch die Nahrungsmittel sind besser selbst mitzubringen. Duschen und Bettlaken werden getrennt berechnet. Bitte beachten: auf der Insel Skye oder in Ullapool ist es im Sommer schwierig, ein B&B oder ein Bett in einer Jugendherberge zu ergattern. Im Sommer raten wir daher, entweder früh aus den Federn zu steigen, um sich gleich morgens seine Koje zu sichern, oder aber telefonisch bzw. schriftlich vorauszubuchen. Wer gleich bei der Ankunft seinen »booking reply« (Buchungsbestätigung) vorweisen kann, hat am wenigsten Schwierigkeiten. Andernfalls läuft man Gefahr, sich fortwährend feste über das fatale Schild »No beds available« zu ärgern.

Vom Übernachten im Freien raten wir in der Regel wegen der oft ungemein feuchten Nächte ab. Daher ist es nützlich zu wissen, daß auf den meisten Campingplätzen (*Caravan Parks*) wochenweise oder für einen Mindestaufenthalt von zwei Nächten Wohnwagen vermietet werden, was besonders günstig ist, wenn man zu mehreren unterwegs ist. Ein preiswertes Verzeichnis aller Zeltplätze dieser Region kriegt man übrigens für ein paar lumpige Pence in den schottischen

Fremdenverkehrsbüros.

Abgesehen von Jugendherbergen bieten zahlreiche B&B und *Guesthouses* Unterschlupf.

Immer wieder kam es vor, daß wir beim Frühstück irgendeiner alten ehrwürdigen Dame gegenübersaßen, die an Gespenster glaubte. Sie sind in dieser Frage echte Eingeweihte; das muß man ihnen lassen. Das *County Hotel* in Dumfries hat ständig ein Zimmer für den Geist eines jungen Prinzen reserviert.

Ruhig auch in die Hotels marschieren, wo Essen und Getränke unwesentlich teurer als andernorts sind. In der Regel stehen sie nicht nur Hotelgästen offen. Im Norden schließen die Läden in den kleinen Städten um 13h.

Kürzlich haben sich zwölf schottische Universitäten zusammengeschlossen, um ausländischen Touristen im Sommer, wenn die Zimmer der einheimischen Studenten leerstehen, eine Bleibe zu bieten. Diese Unis typisch angelsächsischer Bauart liegen in der Regel in Stadtnähe oder mitten auf dem Land auf einem ausgedehnten Campus mit reichem, alten Baumbestand.

Eine weitere angenehme Art unterzukommen: Ferien auf dem Bauernhof. Für drei bis sieben Nächte wird man zu einem rechtschaffenen Preis mit Halbpension versorgt. Man wende sich an: *Hi-Line*, Dingwall, Ross-Shire IV 15595 L, Schottland.

## Die Sippen und die Schottenstoffe

Die Art der sozialen Beziehung zwischen den Schotten ist einer der Grundzüge der keltischen Gesellschaft.

Aus ihr ging natürlich unmittelbar der

»Clan« hervor. Das gälische Wort »clann« heißt eigentlich »Kinder«. Der Clan war zunächst nur die Familie mit dem Vater als Oberhaupt. Sein Sohn war der Nachfolger; daher stammen die Familiennamen, die mit »Mac« beginnen, was »Sohn« bedeutet, im Irischen »Fitz«, was sich dann im Französischen zu »fils« wandelte. Nach Auflösung dieser strengen familiären Beziehungen erweiterte sich die Bedeutung: danach gehören zum Clan alle, welche die Autorität des führenden Mannes anerkannten. Die natürliche Zersplitterung des keltischen Schottland begünstigte zweifellos dieses Gesellschaftssystem der Clans, die sich der Macht eines Patriarchen unterwerfen und in Stämmen gegliedert sind. Die Betonung liegt übrigens immer auf dem Hauptnamen, nicht auf dem »Mac«, »Mc« usw. wie man oft fälschlicherweise hört, »MacEnroe« hat also den Ton auf dem »E«, genau wie »MacDonald« auf dem »D«. Ausnahme: Macintosh, wenn also der Regenschirm gemeint ist, familiär auch: *a mac*. Begegnete man aber seinem Erfinder MacIntosh, so wär's wieder wie oben. In diesem Zusammenhang noch eine Bemerkung: warum gerade bei uns in letzter Zeit die Betonung der patriarchalischen Namensgebung rasant gestiegen ist, seltsamerweise bei vorgeblich bewußten Mitgliedern des weiblichen Geschlechts, ist uns schleierhaft. Pflegen sie doch dem Namen ihres Mannes den »patriarchalischen« Namen ihres eigenen Vaters, der sich auf wundersame Weise zwischendurch in einen Mädchennamen verwandelt haben soll, voranzusetzen, was uns nun an die Verwandlung von Wasser in Wein, religiösen Hokuspokus, erinnert. Zurück zu den Clans. Es gab zwischen ihnen häufig Kriege, und ihr Ausmaß beunruhigte stets die Könige, die wiederholt versuchten, ihren Einfluß einzudämmen.

Die Zersplitterung der Clans hat in den *Tartans*, Schottenstoffen, deren Muster und Farben von Clan zu Clan unterschiedlich ausfallen, ihren Niederschlag gefunden. Seit dem 18. Jh. war das Tragen der clantypischen Tartans Pflicht für alle Mitglieder.

Ursprünglich hatten die Stoffe schlichte Muster und waren nur zwei- oder dreifarbig. Die Färbungen erzielte man durch Naturerzeugnisse, Pflanzensäfte und Wurzeln. Es versteht sich von selbst, daß jedes Tal seine eigenen Produkte, also auch seine typischen Farben aufwies. Dementsprechend trugen die Leute derselben Region natürlich ähnliche Stoffe. Mit dem Aufkommen chemischer Farbstoffe wurden die Muster dann komplizierter und individueller.

## Kilt und traditionelle Trachten

Der *kilt*, ursprünglich die traditionelle Tracht der Highlander, wird heute mit Schottland generell in Verbindung gebracht. Die Kelten trugen zunächst ein *plaid*, ein großes Stück Schottenstoff, das sie in der Taille zusammengürteten. Nachts diente es als Decke, tagsüber als Mantel. Allmählich wurde diese Kleidung raffinierter: das Plaid wurde um die Taille gewickelt, eine erste Form des Kilts, und über die linke Schulter zurückgeworfen. Die Bekanntheit verdankt der Kilt den Regimentern der Highlands, die ihn seit ihrer Integration in die britische Armee trugen. Für einen Schottenrock muß man heute ganz schön tief in die Tasche greifen. Der moderne Kilt wird aus einem in Falten gelegten 7-8 Meter langen Stück Schottenstoff gefertigt und reicht bis zum Knie. Er wird nur von Männern getragen; es ist eine Kunst für sich. Hohe Bedeutung wird den Accesoires beigemessen. Zunächst wird ein Dachsfellsack, der *sporran*, umgehängt, der vorne über dem Kilt baumelt. Dazu setzt man die blaue Mütze mit dem roten Bommel auf. Sie ähnelt einer Baskenmütze von der Form her. Die Schulterstücke mit den Abzeichen des Stammes werden mit Stolz zur Schau gestellt: ihnen nicht genügend Beachtung zu schenken, bedeutet, ihren Wert zu schmälern; jedermann bemüht sich, die Regeln zu befolgen. Das in den Strumpf gesteckte Messer schließlich macht den Anzug komplett.

Was man deutlich auf einem im »Stern« veröffentlichten Schnappschuß bewundern konnte, bewies, daß die Schotten unter ihren Kilts nichts weiter tragen, aber alle gut beieinander sind. Und vor hundert Jahren mußten die schottischen Kadetten der Indischen Kolonialtruppen zu diesem Zweck gar in voller Montur über einen Spiegel marschieren. Die Schotten sind wegen ihrer so nachgewiesenen männlichen Attribute auch die einzigen Kerle mit Röcken, denen wir über den Weg trauen.

## Der Whisky

Bevor wir erklären, was Whisky überhaupt ist, wollen wir uns lieber darüber unterhalten, wie man ihn trinkt, denn das ist schließlich das Wichtigste. Man unterstehe sich, im Beisein eines Schotten Cola oder Mineralwasser ins Whiskyglas zu gießen! Ein Sprichwort sagt nämlich, daß der Schotte zwei Dinge nackt liebe, wovon eines eben der Whisky ist. Die widerwärtige, aus den USA importierte Angewohnheit, den Whisky mit allem

und jedem zu mixen, empfinden Kenner als Zumutung. Whisky trinkt man nicht gegen den Durst. Dafür gibt es Wasser, wovon man allerdings Würmer kriegen soll, wogegen dann wieder Whisky hilft ... Kurz, es bedarf einfach eines gewissen Taktgefühls in Sachen Whisky. In Amerika schreibt sich der Whisky übrigens mit »e«, also »whiskey«, wie in Irland auch. Übrigens verraten sich Ausländer oft dadurch, daß sie »a whisky« bestellen. Der Barkeeper kapiert das zwar, aber unter Schotten heißt das »a dram«. Wir könnten jetzt lange erläutern, daß die alten Griechen den Whisky erfunden haben, und daß der Name des Gebräus aus dem Wort »uisge beatha«, der keltischen Bezeichnung für »Lebenswasser«, abgeleitet ist. Wir halten es aber für sinniger, jetzt die verschiedenen Whiskysorten zu erklären:

**1) Malt Whisky:** wird zum überwiegenden Teil in den Highlands fabriziert. Das Malz als Grundlage ist keine Naturpflanze, wie manche glauben, sondern ausgekeimte Gerste, deren Stärke sich in Zucker verwandelt hat, Voraussetzung jeder alkoholischen Gärung. Das Malz, also die über acht bis zwölf Tage unter Zusatz von Feuchtigkeit gekeimte Gerste, wird über schwelendem Torf- und Koksfeuer gedörrt, geschrotet und eingemaischt, also mittels Hefe zur Gärung gebracht. Dabei entzieht bis auf 93 Grad erhitztes Quellwasser dem Malz alle Zuckerbestandteile. Die vergorene Würze wird dann zwei- bis dreimal gebrannt. In der Reihenfolge entstehen der *wash* (8%), einem naturtrüben Bier ähnlich, der *low wine* (25%) und dann der Rohwhisky mit 63–68% Alkoholanteil. Der Trester, die festen Rückstände, wird zu Tierfutter u.ä. verarbeitet. Den Rest besorgt nun die Lagerung in Eichenfässern. Der Reifungsprozeß blieb bis heute ein Geheimnis. Etwa achthundert Stoffe mischen bei der Entwicklung des »Lebenswassers« mit. Vermutlich hat das Lignin im Holz daran einen wichtigen Anteil, denn in alten, vielfach genutzten Fässern, in denen dieser Stoff vollkommen gelöst ist, will einfach nichts mehr reifen. Ja und dann gibt's noch die Engel, die sich während unbeobachteter Augenblicke ihren Anteil, den *angels' share*, holen, so daß alljährlich während der Lagerungszeit ein Schwund von zwei Prozent entsteht, bis der Alkohol auf 50% sinkt. Mit Quellwasser wird der Whisky auf Trinkstärke von 43% für die Ausfuhr und – steuerbegünstigt – auf 40% für den heimischen Markt gebracht. Kein Zufall, daß der Whisky, der diesen Namen – *malt* – verdient, nur in Irland und Schottland hergestellt wird. Gipfel der Ironie ist, daß die Substanz, die das Geheimnis dieses berühmten Getränks ausmacht, schlichtes Wasser ist. Der Whisky mit der Bezeichnung »malt whisky« lagert zuweilen fünfzehn Jahre lang in Eichenfässern. Die gesetzliche Mindestlagerungszeit vor dem Verkauf beträgt jedoch bloße drei Jahre. Die Bernsteinfärbung erzielt man übrigens durch Reifenlassen des Whiskys in alten Sherryfässern. Einige Schnapsbrenner sollen es auch glatt fertigbringen, einfach einen Schluck Karamel beizumengen ... Verschnitte von reinem Malzwhisky verschiedener Brennereien heißen *vatted* oder *pure malts*, ein Malzwhisky aus einer einzigen Destillation *single malt*. Diese machen nur rund vier Prozent der gesamten Erzeugung aus.

**2) Grain Whisky:** Kenner gestehen diesem Gebräu nicht den Namen »whisky«

zu. Es wird aus ungemälztem Getreide, oft Mais hergestellt, ist leichter und besitzt weniger Aroma, weswegen er auch entsprechend billiger ist. Wir werden uns über diesen Saft nicht weiter auslassen. Der amerikanische Bourbon ist beispielsweise ein reines Maisgebräu.

**3) Blended Whisky:** ein Gemisch aus »malt whisky« und »grain whisky«. Das ist eigentlich »der« Whisky, den man überall bekommt. Die bekanntesten Whiskymarken sind im allgemeinen »blended«. Über zweitausendfünfhundert sind in England registriert. Es verwundert natürlich nicht, daß in den letzten Jahren immer mehr »grain whisky« und immer weniger »malt whisky« in den »blended« kommen. Das unterschiedliche Aroma der Whiskysorten ist immer weniger zu schmecken. Hauptsache, möglichst viel Leute lassen sich damit abfüllen. Es heißt sogar, daß einige namhafte Markenfirmen den Whisky, je nachdem, in welches Land er ausgeführt wird, unterschiedlich mischen – reines Blendwerk. Ach ja, selbst das Feuerwasser ist nicht mehr das, was es mal war!

Rund neunzig Prozent der Whiskys sind *blended*, also Verschnitte von Destillaten von fünfzehn bis zwanzig verschiedenen Brennereien, auch teils aus ungemälztem Mais und bisweilen selbst Roggen gebraut, auf Flaschen gezogene Langweiler vom Typ Jonnie Walker, Chivas Regal und Ballantines. Die wahren Gebräue heißen dagegen *Cardhu, Tamnavulin, Macallan, Glenlivet, Auchentoshanoder,* bekannt für seinen dreifachen Brand, oder *Glengoyne,* wo nur mit Warmluft statt mit Torffeuer getrocknet wird. Bei uns ist aus dieser Klasse allenfalls der *Glenfiddich* aus der Region Speyside bekannt. Aber die Familienunternehmen sterben. *John-*

*nie Walker*, weltgrößter Whiskeyexporteur aus Kilmarnock, zählt wie rund dreißig weitere Brennereien zur United Distillers Group, Tochter von Guiness. Auch *Pernod* und die kanadische Firma *Seagram* sind längst im »Lebenswasser«-Geschäft tätig. Viele Betriebe mälzen ihre Gerste auch gar nicht mehr mit eigenem Torffeuer, sondern beziehen es von Großmälzereien. Das bringt uns abschließend auf die Kehrseite der ganzen Geschichte: der rücksichtslosen Ausbeutung der Moore, zerwühlte, tote Landschaften für lange Zeit. Cheers!

## Die schottische Küche

Es gibt einige schottische Gaumenfreuden, darunter vor allem den *haggis*, Hammelmagen mit einer Füllung aus Kutteln, Salz, Pfeffer, Zwiebeln, Muskat, Hafergrütze und Nierenfett. Als Beilage werden normalerweise Steckrübenmus und Kartoffeln gereicht. Haggis ist ein Gericht und nichts anderes! Die Schotten lieben es, Touristen zu verschaukeln, indem sie ihnen weismachen, es sei ein Tier, und sie einladen, mit auf die Jagd zu kommen. Sich auch nicht die Fischsuppen, Fleischpasteten sowie die Herings-, Forellen- und Lachsgerichte entgehen lassen. Als Nachtisch empfehlen wir Rosinensandkuchen und schmackhafte Konfitüre.

## Museen und Baudenkmäler

*Historic Buildings and Monuments of Scotland* enthält eine Übersichtskarte, die dem Ortsunkundigen für 7 £ den Zugang zu rund dreihundertfünfzig Sehenswürdigkeiten in Schottland ermöglicht, einschließlich der Orkney- und Shetlandinseln. Dieser Preis beinhaltet obendrein

einen *Miniführer*, der auf zwei bis drei Zeilen allerlei Wissenswertes liefert. Natürlich nicht mit unserem ausgereiften Reisehandbuch zu vergleichen. Die Karte ist erhältlich bei *Historic Buildings and Monuments*, SSD, PO Box 157, Edinburgh EH3 7QD. Diese Karte lohnt sich allerdings nur bei Ansteuerung etlicher Schlösser. Ansonsten hat man zumindest für einen guten Zweck gespendet. Der *NTS* ist eine unabhängige Gesellschaft, mit der Zielsetzung, das kulturelle Erbe der Nation, Gärten und Parks eingeschlossen, zu bewahren.

## Auf der schottischen Wollstraße

Schon gewußt, daß man phantastische schottische Wollsachen unmittelbar beim Hersteller beziehen kann? Die Britische Zentrale für Fremdenverkehr gibt zum Thema »Scottish Woolens« eine Broschüre heraus, die alle südschottischen Orte verzeichnet, die in diesem Zusammenhang von Bedeutung sind: Museen, Spinnereien, Textilfabriken und Wollgeschäfte. Postkarte genügt

## Wanderungen

Heidelandschaften, Parks und Berge bilden ein ideales Revier für Wandervögel. Im Fremdenverkehrsamt erhält man den kleinen Führer *Walks and Trails* mit den wichtigsten Wanderrouten des Landes, sowohl kurzen als auch langen. Vogelfreunde besorgen sich in einer Buchhandlung *Collins Bird Guide*, Bibel aller Vogelkundler. Fotos und Ab Abbildungen sämtlicher Vogelarten im Taschenbuchformat. Wie sollte man auch sonst ohne Fernrohr Papa Pinguin erkennen, wenn er vorbeizischt?

## Golf

Mit über 420 Golfplätzen präsentiert sich Schottland als Hochburg dieser Sportart. Das Britische Fremdenverkehrsamt veröffentlicht in der Broschüre *Golf in Schottland* eine Liste sämtlicher Plätze.

## Unterkunft

*Herberge*

### Euro Hostel

*318 Clyde Street, Glasgow, G1 4NR,*
☎ *0044 141 22 22 828;*
*Fax: 0044 141 22 22 829*
*info@euro-hostels.co.uk*
*www.euro-hostels.co.uk*
*Mr. M. William.*
From £ 13.95 pppn.
yes; Breakfast, Restaurant; Train, bus, underground (every 5 minutes, to airport every 20 minutes).
All year. From 11 a.m.
**Discount:** 10%

*Herberge*

### BlueSky Hostel

*65 Berkeley Street, Glasgow, G37DX,*
☎ *0044 1412 211710*
*todd@blueskyhostel.com*
*www.blueskyhostel.com*
*Mr. Todd Pedersen.*
4 Bed Room – £ 10 – £ 12 pp, twin £ 12.50 – £ 15 pp, dorms start at £ 10; Breakfast
All year. 24 hours
☺ Independent
Inexpensive with free breakfast, television and e-mail at budget prices. Small and cosy and located on a quiet street in the heart of Glasgow. Good for UK backpackers, tourists and fun seekers looking for budget accommodation.

*Outdoor-Herberge*

### Strathfillan Wigwams

*Tyndrum, Crianlarich, FK20 8RU,*
☎ *0044 1838 400251*
*wigwam@au.sac.ac.uk*
*www.sac.ac.uk/wigwams*
*Ms. Rena Baillie*
16 wooden wigwams; Small wigwam £ 10 – £ 11 per adult £ 7 per child, large wigwam £ 12.50 per adult £ 7 per child. Pets £ 1.50 pn.
yes; Breakfast; Nearby in Tyndrum, All year
Sixteen wooden wigwams, all with electric light and heating, self-catering facilities available; also two self-contained lodges.

## Edinburgh

Edinburgh – die Briten sprechen den Namen wie »Edinbre« aus – ist die Hauptstadt von Schottland und zugleich eine der bedeutendsten Städte Großbritanniens. Manche Schotten titulieren es gern als »Athen des Nordens«, da eine auf einem Hügel gelegene Akropolisimitation das Stadtbild beherrscht und viele Häuser aus dem 19. Jh. mit korinthischen Säulen geschmückt sind. Aber unter uns gesagt: sie übertreiben ein wenig. Trotzdem ist Edinburgh eine fesselnde, von Gegensätzen geprägte Stadt, deren Jugend vielleicht nicht besonders schottisch, dafür aber äußerst lebendig und dynamisch ist. Sie besitzt einige beachtliche Museen und eine ungemein rege Kulturszene.

### Ein wenig Geschichte

Edinburgh erhielt erst eine wirkliche Bedeutung, als es im 15. Jh. Perth den

Rang der Hauptstadt abspenstig machte und als sich in der Folge Künste und Literatur entfalteten. Hier wurde übrigens auch die erste Zeitung gedruckt. Edinburgh fiel wiederholt Plünderungen der Engländer zum Opfer. Unter der Herrschaft Maria Stuarts wurde die Stadt Schauplatz zahlreicher Schicksalshöhepunkte und -tragödien. Im Jahre 1707 verlor sie ihr Parlament, und der maßgebliche Einfluß Englands wuchs. 1745 erklärte *Karl-Eduard*, genannt *»Bonnie Prince Charlie«*, Edinburgh zur provisorischen Hauptstadt. Auch nach Besiegelung der englischen Vorherrschaft verfiel die Metropole nicht in Trübsal und Passivität. Das 18. und 19. Jh. brachten bedeutende literarische und Kunstwerke hervor: *Robert Burns, Stevenson, Dickens, Walter Scott*, um nur einige zu nennen, hinterließen hier ihre Spuren. Was die Architektur anbelangt, stellt die »New Town« eine grandiose Leistung dar. Die Altstadt weist, im Gegensatz zu der Glasgows, noch zahlreiche bedeutende Überreste aus dem Mittelalter auf.

## Nützliche Adressen

**Verkehrsbüro:** Edinburgh & Scotland Information Centre, 3 Princes Street, Edinburgh, Scotland, EH2 2QP, ☎0845 22 55 121, Fax: 0131 473 3881. Von Juli bis August von 9–20h, sonntags von 10–20h geöffnet. Von Mai/Juni bis September ist abends nur bis 19h auf. Für den Rest des Jahres gelten folgende ⏲ werktags von 9–17h, samstags von 9–18h. Eine Wechselstube und eine Buchhandlung finden sich dort ebenfalls. Außerdem kann man ein Zimmer vorbestellen lassen.

**Verkehrsamt:** kleines Empfangsbüro am Flughafen, ☎0870 040 0007. Im Sommer bis 21.30h besetzt.

**Geldwechsel:** *Clydesdale Bank* im Verkehrsbüro am Waverly Market. Dieselben Öffnungszeiten, nur schließen tut's eine halbe Stunde früher. ☎556 73 06.

**Postamt:** North Bridge, Ecke Waterloo Place. ⏲ 9–17.30h; samstags bis 12.30h. Briefmarkenautomaten und Telefonzellen außerhalb des Gebäudes.

**Generalkonsulat der BRD:** 16 Eglington Crescent. ☎3 37 23 23.

**Österreichisches Honorarkonsulat:** 9, Howard Place, Edinburgh EH3 5JZ. ☎0044 0131 5581955, 0044 0131 5581802

**Schweizer Konsulat:** 112 Hanover St., ☎2 26 55 13.

**American Express:** 139 Princes St., ☎2 25 78 81. Wochentags von 9–17h, samstags von 9–12h geöffnet.

**Buchhandlung:** *Waterstone's*, 483 Georges St. In dieser Buchhandlung, schon im 18. Jh. gegründet, findet man einfach alles: Stadtpläne, Reiseführer, Bücher über die Regionalgeschichte, Postkarten usw.

**Fahrradvermietung:** BikeTrax, 7–11 Lochrin Place, Tollcross, Edinburgh, EH3 9QX, ☎0131 228 66 33, Fax: 0131 228 36 86, info@biketrax.co.uk, www.biketrax.co.uk

**Autovermietung:** *Total Car and Van Rantal Ltd.*, 45 Lochrin Place, Tollcross, EH3 9RB; ☎229 45 45. Ausgesprochen günstige Preise.

**Flughafen:** ☎333 1000.

# Fortbewegung

Abgesehen von einigen Ausnahmen liegen die attraktivsten Unterkünfte etwas außerhalb der Innenstadt. Man muß sich also erstmal einen Überblick über das vorzüglich und dicht ausgebaute Bussystem verschaffen, so daß alle wichtigen Stellen im Nu erreichbar sind. Die Taxis sind preiswert und fassen wie in London fünf bis sechs Personen. Das sollte jeder ausnutzen! *Central Radio:* ☎ 229 52 21.

**Bahnhöfe:** *Waverley Station:* hier halten die Fernzüge. ☎5 56 24 51. Entgegen dem, was über der Eingangstür geschrieben steht, können Fahrräder kostenlos mit dem Gepäck in Obhut gegeben werden.
*Haymarket Station:* für die Nahverkehrszüge.

**Omnibusse:** der Busbahnhof liegt am St. Andrew's Square. Von dort aus fahren Busse in alle Richtungen. Wen's schnell nach London zurückzieht, klettert in einen Bus der *Eastern Scottish:* St. Andrew Square. ☎(031) 5 56 81 91. Es ist das günstigste Verkehrsmittel. Wie in London und anderen Städten gibt's hier die Hoppa Busse, also solche mit Führung, die wie Taxis benutzt werden können. Alle zehn Minuten passieren sie die an Sehenswürdigkeiten gelegenen Haltestellen. Tageskarte so rund 12 £.

*Scottish Omnibus:* ☎5 56 84 64.
*Citylink Couches:* ☎0870 550 5050. Attraktive Angebote auf der Strecke London-Edinburgh-Glasgow.

# Besichtigung, Streifzüge

Besonders erfreulich: Edinburgh kann man prima zu Fuß durchstreifen. Die Stadt teilt sich deutlich in zwei Hälften: *Auld Town* und *New Town.* Dazwischen erstrecken sich die Princes Street und die West Princes Gardens, an deren Stelle sich im 18. Jh. noch ein See befand.

## Auld Town

Seit einigen Jahren schon betreibt die Stadtverwaltung eine rigorose und vorbildliche Sanierungspolitik, um dem raschen und traurigen Verfall des mittelalterlichen Erbes Edinburghs zu begegnen. Man findet durchaus noch schöne Überreste aus alten Zeiten. Die ältesten Häuser liegen an der Achse Canongate-High Street, genannt *Royal Mile.* Wir raten dringend, sich das Heft von Gordon Wright »A Guide to the Royal Mile« zuzulegen, denn wir können unmöglich alle Sehenswürdigkeiten dort aufzählen. Am Ende der Royal Mile erhebt sich das Schloß. Recht reizvoll ist das Herumschnüffeln in den »closes« und »courts«, wobei man zuweilen ungewöhnliche architektonische Details und romantische Ecken entdeckt.

**Edinburgh Castle:** der aufmerksame Beschützer der Stadt. Am besten nehmen wir das Bauwerk vom Lawnmarket oder von Castlehill aus in Angriff. Noch schöner ist der Weg über die vielen »closes« und »courts«, die sich den Hügel hinauf aneinanderreihen. Schloßbesichtigung gegen Eintritt täglich von 9.30–17h (Kassenschluß), sonntags 11–15.30h (im Sommer 17h). Parkplätze gibt's auf der Esplanade.
Zunächst einmal hat die Burg der Stadt den Namen gegeben. Er leitet sich nämlich von dem gälischen Wort *Din Eidyn* ab, was einfach Festung bedeutet. Von der ursprünglichen Befestigungsanlage des 11. Jhs blieb fast nichts. Was man heute dort sieht, wurde überwiegend erst

im 16. Jh. errichtet oder noch später angefügt. Diese Burg fiel während der langen Geschichte Schottlands natürlich wiederholt neuen Herrschern und Eroberern in die Hände. Das letzte bekannte Ereignis war die Weigerung der englischen Garnison im Jahre 1745, während des letzten englisch-schottischen Krieges, dem König »Bonnie Prince Charlie« die Feste zu überlassen. Die wichtigsten Gebäude sind:

**St. Margaret's Chapel**: das letzte Rudiment der ursprünglichen Festung des 11. Jhs. Ganz im normannischen Stil ist sie heute eine der ältesten Kirchen Schottlands. Ganz oben, auf dem Schloßhof überläßt der Führer die Besucher sich selbst, so daß sie den Schluß der Besichtigung auf eigene Faust gestalten können.

Das **War Memorial** ist ein Ehrenmal für alle im Ersten Weltkrieg gefallenen schottischen Soldaten.

Das **Scottish United Service** Museum ist der schottischen Militärgeschichte gewidmet und bietet eine Überdosis an alten Uniformen sowie kolonialen »Ruhmestaten«.

**The Great Hall**: die eindrucksvolle Halle stammt vom Anfang des 16. Jhs. Das Originalholzgebälk, ohne einen einzigen Nagel, ausschließlich aus Holzpflöcken zusammengezimmert, blieb erhalten. Die Halle diente lange Zeit als Sitz des schottischen Parlaments.

**Gemächer der Königin Maria Stuart**: faszinierend sind die herrlichen Edelsteine der Königskrone. Außerdem sind dort einige ungewöhnliche Erinnerungsstücke ausgestellt, so zum Beispiel eine französische Flagge aus der Schlacht bei Waterloo, die dem Helden, der sie erbeutet, mit Sicherheit einen friedlichen und ruhmreichen Lebensabend bescherte. In einem kleinen, weiter hinten gelegenen Raum mit Deckenbemalung, wurde Maria Stuarts Sohn geboren.

**Crown Room**: hier werden die berühmten Kronjuwelen aufbewahrt.

Nach Verlassen des Schlosses kann man den Besuch der Royal Mile mit dem *Outlook Tower* und seiner *Camera Obscura* anhängen. Täglich bis 18h, im Winter bis 17h geöffnet. Hier öffnet sich ein herrlicher Blick über die Stadt. Die Camera Obscura beherbergt eine Holographieausstellung. Beide sind täglich geöffnet. Hier nun die bedeutendsten und Hauptsehenswürdigkeiten, wenn man die Royal Mile in Richtung Holyrood Palace hinunterbummelt:

**Mylne's Court**: eine malerische Gasse in Richtung Princes Street verlaufend. Sie liegt am Anfang des Lawnmarket, des mittelalterlichen Platzes, auf dem einst Gemüse und Milcherzeugnisse feilgeboten wurden.

Auf dem *Lawnmarket Nr. 479* steht **Glastone's Land**, ein rund dreihundert Jahre altes Bauwerk. Im Erdgeschoß wurde ein Laden, im ersten Stock eine Kaufmannswohnung im Stil der damaligen Zeit eingerichtet. Täglich von 10–17h, sonntags von 14–17h zu besichtigen.

**Lady Stair's House**: das aus derselben Zeit stammende Haus auf dem Lawnmarket beherbergt Erinnerungsstücke an und Manuskripte von Robert Burns, Walter Scott und Robert Louis Stevenson. ◷ 10–18h, sonntags geschlossen, freier Eintritt.

**St. Giles Cathedral:** High Street. Die Kirche muß uralt sein, da die vier massiven Hauptpfeiler aus der normannischen Periode, d.h. aus der Zeit um 1120 stammen. Im 13. Jh. abgebrannt, wurde sie zwei Jahrhunderte später wiederaufgebaut. Aus dieser Zeit hat sich auch der elegante Turm in Form einer Krone erhalten. Im Innern ein herrliches Gewölbe aus behauenem Stein. Im hinteren Teil eine beeindruckende Kapelle des Distelorden und eine lustige Decke in Blumenkohlmanier.

**Parliament House:** gegenüber von St. Giles. In diesem über dreihundert Jahre alten Haus tagte bis zu seiner Auflösung im Jahre 1707 das schottische Parlament. Die Fassade wurde erst Anfang des 19. Jhs hinzugefügt. Sehenswert im Innern ist die Wandelhalle mit ihrem beeindruckenden gotischen Gebälk. Im Prinzip von Dienstag bis freitag jeweils von 9.30–16.30h zu besichtigen.

**John Knox House:** 45 High Street. Täglich von 10–17h zu besuchen. Eintrittspflichtig. Malerisches Haus aus dem 15. Jh. mit einer Sammlung von Erinnerungsstücken an das Leben des berühmten Reformators John Knox.

**Museum of Childhood:** 42 High Street; Einlaß Montag bis Samstag 10–17h, in den Monaten Juni bis September bis 18h. Während des Festivals auch sonntags 14–17h. Freier Eintritt, ansprechend aufgezogen und *really amazing!* Sechs Räume für Jung und Alt: Puppen aus aller Herren Länder, Eisenbahnen und Autos, nachgespielte Szenen und anderes mehr. ☎0131 529 41 42

**Moray House:** Canongate. Liegt kurz hinter der St. John's Street, Richtung Holyrood Palace. Das beeindruckende Gebäude des Baujahres 1628 bildete das Hauptquartier Oliver Cromwells. Mal einen Blick auf das schöne Wappen der Schuhmacherzunft werfen.

**Huntly House:** 142 Canongate. Täglich außer sonntags von 10–18h geöffnet, außerhalb der Saison nur bis 17h. Freier Eintritt. In diesem wunderschön restaurierten Haus, das hier seit nunmehr bald vierhundert Jahren seinen Platz hat, ist das Museum für Stadtgeschichte untergebracht. Der Besuch lohnt sich. Zu der reichen Sammlung gehören Bauerngeschirr, Haushaltsgegenstände, Silber- und Töpferwaren, Schmuckschatullen und Deicheln. Da wieder keiner weiß, worum's geht, hier unsere Erklärung, die wieder von unserer unglaublichen Bildung zeugt: Deicheln sind Baumröhren, die im Mittelalter als Wasserleitungen dienten. Außerdem erwartet den Besucher eine ungewöhnliche Sammlung von Polizeigummiknüppeln, von ihren Besitzern wohl liebevoll verziert, um die Kunst in die Schädel hineinzuprügeln. Um das Museum herum liegen romantische »closes«: Sugar House, Bake House und vor allem Acheson House.

**Canongate Tolbooth:** gegenüber vom Huntly Museum. Einlaß von 10–17h, Juni bis September eine Stunde länger. Im Jahre 1591 konstruiert, diente es früher als Rathaus und Stadtgefängnis und ist leicht an seiner auffälligen Uhr zu erkennen. Gelegentlich Sonderausstellungen.

**Canongate Church:** 1688 errichtet mit eleganter, glockenförmiger Fassade. Auf dem dazugehörigen Friedhof ruhen der Nationalökonom Adam Smith und Clarinda, die Geliebte von Robert Burns, diejenige, für die er sogar eine ausgezeichnete Zigarre opferte.

**White Horse Close**: Canongate. Liegt auf der linken Straßenseite, wenn man sich in Richtung Holyrood Palace hält, kurz vor Abbeyhill. Es handelt sich um eine ehemalige Herberge und Postkutschenhalterei aus dem 17. Jh., von der die Kutschen zur Reise nach London aufbrachen. Man hat sie vorzüglich hergerichtet, so daß sie als schönster »close« der Royal Mile gilt.

Der **Holyrood Palace**: Besichtigungszeiten: täglich von 9.30–17.15h, sonntags von 10.30–16.30h geöffnet, aber nicht in der Nebensaison. Eintrittspflichtig. Möglichkeit zur Teilnahme an Palastführungen. Hier logiert offiziell die Queen während ihres Aufenthaltes in Edinburgh. Begonnen wurde die Anlage um 1500, aber Cromwell ließ einen erheblichen Teil abreißen. Ende des 16. Jhs wurde sie im Renaissancestil wiederaufgebaut und erhielt so eine Fassade im Innenhof mit drei griechischen Säulen.

Die Besichtigung ist durchaus keine staubtrockene Angelegenheit, sondern verläuft zügig und recht anschaulich. Sehenswert sind in erster Linie der Thronsaal mit prachtvollen flämischen Gobelins und Stuckdecken, für deren Fertigstellung die Künstler zehn Jahre benötigte. Von hier aus genießt man eine herrliche Aussicht auf die Gärten. Die Vorhänge des Bettes von *Karl II.*, wurden in einer Seidenspinnerei in Lyon gewoben. In einem großen Saal baumeln einhundertelf Porträts schottischer Könige, die ein holländischer Meister im Auftrag von *Karl II.* malte. Dazu eine Anekdote: der Künstler besaß zwar von einigen Königen Zeichnungen und früher entstandene Porträts als Vorbilder, aber die meisten seiner Werke entsprangen seiner Phantasie. Er wurde mit 2 £ pro Bild königlich entlohnt!

Dann erreicht man das Zimmer, in dem Rizzio, der schöne Sekretär – und Geliebte? – Maria Stuarts vermutlich auf Anstiftung Darnleys, des eifersüchtigen Gemahls, ermordet wurde. Der Raum, in dem der lästige Nebenbuhler den sechsundfünfzig Messerstichen erlag, zeichnet sich zusätzlich durch eine schöne Kassettendecke aus. Außerdem ist ein Originalbrief Maria Stuarts zu sehen. Die Besichtigung endet bei der majestätischen Abteiruine.

Beim Verlassen des Palastes werfe man mal einen Blick auf die mächtigen, wunderschönen schmiedeeisernen Tore im Hof.

Da wir schon am Palast sind, nutzen wir die Gelegenheit zu einem erfrischenden Spaziergang: der 250 m hohe, heute erloschene Vulkan *Arthur's Seat* bildet ein beliebtes Ausflugsziel für Familien. Erstaunlich: hier befindet man sich mitten auf dem Land und doch kaum einen Katzensprung entfernt von der Stadt. Gut angelegte Pfade sorgen für einen unbeschwerlichen Aufstieg.

**Grassmarket und Umgebung**: die Victoria Street, die mit ihren schönen Geschäften in sanfter Krümmung verläuft, endet schließlich auf dem Grassmarket, dem ehemaligen Wochenmarkt von 1477–1911. Der Platz sah auch zahlreiche Hinrichtungen, darunter den der hundert Convenanters, die wegen ihres Glaubens sterben mußten. Anfang des 19. Jhs war er wiederum Schauplatz schmutziger Verbrechen. Zwei kleine Gauner namens Burke und Hare waren auf eine glorreiche Möglichkeit verfallen, sich Geld zu verschaffen: sie brachten Leute um, deren Körper sie an Wissenschaftler verkauften. Nach dem achtzehnten Mord wurden sie schließlich geschnappt.

Vom Grassmarket führen ein Reihe uralter Straßen ab, die noch nicht modernisiert wurden. Abends nehmen sie im schwachen Licht der Straßenlaternen bizarre, expressionistische Färbungen an, besonders Cowgate und Candlemaker. Eine unserer bevorzugten Gassen ist **Anderson's Close**, von der Victoria Terrace Richtung Cowgate, herrlich dunkel, unheimlich und wahrscheinlich die beliebteste Gegend für arme Schlucker und andere Strolche.

**Greyfriars' Church***: an der Candlemaker. Erste nach der Reformation 1620 errichtete Kirche. In ihr wurde das berühmte *National Convenant* unterzeichnet, wofür so viele Gläubige ihr Leben lassen mußten. Dazu gehört ein malerischer Friedhof mit uralten Grabsteinen. Täglich von 8–16h ist geöffnet. An diesem Ort hat sich einst eine rührende Tiergeschichte abgespielt: Bobby, der Hund eines Hirten, der auf dem Friedhof von Greyfriars begraben lag, hielt vierzehn Jahre lang Wache am Grab seines Herrn, bis zu seinem eigenen Tod. Ihm zu Ehren wurde auf der Candlemaker Row ein Denkmal errichtet.

**Royal Scottish Museum***: Chambers St., ☎0131 247 42 19. Täglich 10–17h, sonntags 14–17h zu besuchen. Ein Museum für Naturwissenschaft und Technologie in einem mächtigen Gebäude viktorianischen Stils. Den Besucher erwarten eine große Halle mit Eisen- und Glasgerüsten und bedeutende Gesteins-, Fossilien- und Tierabteilungen. Daneben gibt es Geschirr, Silber und orientalische Keramik sowie schließlich alte Maschinen aus der Zeit der industriellen Revolution zu begutachten.

**National Library***: George IV. Bridge. ☎2 26 45 31. Die Nationalbibliothek ist durchaus sehenswert. Am Eingang dieses ruhigen Ortes werden Sonderausstellungen gezeigt. Freier Eintritt. Die Lesesäle sind bis 20.30h geöffnet.

**Scotch Whisky Heritage Centre***: 358 Castlehill, am Ende der Royal Mile, neben dem Schloß. Zwischen 9 und 18.30h zu besichtigen. Für sein Eintrittsgeld bekommt man eine Spazierfahrt in einer Bahn geboten, welche die Form eines Fasses besitzt, sowie eine Führung – Dauer etwa eine Dreiviertelstunde – bei der man alles über den Whisky erfährt: Ursprung usw.

**New Town**

Dieser Stadtteil, fast eine Stadt für sich, ist in Europa wohl einzigartig. Er ist ein Symbol des architektonischen Stils unter König Georg. Ähnlich wie das Städtchen Richelieu in Frankreich oder Noto auf Sizilien oblag die ganze Planung eines umfangreichen Bauprogramms einem einzigen Architekten.

Ein dreiundzwanzig Jahre junger Baumeister namens *John Graig* ging 1767 aus dem Wettbewerb um die Errichtung der New Town als Sieger hervor. Sein Werk ist im wesentlichen das durch die Princes und die Queen Streets begrenzte Rechteck mit der George Street in der Mitte auf dem Kamm des Hügels. Die Plätze Charlotte Square und St. Andrew Square verhalfen anderen Architekten zu Ruhm, aber diese berücksichtigten die Pläne und Grundgedanken Graigs. Ergebnis: ein harmonischer Komplex ohnegleichen. Auf die weiten Plätze münden halbmondförmige, hübsch angeordnete Gassen oder symmetrisch angelegte, elegante Straßen. *Charlotte Square* stellt wahrlich ein Meisterwerk dar.

*Nr. 7* ist ein nach dem Geschmack der damaligen Zeit eingerichtetes Haus. Besichtigungszeiten: täglich von 10–17h, sonntags von 14–17h. Auch *Moray Place, Ainslie Place* und *Drummond Place* sind einen Umweg wert. Parallel zu den Straßen erstreckt sich ein dichtes Netz an Gassen, den *lanes,* was den Reiz eines Bummels durch dieses Viertel noch beträchtlich steigert. Besonders romantisch ist die Stimmung nachts im orangegelben Schein der Straßenlaternen.

**National Portrait Gallery***:* 1 Queen St., an der Ecke North St. Andrew St., ☎0131 624 62 00. Besuchszeiten: täglich von 10–17h, sonntags von 12–17h. Freier Eintritt. Die hochinteressante Ausstellung aller bedeutender schottischen Persönlichkeiten ist in einem wundervollen Gebäude viktorianisch-gotischen Stils untergebracht. Wenn manche Bilder auch nur von mittelmäßiger Güte sind, so hängen hier doch auch echte Meisterwerke. Lassen die Gemälde von Gainsborough, Allan Ramsay, Reynolds, Turner u.a. auf uns wirken. Bemerkenswert vor allem das Bildnis des Prinzen Karl-Eduard Stewart von Antonio David sowie seine Taufe von Pier Leone Ghezzi.

**National Museum of Antiquities of Scotland***:* dasselbe Haus wie gerade und identische Öffnungszeiten. Das Museum illustriert ausführlich und lehrreich die schottische Geschichte vom Bronzezeitalter bis heute.
Hier sind Oghamsteine ausgestellt, Spuren, die die Römer in Schottland hinterließen (Schatz von Taprain), die berühmten Funde, die man auf den Orkney und den Shetland Inseln gemacht hat, der Schatz von St. Ninian, eine sagenhafte Kollektion von Schmuck aus massivem Silber, eine Waffensammlung, die

»Eiserne Jungfrau«, englisch *»The Maiden«,* Vorläuferin der Guillotine aus dem Jahre 1564, mittelalterliche Kunstgegenstände und haufenweise anderes Zeugs.
**National Gallery of Scotland***:* Princes St. und The Mound. ☎0131 624 62 00. Täglich 10–17h, sonntags 12–17h zu besichtigen. Freier Eintritt. Eine der wichtigsten Gemäldegalerien europäischer Malerei. Von den zahllosen Meisterwerken seien nur einige genannt: eine »Kreuzabnahme« von Tintoretto, »Fest des Herodes« von Rubens, Lucas Cranachs »Venus und Cupido«, Bilder von El Greco, Zurbarán, Velasquez (»Die alte Köchin«), Raphaels »Madonna del Passagio«, ein wie gewöhnlich düsterer Turner (»Folkestone«). Des weiteren sind ein brillianter Gainsborough (»Mrs. Graham«), ein Selbstbildnis Rembrandts und »Junge Frau mit Blumen« und schließlich Watteau und Greuze (»Mädchen mit totem Kanarienvogel«) sowie alle Impressionisten vertreten! Viel Feingefühl wurde in Bezug auf Turners Aquarelle bewiesen. Sie werden nur im Januar ausgestellt, da sie im Winterlicht besser wirken. Im Obergeschoß werden französische Impressionisten gezeigt.

**Walter Scott Memorial***:* dieses gewaltige, überladene Denkmal im gotischen Stil auf der Princes Street, 1844 errichtet, ist gar nicht zu verfehlen. Walter Scott wäre sicherlich nicht gerade begeistert davon gewesen. Wer will und mutig genug ist, kann die fast dreihundert Stufen erklimmen. Als Belohnung winkt ein prächtiger Blick auf die Stadt.

**Im Dean Village**
**Scottish National Gallery of Modern Art***:* 74 Belford Road, Edinburgh EH4 3DR, ☎0131 624 6200, im Westen der Stadt. Von 10–17h geöffnet,

sonntags erst ab 12h. Eintritt frei. Mit Bus 41 ab Princes Street zu erreichen. Eine schöne Auswahl an Künstlern des 20. Jhs: Picasso, Lichtenstein, Braque, Léger, Matisse, Giacometti u.a.

## Ausflüge ins malerische Umland

**Dean Village** gehört noch zu Edinburgh. Ein Spaziergang, zudem bei schönem Wetter, hat etwas Unwirkliches in dieser quasi ländlichen Gegend an sich. Man läuft die Queensferry Street bis zum Leith River hinunter; kurz vor der Brücke geht's Bell's Brae hinunter. Die 1838 errichtete Brücke war für damalige Verhältnisse eine der höchsten der Welt. Seit die Reiseroute nicht mehr wie früher durch das Dorf führt, ist dieses nahezu in Vergessenheit geraten.

Dean Village ist ein ehemaliges Müllerdorf, in dem bis zu elf Mühlen das Korn für die Stadt mahlten. Nichts oder doch fast nichts hat sich seit drei Jahrhunderten geändert. Die vielen betagten Häuser sind ebenso erhalten wie die an der unteren Bell's Brae. Dort sind Inschriften auf der Fassade zu sehen. Der Fluß mit Buschwerk und kleinen Landhäuschen längs der Ufer gluckert friedlich wie seit jeher vor sich hin. Andererseits zeigt sich hier die Originalarchitektur einer Arbeitersiedlung Ende des 19. Jhs: roter Sandstein, flämische Fassaden, reiche Giebel.

Anstatt die Brücke am Ende von Bell's Brae sofort zu überqueren, sollten wir lieber unseren Weg auf demselben Ufer bis zu einer alten romantischen Fußgängerbrücke fortsetzen. Sie führt auch zum Well Court, dem vorbildlichen Sozialwohnungsblock von vorhin. Im Erdgeschoß verkaufen einige Mieter zum Wohl ihres Mietervereins detaillierte Faltpläne und hübsche Postkarten.

Ein anderer Vorschlag: einen Spaziergang zum **Carlton Hill Observatory** unternehmen, jenem von einer schottische Akropolis beherrschten Hügel. Ein großartiges Panorama ist garantiert!

**Royal Botanic Gardens**: Inverleith Row; ganzjährig geöffnet, außer bei einer allzu steifen Brise. Von Montag bis Samstag von 9h bis zur Dämmerung, sonntags ab 11h. Zu erreichen mit dem Bus 8 ab North Bridge oder 9 ab Princes Street. Ab George Street fährt die Linie 19. Die umfassendste Rhododendronschau der Welt. Wir haben's geglaubt! Jede Menge niedlicher grauer Eichhörnchen. Nee, stimmt gar nicht: eine große Pest sind sie! Aus Kanada eingeführt haben sie dem heimischen roten Kollegen den Garaus gemacht und richten hohe Schäden in den Wäldern an.

**Butterfly and Insect World**: auf der A 7 neun Kilometer vom Herzen der Stadt, kurz vor Dalkeith. Von Mitte März bis Ende Oktober zwischen 10 und 17.30h gegen ein Eintrittsgeld zu besichtigen. In einem großen Treibhaus flattern die allerschönsten, zum Teil seltenen, Schmetterlinge herum. Fische und Schildkröten tummeln sich in den Becken, sprudelnde Gewässer und einige Papageien. Hinter Glas noch Taranteln, Skorpione und Riesenheuschrecken.

## Unterhaltung und Veranstaltungen

**The Edinburgh International Festival**: der kulturelle Höhepunkt des Jahres steigt seit 1947 jeweils im August/September. Ursprünglich wurde damit das

Ende des Krieges gefeiert. Es werden allerhand erstklassige kulturelle Veranstaltungen – Musik, Theater, Tanz und Lyrik – dargeboten, und drei Wochen lang ist in der Stadt die Hölle los.

Alle, die im voraus Karten ordern wollen, schreiben an das *Festival Ticket Office:* The Hub, Castle Hill, Edinburgh, EH1 2NE, Scotland, ☎0131 473 2001, info@eif.co.uk. Telefonische Buchung und Kartenvorverkauf im *Ticket Office* montags bis freitags von 9-17h. In der Zeit des Festivals laufen zugleich ein *Internationales Filmfestival*, ein *Theaterfestival*, auf dem vorwiegend Avantgarde-Theatergruppen oder Laiendarsteller auftreten, ein *Jazzfestival*, eine *Buchmesse* u.a. *Fringe Festival:* Box YQ, Fringe Ticket Office, 180 High St., Edinburgh, EH1 1QS; ☎226 52 57. Sich rechtzeitig das Festivalprogramm beschaffen, auch wenn dieses eher unübersichtlich ist. Am besten beschafft man sich jeden Tag zusätzlich ein Tagesprogramm vom *Fringe Office* in der High Street. Auch einige Tageszeitungen, z.B. *The Independent*, bieten als besonderen Dienst einen *day planner* mit einer Auswahl an Veranstaltungen. Ausstellung sind übrigens mit Vorsicht zu genießen: Leser berichten uns von einer großartig angekündigten Fotoausstellung, die sich als eine hinter Tischen bzw. Gästen einer Theaterbar versteckte Handvoll Fotografien entpuppte.

**Edinburgh Military Tatoo:** alljährlich findet während des Festivals eine große Militärparade auf dem Schloßplatz statt. Kilts, Dudelsäcke und Trommeln sind zur großen Freude der Touristen auch dabei. *Tatoo* bedeutet übrigens »macht die Hähne zu ...« Gemeint sind die der Fässer. Die Show endet gewöhnlich mit den klagenden Tönen eines angestrahlten Dudelsackspielers auf dem Schloßturm, während die Festung langsam im Halbdunkel versinkt. An Stimmung mangelt es nie. Vorbestellung: *Tatoo Office*, 22 Market St., ☎225 11 88.

**Murder and Mystery Tour:** einige Unternehmen bieten originelle Führungen durch die Altstadt an. So zum Beispiel das Restaurant *Witchery*. Ein als Gespenst verkleideter Führer spaziert mit ihnen eine Stunde lang zu all den Örtlichkeiten, über welche es die schaurigsten Geschichten – Verbrechen, Folter, übernatürliche Erscheinungen – zu berichten gibt. Vorbestellung: ☎225 67 45, www.witcherytours.com.
Preiswerter, aber auch etwas traditioneller: im Sommer zweimal täglich Besichtigung der Royal Mile mit *Mercat Tours*; ☎661 45 41.

**Traverse Theatre:** 10, Cambridge St., nahe Uther Hall u. Royal Theatre, ☎228 14 04. Das ganze Jahr über bringt eines der besten Ensembles Schottlands erstklassige Stücke auf die Bühne. Obendrein sind die Plätze preisgünstig. Dazu gehört ein Restaurant. www.traverse.co.uk

**Hillend Ski Centre:** Biggar Rd, Edinburgh EH 10 7 DU; ☎445 44 33. Skifahrer kommen im Sommer in 400 m Höhe auf der größten Kunstpiste Großbritanniens auf ihre Kosten.

## Sehenswertes in der Umgebung

**Hopetoun House:** etwa 20 km westlich von Edinburgh. Zunächst auf der A 90 Richtung Forth Bridges, dann auf der A 904 Richtung Linlitgow. Ansonsten

den Zug nach South Queens-Ferry nehmen, in Dalmeny Station aussteigen und
noch vier Kilometer zu Fuß gehen.
☎331 18 88. ⏰ Mitte April bis Ende
September 11–16.45h (letzte Führung).
Dieses eindrucksvolle, georgianische
Schloß aus dem 18. Jh. wird im allgemeinen als das »schottische Versailles«
bezeichnet. Herausragende Innenausstattung – die Zimmer sind noch möbliert –
Aubuisson-Teppiche und Gemälde bekannter Maler (Rubens, Titian, Canaletto
u.a.). Besonders witzig die Schatzkam-
mer mit dem Archiv des Schlosses.
Umgeben ist das Schloß von Parks und
Gärten, in denen es die berühmte Hängebrücke, Forth Bridge, aus dem Jahre
1890 zu bewundern gilt.

## Unterkunft

**Wichtiger Hinweis:** Unterkunft zu
Festivalzeiten sehr schwierig.

*Herberge*
### Brodies Backpackers Hostel
*12 High Street, Royal Mile, Edinburgh,
EH1 1TB,* ☎*0044 131 55 622 23,
Fax: 0044 131 55 666 97
bookings@brodieshostels.co.uk
www.brodieshostels.co.uk*
↪ 56; Mixed and all – female dorms
from £ 10 – £ 18.50 pn (winter – summer). Weekly rates from £ 69 (winter).
Long – stay rates from £ 55 / week.
📶 yes; 🚌 A 5 minute walk from the airport shuttle drop-off, bus, train stations.
❖ Royal Mile
⏰ All year. ☻ Reception open 7 a.m.
until 1 a.m.
☺ VIP
Hostels for tourists or backpackers, well
situated on the historic Royal Mile. The
18th century listed building has been
converted to form spacious dormitory
accommodation while maintaining its
original old-world feel. The hostel has
stripped floors, stone walls and exposed
beams and is complemented by hotel
standard bedding, showers, internet
access, and a friendly and professional
welcome, as well as a cosy lounge, fully-
fitted self-catering kitchen, CCTV and
document lockers for security, plus a 24
hr electronic access system. Bus and train
stations are less than a 5 minute walk
away, as are the Tourist Information
Centre, the airport drop-off point, and the
major backpackers tour companies such
as Haggis, Macbackpackers and Wild in
Scotland. Relaxed, home-away-from-
home atmosphere. Pubs, clubs and
history are right on the doorstep. All in
all a good place to stay for backpackers,
adventurers and other budget travellers.

*Herberge*
### Budget Backpackers
*15 Cowgatehead, Edinburgh, EH1 1JY,*
☎*0044 131 22 66 351;
Fax: 0044 131 22 66 353
hi@budgetbackpackers.com
www.budgetbackpackers.com
Mr. Sarah.*
Twin £ 20, long Stay £ 10, quad (mixed)
£ 13.50, 6 – 12 dorm (mixed) £ 10.50 –
£ 11, quad £ 13.50 All rates pppn.
📶 yes; 🚌 5 min from train station.
⏰ All year. ☻ 8:00 a.m. – 8:00 p.m.
☺ Hostel World / Euro Hostels
New, friendly, safe, clean and City Centre located hostel in the heart of the old
town and next to city night life. 24 hr
access, max. 6 bed dorms (no overcrow-
ding here), many kitchens and shower
rooms. Close to bus and train stations
and Macbackpacker tour route.
**Discount:** 5%

*Herberge*

## Caledonian Backpackers

*3 Queensferry Street, Edinburgh, EH2*
*4PA,* ☎ *0044 131 47 67 224;*
*Fax: 0044 131 22 62 939*
*info@caledonianbackpackers.com*
*www.caledonianbackpackers.com*
*Ms. Annie Corder.*
DZ, getrennt oder zusammen, ab 36 £,
Mehrbettzimmer – ab 12 £.
🖭 MC, Visa; Breakfast; 🚌 Bushaltestelle nahe der Jugendherberge. Bushaltestelle und Bahnhof sind zu Fuß erreichbar. Pendelbus zum Flugplatz gleich um die Ecke.
❖ Nahe des Schlosses
Öffnungszeiten: Das ganze Jahr. 👁 24 Stunden
☺ IHG
Im der Stadtmitte, 24 Stunden geöffnet, Bar mit Linzenz, und voll eingerichteter Küche. Fernseh- und Waschraum, Internet, Raucher- und Nichtraucherbereiche zum Ausspannen.
**Discount:** 10%

*Pension*

## Gladstone Guest House

*90 Dalkeith Road, Newington,*
*Edinburgh, Midlothian, EH16 5AF,*
☎ *0131 667 4708*
*enquiries@gladstonehouse.co.uk*
*www.gladstoneguesthouse.co.uk*
*June & Alan Jeffrey.*
From £ 20 – £ 40 pp, which includes a full Scottish or Continental breakfast.; Breakfast
🕐 02.01 – 22.12. 👁 06:00 – 23:00
**Discount:** 5%

---

**Schottland**
www.ReiseTops.com

---

*Herberge / Hostel*

## Cowgate Tourist Hostel

*94–112 Cowgate, Edinburgh, EH1 1JN,*
☎ *0044 13 12 26 21 53;*
*Fax: 0044 13 12 26 73 55*
*info@cowgatehostel.com*
*www.cowgatehostel.com*
*Mr. Lee Ali;*
⤴ 60
Dorm from £ 12 pppn, twin: from £ 15 pppn.
🖭 Switch, Visa, Solo, MC, Eurocard, Maestro; 🚌 A 10 minute walk from the train and bus station
🕐 All year; 👁 08:00 – 23:00
☺ Hostels of Europe, Hostel World, IBHS
Renovated hostel in the heart of the historic old town made up of large apartments with their own fully equipped kitchen, bathroom, dining area and TV. Facilities incl. laundry, free linen, towel hire, hot showers, valuable and left luggage storage.
**Discount:** 10% Not in July and August.

*Jugendherberge*

## Belford Hostel

*Belford Road, Edinburgh, EH4 3DA,*
☎ *0044 131 22 02 200;*
*Fax: 0044 131 53 98 695*
*info@hoppo.com*
*www.hoppo.com/belford*
*Mr. Bren Ford;*
⤴ 90; Dorms from £ 14, double / twin from £ 45 pr.
🖭 yes; Breakfast, Restaurant; 🚌 Different buses.
🕐 All year. 👁 9 a.m. – 5 p.m.
🕐 24 hour access, no curfew.
☺ I.H.O.S
A 19th century former church building converted into a hostel and situated in the

new town near Edinburgh's main shopping street. Rooms are 4–6 bed dorms with decorated ceilings and stained glass windows. There are laundry facilities, a self-catering kitchen, a TV lounge and a licensed bar.
**Discount:** 10%

*Jugendherberge*
### Edinburgh Backpackers Hostel
*65 Cockburn Street, Edinburgh, EH1 1BU,* ☎ *0044 131 22 02 200;*
*Fax: 0044 131 05 39 86 95*
*info@hoppo.com*
*www.hoppo.com/edinburgh*
*Mr. Bren Ford;*
⇱ 120.
Dorms from £ 14, double / twins from £ 45 pr.
▧ yes; Breakfast, Restaurant; ▥ Buses.
🕐 All year. ☻ 9 a.m. – 5 p.m.
☺ I.H.O.S
With the Royal Mile and Edinburgh Castle nearby, the rooms boast views of Princes Street and the gardens, the pubs, clubs and cafes. The hostel includes a self-catering kitchen, a TV lounge, tours info, laundry facilities and luggage storage.
**Discount:** 10%

*Pension, Hostel, Gruppenunterkunft*
### Palmerston Lodge
*25 Palmerston Place, Edinburgh, EH12 5AP,* ☎ *0044 1312205141;*
*Fax: 0044 131 2205141*
*Reservations@edinburghhostels.com*
*www.edinburghhostels.com*
*Mr. Paul O'Connor-Mcallister.*
En-suite single £ 30 – £ 45, double / twin £ 40 – £ 60, triple £ 50 – £ 70, dorm £ 13 – £ 20. All rates include breakfast.
▧ MC, Visa; Breakfast; ▥ Regular bus

and train services within 2 minutes walk.
❖ City centre
🕐 All year. ☻ 8:00 a.m. – 11:00 p.m.
☺ HI
Grade A listed Victorian building with TV and tea / coffee in all rooms and breakfast included in all rates.
**Discount:** 10%

# Dunfermline

Diese kleine Stadt ohne nennenswertes Flair liegt an der Straße von Edinburgh nach Perth. Sie bildet sich viel darauf ein, vom 11. bis zum 14. Jh. als königliche Residenz gedient zu haben. Zu sehen gibt es hier allerdings eine phantastische mittelalterliche Abtei.

König *Malcolm Canmore* heiratete in Dunfermline die sächsische Königin Margaret. Dies geschah Anno 1070, und um das Ereignis gebührend zu würdigen, beschloß die junge Königin, an dieser Stelle die erste Benediktinerpriorei Schottlands zu gründen. Ihr Sohn, *David I.,* machte zunächst eine Abtei, dann ein Mausoleum für die königliche Familie daraus. Im 13. Jh. kamen Gebäude für die Bediensteten hinzu. Hiervon existieren noch die Überreste eines riesigen Speisesaals. *Königin Anne von Dänemark* zog schließlich mit ihrem Hofstaat hierher und gebar *Karl I.*

Von all diesen Bauten blieb nur noch eine mächtige Abtkirche erhalten, die – ausgenommen Sonntagvormittags – von 10–12h und von 13–16, bzw. im Sommer 17h, zu besichtigen ist. Ein verwunschener Friedhof mit Grabsteinen aus dem 17. und 18. Jh. umgibt sie. Auf dem Dach des Gebäudes steht in großen Buchstaben der Name des hier begrabenen Königs *Robert Bruce.* Im Innern ein wunderbares normannisches Kirchenschiff aus dem 12. Jh.

## Nützliche Anschriften

**Verkehrsamt:** Dunfermline Tourist Information Centre, 1 High St, Dunfermline Fife, KY12 7DL, ☎01383 72 09 99

## Curloss

Ab Edinburgh auf der A 90 Richtung Forth Bridges fahren, die – gebührenpflichtige – Brücke überqueren und links auf die A 985 Richtung Kincardine abbiegen. Curloss ist ein schnuckeliger Marktflecken, wo die Zeit stehengeblieben zu sein scheint. Seit den dreißiger Jahren wurden große Anstrengungen unternommen, die Häuser aus dem 16. und 17. Jh. zu restaurieren. Alle Gebäude haben ihren altertümliches romantisches Aussehen behalten, ob es sich nun um das Haus des Fleischers, des Färbers oder einiger reicher Kaufleute handelt. Der National Trust, in dessen Obhut sich der kulturelle Reichtum der Stadt befindet, hat im *Town House*, am Ende der Hauptstraße, ein Verkehrsbüro eingerichtet, in welchem man mit einem Lageplan der sehenswerten Gebäude ausgestattet wird. Auf keinen Fall auslassen sollte man: **The Palace***:* im hinteren Teil des Ortes, hinterm Town House. Typisches Beispiel für ein Kaufmannshaus vom Ende des 16. Jhs. Auffällige, gelbe Fassade und schöne bemalte Decken.

**Mercat Cross:** mit großen Kieseln gepflasterter Platz, auf dem ein Einhorn thront. Drum herum stehen winzige, weiße Häuschen. Hier kreuzen sich etliche gepflasterte Sträßchen, kein Hauch moderner Zeiten hat diesen Platz, einen

wahres Schmuckstück ländlicher Architektur, je berührt.

Weiter oben*:* die **Ruinen der Abtei** aus dem 13. Jh., der mit Zinnen geschmückte Kirchturm aus dem 14. Jh. und die alten Grabsteine, welche von der Vergangenheit des Ortes zeugen.

## Die Halbinsel Fife

Von Edinburgh durch den Firth of Forth getrennt, liegt das ehemalige Königreich von Fife wie eine Zunge in der mundförmigen Bucht, welche die Nordsee an dieser Stelle formt. Eine Fahrt bis zu der idyllischen alten Stadt St. Andrews lohnt sich allein schon wegen der entzückenden Fischerhäfen, die an der Küstenstraße liegen.

## Lower Largo

Dreißig Meilen hinter Dunfermline, wenn man die Küstenstraße hinter Kircaldy, einer Industriestadt, weiterfährt, gelangt man nach Lower Largo. In diesem friedlichen Fischerdorf wurde *Robinson Crusoe*, Vorbild aller Inselreifen, geboren.

Jeder Besucher sollte also andachtsvoll vor dem Haus 99 Main Street verharren und des Marineleutnants *Alexander Selkirk* gedenken – eine entsprechende Statue beflügelt vielleicht die Phantasie – der vier Jahre und vier Monate mutterseelenallein auf der Insel von Juan Fernandez verbrachte. Nicht einmal ein Freitag leistete ihm Gesellschaft. Seine Vorgesetzten hatten ihn wegen Ungehorsams dort seinem Schicksal überlassen. Es lebe die Marine Ihrer Majestät! Der Autor *Daniel Defoe*, den die Geschichte bewegte, schrieb den bekannten Bestseller. Der Ort selbst ist aber gar kein so einsames Pflaster. Zumindest ein nettes Pub lädt zum Verweilen ein.

## Elie

Kleiner Badeort fünf Meilen von Largo. Etwas touristisch und gutbürgerlich, aber trotzdem nicht ohne Charme. Nahe beim Hafen erstreckt sich eine Bucht mit langem Sandstrand.

## Pittenweem

Folgt man der A 917 noch weiter am Meer entlang, so erreicht man diesen bedeutenden Fischerhafen. Vor allem reizvoll wegen der hübsch restaurierten Häuser aus dem 16. Jh.

Während des Marktes ist der Hafen äußerst belebt. Am Ende der High Street eine Kirche mit ungewöhnlichem mittelalterlichen Glockenturm. Das Gefängnis kann besichtigt werden. Rechterhand führt eine Treppe in die *St. Filian* Grotte. Schenkt man der Legende Glauben, so diente der Turm mit seinen Geheimgängen dem ersten christlichen Missionar als Unterschlupf. Auch heute werden hier noch Messen abgehalten. Den Schlüssel erhält man im Geschäft in 9 High Street.

## Anstruther

Ein weiterer hübscher Hafen, nur zwei Kilometer von dem vorigen entfernt. Früher war dieser Ort dank reichen Heringsfangs sehr wohlhabend, aber durch die Wasserverschmutzung nahm das Heringsvorkommen stark ab. So

stellt der Ort auf Fremdenverkehr um und gibt Zeugnis von jener Zeit, als die Menschen noch in Einklang mit dem Meer lebten.

### Wertvolle Adressen

**Verkehrsamt:** am Hafen, neben dem Fischfangmuseum. ☎01333 31 10 73. Jeden Tag, außer am Sonntagmorgen, zwischen 10 und 17.30h erhält man Material über die Gegend. Im Winter schließen sie eine Stunde eher.

**Boote:** täglich fährt ein Boot die Insel May mit ihrem Vogelschutzgebiet an. ☎31 01 03.

### Einen Besuch wert

**Scottish Fisheries Museum***: am Hafen. Unter der Woche 10–17.30h, sonntags 11–17h geöffnet. Zwischen November und März schließt es eine Stunde früher. Eine Eintrittsgebühr wird verlangt. Eine seltene Art von Museum, bestechend durch sorgfältige Präsentation der Ausstellungsstücke. Daß hierbei viel Nostalgie mitschwingt, läßt sich nicht übersehen. Man erhält einen Einblick in die gesellschaftlichen und historischen Entwicklungen, welche die Gegend durchlebte. Es wird an den Fischfang erinnert, der zunächst mit Segelschiffen, später mit Dampfern betrieben wurde. Galionsfiguren aus dem 18. Jh., Taue, kupferne Sturmlampen, verzierte Rettungsringe usw. Ein Raum ist vollständig dem Walfang gewidmet und beherbergt unter anderem über zwei Meter lange Narwalzähne. Szenen aus dem Fischerleben – Zubereitung des Herings, ein Fischstand – wurden nachgestellt. Zuletzt landet man bei den Aquarien mit Krabben und Riesenhummern sowie Sägefischen.

Im Hof stehen einige Boote, eine Anker-
sammlung, Walknochen und ein nachge-
bautes Fischerhaus aus dem 16. Jh.
Gegenüber des Museums, am Kai, ein
schönes *Leuchtschiff.*
Am Ortseingang stößt man auf eine
sehenswerte Kirche. Das Haus nebenan
ist mit Muscheln bedeckt.

## Unterkunft

*Herberge*
### Falkland Burgh Lodge
*Back Wynd, Falkland, KY15 7BX,*
☎ *0044 1337 857710;*
*Fax: 0044 1337 858861*
*burgh.lodge@btconnect.com*
*www.burghlodge.co.uk*
*Mr. Michael Dow*
Bed rates are £ 12.50 October to March;
£ 13 April to September. Private Twin
£ 26, Family Private Family £ 52.
▣ Most Credit Cards accepted; ◼ Bus.
❖ Edinburgh and St Andrews
◷ 7 am to 10 pm
☺ IBHS, VisitScotland, Kingdom of Fife
Tourist Board
Good value accommodation in a relaxed
and friendly atmosphere. Clean, spacious
and centrally located with free parking
and cycle storage. Rooms available
include twin, family and dorms sleeping
four to eight guests. Ground floor rooms
with full facilities for guests with disabi-
lities. Can be booked exclusively (up to
36 guests) and, if arranged in advance,
full catering is provided; alternatively,
the fully equipped kitchen can be used.
Free tea and coffee, comfortable sofas
and a log fire. Deposits are requied to
confirm booking. This can range from
25% to 50% of total balance.
**Discount:** Group discounts available,
other discounts also.

*Herberge / Hostel*
### St. Andrews Tourist Hostel
*Inchape House St Mary's Place,*
*St. Andrews, KY16 9QP,*
☎ *0044 13 34 47 99 11;*
*Fax: 0044 13 34 47 99 88*
*www.hostelsaccommodation.com*
◤ 40, Dorm from £ 12 pppn.
▣ yes Switch, Visa, Solo, MC, Eurocard, Maestro; ◼ A 5 minute walk from
the bus station
◷ All year; ◉ 08:00 – 23:00 in summer
and 8 a.m. – 3 p.m. and 6 p.m. – 11 p.m.
in winter
☺ Hostels of Europe, Hostel World,
IBHS
New hostel in the heart of the historic old
town with facilities incl. a fully equipped
kitchen, large lounge / dining room, TV
and video room, laundry, Internet access,
free linen, towel hire, hot showers, valuable and left luggage storage, free tea /
coffee.
**Discount:** 10% Not in July and August

## Caputh

## Unterkunft

*Herberge*
### Wester Caputh Independent Hostel
*Manse Road, Caputh, Perthshire PH1
4JH, Phone No: 0044 1738 710449*
*info@westercaputh.co.uk*
*www.westercaputh.co.uk*
*Wilma and Roy Henderson*
All hostel beds £ 13 pn (or £ 215 pn
exclusive use 17 beds).
Self-catering; all bed-linen provided
▣ MC, Visa; Breakfast, Restaurant;
◼ Train and bus.

❖ Perth and Dunkeld
🕐 All year. 👁 9 a.m. – 10 p.m.
☺ Scottish Independent Hostels
There is an ambience, a lifestyle, an ethos about this place created by those who made it and those who stay and continue to make it claim the owners. It is a green and peaceful place.
**Discount:** 10%

# Aberdeen

Granitene Bauten bestimmen das Bild in der Innenstadt. Durch die Hauptgeschäftsstraße, die Union Street, schieben sich wochentags ungeheure Menschenmengen und Fahrzeugströme.

## Nützliche Adressen

**Verkehrsbüro:** Tourist Information Centre, 23 Union Street, Aberdeen, AB11 5BP, ☎01224 288828

## Unterkunft

*Gruppenunterkunft*
### Schoolhouse & Royal Deeside English
*Anderson Road Ballater, Aberdeenshire, AB35 5QW,* ☎*0044 13397 56333*
*schoolhouseballater@btinternet.com*
*Ms. Cathy Low;*
↻ 24
Dorm BB: £ 10 double B&B: £ 20 pp
🖥 Visa, MC; Breakfast, Restaurant;
🚌 Bus from Aberdeen
❖ Aberdeen
🕐 New hostel, opening 1 May, then open all year 👁 9 a.m. – 9 p.m.
☺ Independent
Within Cairngorm National Park area, very attractive, newly renovated Victori-

an Villa in delightful Highland town of Ballater, 10 minutes from Balmoral castle where British royal family spend their summer holidays. Facilities of a high standard, comprising 3 dormitories, normally with 3 bunks each (4max). All dorms en-suite. Social room, dining room, garden. Log fires and healthy meals. Resident storyteller. Also operates as English language school – special 'drop in' courses available.
**Discount:** 5%

# Corgarff

*Herberge / Hostel*
### Jenny's Bothy Crofthouse
*Dellachuper, Corgarff, AB36 8YP,*
☎*0044 1975 651449*
*jenny@jenboth.go-plus.net*
*www.upperdonside.org.uk/jenboth*
*Ms. Jenny Smith.*
Price £ 8 pppn, double room £ 16 pn.
Small – medium parties may book private use; 🚌 Nearest bus stop 7 miles away.
❖ Strathdon
🕐 Mar – 10th Jan, 👁 9 a.m. – 10 p.m.
☺ IBHS
Secluded location with combinations of natural silence and bird song. Rustic building with whitewashed stone walls, wood burning stove, spaceous main room with sleeping / sitting and eating areas, family room, hot shower and WC.

# Aviemore und das Tal des River Spey

Wir betreten jetzt eins der beliebtesten Fremdenverkehrsgebiete Schottlands. Hier ist das ganze Jahr über was los: im Winter ist Skifahren angesagt. Richtig kombiniert: hier wird niemand einsam bleiben und dieser Ort entspricht nicht gerade der Vorstellung von schottischer Wildnis mit fünf Einwohnern pro Quadratkilometer. Man kann aber von Aviemore zu wunderbaren Wandertouren aufbrechen und kommt dann ganz geschwind in unermeßlich weite, einsame Landschaften.

## Nützliche Adressen

**Highlands of Scotland Tourist Board**, Peffery House, Strathpeffer IV14 9HA, ☎01997 421160, www.visithighlands.com

**Fremdenverkehrsbüro:** Grampian Road, Aviemore, PH22 1PP; ☎01479 810363, Fax: 01479 811063.

## Sehenswertes

Die Gegend lädt zu unzähligen Wanderungen und Ausflügen ein. Hier einige Vorschläge:

**Aufstieg zum Cairngorm:** das ist die klassische Wandertour in diesem Gebiet. Der Weg ist nicht sonderlich schwierig und gut markiert. Man rechne zwischen vier und fünf Stunden für Hin- und Rücktour und vergesse nicht, warme Wollsachen einzustecken. Möglicherweise begegnen einem unterwegs die einzigen Rentiere Schottlands. Viele Leute ziehen es vor, mit den zwei Sesselliften hinaufzufahren und zu Fuß hinunterzulaufen. Bei zuviel Wind ist der zweite Sessellift außer Betrieb, so daß man den Rest bis nach oben gezwungenermaßen zu Fuß zurücklegen muß. Das Panorama, das sich einem schließlich eröffnet, läßt sich nicht beschreiben: man muß es selbst genießen.

Wenn man schon soweit oben ist, könnte man gleich die Gelegenheit nutzen, den zweiten Gipfel, den *Ben Macdhui*, zu erklimmen. Auch auf dieser Zweistunden-Tour dürften keine Schwierigkeiten auftreten.

Loch Morlich selbst lädt zu allen Wassersportarten ein: Surfen, Boot- und Kanufahren usw. In dieser Gegend befinden sich auch zahlreiche Ponytrekking-Höfe.

**Strathspey Steam Railway:** ein Vergnügen für Kinder, die im Intercity-Zeitalter aufgewachsen sind. Auf der ehemaligen Strecke der dampfbetriebenen Bahnen schnauft ein Zug acht Kilometer von Aviemore Speyside Station nach Boat of Garten. Von einer alten Lok gezogen, läßt er gemächlich die Landschaft vorbeiziehen. Im Sommer finden am Nachmittag bis zu fünf Fahrten statt. Auskunft bei: 0044 01479 81 07 25, www.strathspeyrailway.co.uk

# Kincraig

*Hotel*

### Loch Insh Watersports and Skiing Centre

*Insh Hall, Kincraig, PH21 1NU,*
☎*0044 1540 651272;*
*Fax: 0044 1540 651208*
*office@lochinsh.com*
*www.lochinsh.com*
Single room supplement £ 5, en-suite £ 22 pn, non en-suite £ 20.50, family of 4 £ 71.50 pn, half board en-suite £ 37.25, full board en-suite £ 42. Discounts for groups.
⌨ yes; Breakfast, Restaurant; 🚃 Train to Aviemore (6 miles away), local buses and taxis available.

❖ Aviemore
🕐 All year. 👁 9 a.m. – 5 p.m.
Award winning family-run resort in the heart of the highlands, with good views of the Spey Valley.

# Boat of Garten

*Hotel*

**Fraoch Lodge**
*Deshar Road, Boat of Garten, PH24 3BN,* ☎*0044 1479 831 331;*
*Fax: 0044 1479 831 331*
*hostel@scotmountain.co.uk*
*www.scotmountain.co.uk*
*Ms. Rebecca Field.*
Twin £ 18 – £ 28, family room £ 16 – £ 26 pp; Breakfast, Restaurant; 🚌 Bus stop 10m away.
❖ Aviemore
🕐 All year. 👁 9 a.m. – 9 p.m.
☺ IBHS
Luxury hostel with all facilities for outdoor enthusiasts. Food at affordable prices.

# Nethy Bridge

*Herberge*

**Nethy.org – Nethy Station Hostel**
*Nethy Bridge, PH25 3DS,*
☎*0044 1479 821 370;*
*Fax: 0044 1479 821 370*
*info@nethy.org*
*www.nethy.org*
*Richard or Patricia Eccles.*
from £ 8.50 pn all bunkhouse accommodation. Exclusive Use only – 6 – 87 pax!; Breakfast, Restaurant; 🚌 available.
❖ Inverness
🕐 All year. 👁 Anytime
☺ Highland Hostels

Frequently booked by German groups.
**Discount:** 5%

# Newtonmore und Kingussie

Seitdem die A 9 den Verkehr, der sich früher durch die kleinen Marktflecken wälzte, außen vorbeileitet, sind die Orte ein wenig in Lethargie verfallen. Ihr Unterkunftsreservoir scheint nun nicht mehr im richtigen Verhältnis zu ihrer Größe zu stehen. Aber um so besser: wie werden die Ruhe genießen und keinerlei Schwierigkeiten haben, ein freies *B&B* zu finden.

**Verkehrsbüro***:* Newtonmore Gallery, Main Street, Newtonmore, PH20 1DA, ☎01540 67 39 12

## Anreise

Die Eisenbahnlinie Richtung Inverness führt hier vorbei.

## Sehenswürdigkeiten

**Highland Folk Museum***:* Duke St. in Kingussie. ☎661 307. In der Zeit von April bis Oktober täglich montags bis samstags von 10–18h, sonntags von 14–18h zu besichtigen. In der Nebensaison ist das Museum von 10–15h geöffnet. Wenn das Zeug in der Eingangshalle auch ein wenig lächerlich erscheint, so ist die Führung dafür um so lehrreicher. Man bekommt eine gute Vorstellung von den für dieses Gebiet typischen Tätigkeiten. Ausgestellt sind in verschiedenen Gebäuden Werkzeuge, alte landwirtschaftliche Maschinen, Webstühle, Bauernmöbel, Haushaltsgegenstände, Musikinstrumente u.a.

Jenseits des Flusses liegen die Ruinen der **Ruthven Barracks**, einer ehemaligen Kaserne aus dem 18. Jh., die dazu diente, die damals wirklich höchst rebellischen Bewohner der Highlands in Schach zu halten. Sie wurde jedoch 1746 von Bonnie Prince Charlie in Brand gesetzt.

**Highland Wildlife Park**: Autofahrer können mit ein wenig Glück in diesem einhundert Hektar großen Naturreservat Wildpferde, Büffel und Hirsche en masse beobachten; mit sehr viel Glück auch Bären, Wölfe, Wildkatzen, Adler u.a. Der Park liegt kurz vor Kincraig an der B 9152, der Straße von Perth nach Inverness, und 11 km südlich von Aviemore.

## Unterkunft

*Hostel*

**Newtonmore Hostel**
*Main St, Newtonmore, PH20 1DA,*
☎ *0044 1540 673360;*
*Fax: 0044 1540 673360*
*cheapsleep@highlandhostel.co.uk*
*www.highlandhostel.co.uk*
*Mr. Peter Main.*
Shared (1,2,3) £ 11 pppn, private (4) £ 13 pppn, single (5) £ 22 pppn
☷ yes; ⚌ Public transportation.
❖ Newtonmore
🕙 All year; ☺ IBHS

*Hostel*

**Strathspey Mountain Hostel**
*Main Street, Newtonmore, PH20 1DR,*
☎ *0044 15 40 67 36 94;*
*Fax: 0044 15 40 67 36 94*
*strathspey@newtonmore.com*
*www.newtonmore.com/strathspey*
*Mr. Laurie Skuodas.*
£ 10 pp.

☷ yes; ⚌ Bus and train stops nearby.
❖ Kingussie
🕙 All year. ☻ 08:00 – 23:00
☺ IBHS
Three star hostel.
**Discount:** 10%

# Inverness

Die stark vom Fremdenverkehr geprägte Hauptstadt der Highlands bietet an sich keine überwältigenden Sehenswürdigkeiten, ist aber Pflichthalt für alle, die ihre Reise in Schottlands Norden fortsetzen. Zumindest der Name der Stadt besitzt einen reizvollen Klang. Die Stadt beweist viel Charakter und eignet sich hervorragend als Ausgangspunkt für einen Ausflug nach Loch Ness.

## Nützliche Adressen

**Verkehrsamt:** Highlands of Scotland Tourist Board, Castle Wynd, Inverness, Inverness-Shire, IV2 3BJ, ☎ 01463 23 43 53.

**Postamt:** Queensgate. Werktags von 9–17.30h, samstags von 9–12.30h geöffnet.

**Busbahnhof:** Farraline Park (Academy St.). Auskunft: 23 75 75.

**Bahnhof:** Academy St. Auskunft unter ☎ 0845 601 5929. Verfügt über eine Duschgelegenheit.

**Wechselstube:** Thomas Cook, 9 Inglis St, Inverness Inverness-Shire, IV1 1HN, ☎ 01463 88 22 40

**Fahrradvermietung:**
*Highland Cycles* 16A Telford Street., ☎ 01463 234789. Inverness IV3 5JZ. Bis

5.45 p.m. geöffnet. Spezialist, was Mountain Bikes anbelangt. Er paßt auch schon mal auf den Rucksack auf. info@highlandbikes.com www.highlandbikes.com

**Autovermietung:** *Cordiners Garage:* Harbour Rd. ☎22 44 66. *Kenning Car Rental:* 16 B Telford St; ☎24 24 00.

## Sehenswürdigkeiten

Die wenigen Sehenswürdigkeiten der Stadt wird man fix abgeklappert haben. Von der Burg des Macbeth ist natürlich nichts mehr erhalten. An seiner Stelle erhebt sich eine nichtssagende Nachbildung aus dem 19. Jh. Auch die meisten alten Häuser sind den Machenschaften der Spekulanten während der letzten zwanzig Jahre zum Opfer gefallen. Reizvoll ist jedoch an einem schönen Sommerabend der Sonnenuntergang, den man in seiner ganzen Pracht am besten von der *Uferpromenade Huntly Street* und der alten Hängebrücke, die dort hinführt, erlebt. Die *Douglas Row*, der Verlängerung der Bank Street in Richtung der Nessmündung, säumen noch reihenweise hübsche Gebäude. Romantisch und erholsam ist auch ein Spaziergang auf den von Grünflächen und Blumen gesäumten Wegen unterhalb des Castles.

**Inverness Museum and Art Gallery:** Castle Wynd. ☎01463 71 08 48. Besichtigungszeiten täglich von 9–17h. Sonn- und feiertags geschlossen. Freier Eintritt. Das kleine Museum veranschaulicht den Besucher mittels Fotos und Bildern die Geschichte der Region und die Highlands. Es verfügt ferner über eine naturkundliche Abteilung und eine Sammlung von Grabsteinen aus der Piktenzeit.

In einem sehr engen Umkreis findet man einige Denkmäler und typische Häuser versammelt: an der High Street z.B. die *Town Hall* in viktorianisch-gotischem Stil mit dem Marktkreuz.

Im Innern sind schöne Glasfenster zu sehen. Hier wurde 1921 der erste Ministerrat außerhalb von London abgehalten: auf der Tagesordnung stand die irische Frage.

Gleich gegenüber, an der Ecke Bridge Street / Church Street, ragt ein *Turm* als letztes Rudiment des Stadtgefängnisses aus dem 18. Jh. in die Höhe.

In der Church Street stößt man auf das **Albertaff House**. Es handelt sich um das älteste Haus der Stadt, Baujahr 1592, und wurde erst kürzlich aufgemöbelt. Besichtigungszeiten: montags bis freitags von 9–16.30h. Auf der gegenüberliegenden Straßenseite erblickt man das *Dunbar Centre*, ein rund zweihundert Jahre altes Krankenhaus mit eleganten Dachfenstern.

Außerdem sehenswert: die mechanische Uhr im **Eastgate Center**. Zu jeder vollen Stunde tut sich was, insbesondere aber um 18h, wenn alle beweglichen Teile in Aktion sind.

## Nicht fern

Das **Culloden Memorial***:* im Culloden Moor, 8 km östlich der Stadt an der B 9006 und erreichbar mit dem Bus 17 ab Inverness. ☎(046) 3 72. Von November bis Ende März geschlossen. ☉ 9.30–17.30h, im Juli und August bis 20.30h. Der Besuch lohnt sich. Culloden, Schauplatz kriegerischer Auseinandersetzung im Jahre 1746, besitzt ein Museum zum Gedenken an diese Schlacht, die für Schottland die letzte Möglichkeit bedeutete, seine Unabhängigkeit zu wahren.

Bonnie Prince Charlie und seine Gefolgsleute hatten eine blutige Niederlage einzustecken, die ihnen der Duke of Cumberland an der Spitze der englischen Armee zufügte. Im Culloden Moor befinden sich rührend schlichte Steine, welche die Grabstätten der Clansleute kennzeichnen. Nach verlorener Schlacht wurde den Schotten das Aufrechterhalten ihrer Sippengesellschaft, das Tragen ihrer Plaids und überhaupt alles, was die schottische Tradition ausmachte, verboten, sogar das Dudelsackpfeifen. Ein schwarzer Tag für die Schotten! Die Zeugnisse aus jener Zeit sind in einem alten, hübsch wiederhergerichteten Bauernhof ausgestellt.

Eine Meile weiter **Clava Cairn**, eine Grabstätte aus der Bronzezeit mit aufrechtstehenden Steinen. Der Zugang ist etwas schwierig. Man muß eine halbe Stunde Fußweg ab Culloden in Kauf nehmen.

## Unterkunft

*Herberge / Hostel*

### Eastgate Backpackers Hostel

*38 Eastgate, Inverness, IV2 3NA,*
☎ *0044 14 63 71 87 56;*
*Fax:0044 14 63 71 87 56*
*info@eastgatebackpackers.com*
*www.eastgatebackpackers.com*
*Mr. Imtaiz Ali;*
⇥ 38; Dorm from £ 10 to £ 12 pppn, twin: from £ 13 to £ 15.
▨ Switch, Visa, Solo, MC, Eurocard, Maestro;
🚋 A 10 minute walk from the bus and train station
🕐 All year; 👁 08:00 – 23:00
☺ Hostels of Europe, Hostel World, IBHS

Twin and dorm rooms; newly renovated hostel in Inverness city centre. Fully equipped kitchen, lounge / dining room, TV, Internet access, cycle hire, free linen, towel hire, hot showers, valuable and left luggage, free tea / coffee.
**Discount:** 10% except during July and August.

## Thurso

Diese kleine Stadt ist eigentlich nur wegen ihrer Nähe zum Abfahrtshafen der Schiffe Richtung Orkney Islands von Belang. Ansonsten auch wegen der zu *Dounreay* mit seinem Schnellen Brüter, in dessen Nest unser »Umweltminister« die einst für Kalkar vorgesehenen Plutoniumbrennstäbe versteckt. Neunzig Prozent der radioaktiven Belastung der Nordsee stammen aus dieser Anlage und *Sellafield*, s. Kap. »Lake District«. Die Fähren legen im 3 km westlich von Thurso gelegenen *Scrabster* ab. Die Überfahrt kostet allerdings von John O'Groats aus erheblich weniger. Die wild zerklüfteten Klippen bieten allen möglichen Vögeln Unterschlupf und laden den Besucher Thursos zu einem hübschen Spaziergang in den Osten des Örtchens ein. Eine herrliche Beschäftigung, wenn man auf das Schiff wartet.

In der Regel kann man den kostenlosen Buszubringer in Anspruch nehmen, der gegen 16h, sonntags um 13.30h, vom Bahnhof Thurso nach John O'Groats geht, wo man um 18h die Fähre auf die Orkney Islands nehmen kann.

Wer Muße hat, benutze den Postbus, der täglich früh nachmittags vom Busbahnhof losfährt und an der Küste entlang durch alle Dörfer brummt.

**Verkehrsamt**: Highlands of Scotland

Tourist Board, Riverside, Thurso, Caithness, KW14 8BU, ☎01847 89 23 71, Fax: 01847 89 31 55, Im Schaukasten hängt ein Stadtplan sowie eine Liste aller B&Bs und Campingplätze aus.

**Keltisches Musikfestival** normalerweise im Juni oder Juli.

## Schlafen

*Herberge*

**Sandra's Backpacker's Hostel**
*24 Princes Street, Thurso, KW14 7BQ,*
*☎0044 1847 894575;*
*Fax: 0044 1847 894575*
*sandras-backpackers@ukf.net*
*www.sandras-backpackers.ukf.net*
*Mr. George Carson.*
↵ 8; Dorm bed from £ 10 pppn, double / twin from £ 28 pn; Breakfast; 🚌 Bus, Train.
❖ Town Square
🕐 All year. 👁 9 a.m. til 9 p.m.
☺ Highland Hostels
Modern fully upgraded hostel run to high standards all rooms with en-suite facilities, large common room, kitchen, email access, bike hire.
**Discount:** 5%

## Westray und Papa Westray

Die nördlichsten Inseln des Orkney Archipels lohnen einen Besuch.

Papa Westray verdankt seinen Namen den zahlreichen Mönchen oder »Vätern«, die hier im Mittelalter in aller Abgeschiedenheit lebten. Man hat auch zwei Häuser aus der Steinzeit entdeckt; sie sind ungefähr fünftausend Jahre alt. Auf dem winzigen Eiland *Holm of Papa* im Osten der Insel erhebt sich ein eindrucksvolles

Hügelgrab, das man nach Absprache mit einem der Einwohner von Papa Westray besuchen kann.

Von hier besteht im Sommer alle zwei Tage eine Verbindung mit Kirkwall. Wir befinden uns nun wirklich am Ende der Welt. Übrigens ein Paradies für zahlreiche Vogelarten.

## Unterkunft

*Hotel ****

**The Barn**
*Chalmersquoy, Westray, KW17 2BZ,*
*☎0044 1857 677214*
*info@thebarnwestray.co.uk*
*www.thebarnwestray.co.uk*
*Ms. Isabell Harcus.*
£ 11.75 (adult), £ 8.80 (child).
🕐 All year. 👁 24 hours
☺ SIH
Situated on the edge of Pierowall Village with views of the bay, The Barn offers quality hostel accommodation and camping facilities.

## Durness

Das kleine Kaff an der äußersten Nordküste ist abgeschnitten von der Welt. Es ist der Hafen für die »midges«, Tausende stechlustigster Insekten. Man wappne sich unbedingt mit einem Insektenmittel. Im Sommer kommt dank der Touristenattraktion der *Smoo Cave* genannten Grotte, östlich der Siedlung etwas Leben in die Einsamkeit. Freier Eintritt. Lohnt sich aber eigentlich nur, wenn man reichlich Muße hat.

Noch ein Tip: nach *Balnakeil* fahren, einem Weiler 2 km westlich von Durness. Hier kann man einen hübschen, am Rande einer herrlichen Bucht gelegenen

Friedhof samt der Ruine einer Kapelle besuchen. Der Strand ist außergewöhnlich schön. Ferner gibt's ein sehenswertes Craft Village, wo es sich im gemütlichen Café wieder aufwärmen läßt.

## Nützliche Anschriften

**Verkehrsamt:** Sango, Durness, By Lairg, Sutherland, IV27 4PN, ☎01971 51 12 59, Fax: 01971 51 13 68

## Unterkunft

*Herberge / Hostel*
**Lazy Crofter Bunkhouse**
*Durine, Durness, Sutherland, IV27 4PN,*
*☎0044 19 71 51 12 02;*
*Fax: 0044 19 71 51 13 21*
*fiona@durnesshostel.com*
*www.durnesshostel.com*
*Ms. Fiona Mackay;*
⌐ 20; £ 11 pppn.
☀ All year; ◉ 02:00 – 22:00
☞ n/a
☺ Highland Hostels
Small independent hostel which provides quality self-catering accommodation to groups, families and individuals.

*Hotel \*\*\*\**
**Mackays**
*Durine, Durness Sutherland Scotland*
*IV27 4PN; ☎O0441 971 511202*
*fiona@visitmackays.com*
*www.visitmackays.com*
Classiv Double / Twin £ 35 – £ 40 pp;
Delux Double / Twin £ 45 – £ 50 pp.
▥ yes; Breakfast, Restaurant
☀ Easter – End of October; ◉ Earliest arrival is 14:00 hr and Checkout is 10:30 hr
Four star small hotel – the best place to stay in the northwest. Fully equipped with flat screen televisions and DVD players – ideal for our sometimes-resilient Scottish weather. Listen to your choice of music on the I-Pod provided in your room. Described as a well kept secret Mackays offers every comfort you could need and our Restaurant uses quality local produce.

# Lairg

## Nützliche Anschriften

**Verkehrsamt:** Ferrycroft Countryside Centre, Lairg, Sutherland, IV27 4AZ, ☎01845 22 55 121, Fax: 01549 402160

*Herberge / Hostel*
**Inchnadamph Lodge Inchnadamph**
*Elphin, Lairg, IV27 4HL,*
*☎0044 1571 822218;*
*Fax: 0044 1571 822232*
*info@inch-lodge.co.uk*
*www.inch-lodge.co.uk*
*Mr. Christopher Rix;*
⌐ 50.
Twin / double £ 20, hostel £ 14 rate pp incl. breakfast;
▤ Busstop 100m away.
❖ Lochinver
☀ 01.03 – 30.11. ◉ 24 hours
**Discount:** 10%

# Ullapool

Das Fischerdorf mit den weißen Häusern ist heute ein bedeutender Fremdenverkehrsort und zugleich zwangsläufig Zwischenhalt für Reisende Richtung *Lewis Insel*. Es gibt im Ort ein kleines Museum. Nicht versäumen, wenigstens einmal die

Rückkehr der Fischer am Abend mitzuerleben. An manchen Tagen erspäht man sogar Seehunde. Wir finden den Ort wenig reizvoll, aber lieben das Hinterland Richtung Norden um so mehr.

## Nützliche Anschriften

**Verkehrsamt:** Highlands of Scotland Tourist Board, Argyle St, Ullapool Ross-Shire, IV26 2UB, ☎01854 61 21 35, Fax: 01854 61 30 31. Von April bis Oktober von 9–18h, im Juli und August bis 19h, geöffnet. Sonntagmorgen geschlossen.

**Museum für Heimatgeschichte:** nicht fern vom Verkehrsamt. Von April bis September täglich außer sonntags, 9–18h, geöffnet.

**Souvenirs:** Shetlandpullover und Schottenstoffe sind hier preiswerter als in Fort William. Geschäfte findet man am Kai und dahinter.

**Bootsausflüge:** nur von Ostern bis Ende Oktober, drei- bis viermal täglich außer Sonntag. Vier Unternehmen: *Summer Queen*, ☎01854 612472, Fax: 01854 613133, www.summerqueen.co.uk *Caledonian Macbrayne Ltd*, West Shore Street Ullapool, IV26 2UR ☎01854 612358, Fax: 01854 612433 *Isle Martin Trust*, John Smith, North Keanchulish, Ardmair, Ullapool, Ross-shire, IV26, ☎01854 612531 *Ardmair Boat Centre*, Peter Fraser, Ardmair Point, Ullapool, Ross-shire, IV26 2TN, ☎01854 612054, 07769692140, Fax: 01854 612757; p.fraser@btinternet.com. Auskunft erhält man am Hafen. Zur Wahl stehen: erstens die Vogelinsel,

Abfahrt 10.30 und 14.30h. Die Tour dauert drei Stunden. Zweitens die Summer Islands, Abfahrt jeweils um 10 und 14h, oder drittens die »Nature« Tour. Dreimal täglich, wobei man zwei Stunden lang Seehunden, Vogelnestern und Hirschen auflauert.

## In der Umgebung

**Achininver Rock Route:** der hübsche, markierte Wanderweg führt an Felsen entlang bis Achininver. Beim Fremdenverkehrsbüro in Ullapool ist eine detaillierte Generalstabskarte erhältlich. Der Fußmarsch nimmt insgesamt zehn bis zwölf Stunden in Anspruch. Ohne Wagen versucht man am besten zwischen Ullapool und Ardmair zu trampen, da der Weg dann an der Hauptstraße entlang verläuft. Dafür geht's dann ab Ardmair durch reines Ödland weiter.

18 km südlich von Ullapool erreicht man die *Corrieshalloch* Schlucht, bekannt wegen des *Falls of Meseach*, eines fünfzig Meter hohen Wasserfall. Von einer Hängebrücke aus läßt er sich ausgezeichnet betrachten. Anfahrt ab Inverness mit dem Bus. Achtung, der Bus in die entgegengesetzte Richtung läßt eine Weile auf sich warten. In der Regel erscheint er erst gegen 16h, und wer dann nicht kräftig winkt ...

## Unterkunft

*Pension*

**The Ceilidh Place**
*West Argyle St, Ullapool, IV26 2TY,*
☎*0044 1854 612103;*
*Fax: 0044 1854 612886*
*effie@theceilidhplace.com*
*Mr. Effie Mackenzie.*

Single £ 20, sharing a single (there are two beds) £ 14, double £ 20, family £ 50 for the room, cheaper by the week.

📶 yes; Breakfast, Restaurant; 🚌 Bus from Inverness.

❖ Garve

🕐 All year. 👁 8 a.m. – 11 p.m.

Comfortable rooms with good furnishings – bunk rooms for one, two, three or four people. The family rooms have a double bed and two bunks. Hot and cold showers are available in the rooms and there is a hotel attached. .

*Herberge*

**Scotpackers, Ullapool Tourist ostel**

*West Argyle Street, Ullapool, IV26 TY,*

☎*0044 1854 613126;*

*r.lindsay@btinternet.com*

*www.scotpackers-hostels.co.uk*

*Mr. Richard Lindsay.*

Dorm bed £ 13.50 to £ 14, doubles £ 17.50, both prices pppn. Also Self catering cottage sleeps 5–7 people, £ 80 pn.

📶 yes; Breakfast for groups only, Restaurants close by 🚌 Bus links to Inverness and Durness(summer months only) the Stornoway Ferry.

❖ Inverness

🕐 All year; 👁 24 hours.

☺ Scottish Independent Hostels, Scotland HIS

Good hostel with a nice homely feeling. It has good facilities, 4 internet machines, central heating, multi-fuel stove, drying room and a well-equipped kitchen. The largest dorm sleeps 6; some rooms are en-suite.Private rooms with tv + coffee facilities are available.

---

**www.interrailers.net**

---

# Insel Lewis (Harris & Lewis)

Eine wahrhaftige Paradiesinsel! Das größte Eiland der Äußeren Hebriden setzt sich aus zwei ungleichen Teilstücken zusammen: der tellerflachen, vegetationslosen Insel Lewis im Norden und dem steinigen, gebirgigen *Harris* im Süden. In Stornaway – nach dreieinhalbstündiger Überfahrt aus Ullapool – eingetroffen, zieht man in südlicher Richtung nach Tabert und befindet sich gleich mitten in einer unwirklich anmutenden Mondlandschaft: nichts als Felshügel, Seen und schwarzköpfige Schafe ... Ist ja gräßlich; wollen wir das wirklich? Je weiter man nach Süden vorstößt, um so unwirklicher wird die Angelegenheit. Auch das Meer mischt bei diesem einzigartigen Szenario fleißig mit.

Das *Verkehrsamt* in der 26 Cromwell Street, Stornoway, Isle of Lewis, HS1 2DD, ☎01851 70 30 88, Fax: 01851 70 52 44, wird ein *B&B* ausfindig machen.

## Unterkunft

*Herberge*

**Am Bothan Bunkhouse**

*Ferry Rd, Leverburgh, HS5 3UA,*

☎*0044 1859 520251;*

*Fax: 0044 1859 520251*

*ruari@ambothan.com*

*www.ambothan.com*

*Mr. Ruaridh Beaton;*

🛏 18, 3 bunkrooms for four, 1 bunkroom for six.

Dorm (room with 4 bunks) £ 12 – 14 pppn, special rates for groups.

📶 yes; 🚌 Ferry, bus 200m away.

❖ South Harris

🕐 All year;

👁 9 a.m. – 8 p.m.

☺ Visit Scotland 4* Hostel, Disabled

Award 3, Member of Independent Back-packer Hostels Scotland
Set within half a mile of the Leverburgh (South Harris)-Berneray (North Uist) ferry terminal, Am Bothan is a purpose-built timber-clad four star hostel enjoying good views over the islands of the Sound of Harris and to the horizon beyond. Decor with artefacts in every corner, reflecting the archaeology of its surroundings. All rooms are centrally heated and all bedding is provided; there is also an open peat fire.

*Ferienhaus*
### Sonny's Croft
*Barn Hill House, 19 Ardconnel Terrace, Inverness IV2 3AE,*
☎ *+44 (0)1463 225 797*
*anne@barnhillhouse.go-plus.net*
*www.scotland-inverness.co.uk/sonnys*
*Mrs. Anne Macpherson;*
⚓ 6, 2 double bedrooms and 1 bedroom with bunkbeds, from £ 350 – £ 400 per week.
❖ Stornoway town centre, ☾ all year
Typical late 1960s purpose-built croft house which is now available for self catering holiday accommodation. The house offers stunning views from all rooms. From the south-facing terrace patio one can watch the ferry coming in to Stornoway harbour. Or one can see the local fishing fleet return home on a Thursday evening. No Smoking. Pets welcome by prior arrangement.

# Dundonnell

*Camping / Caravan*
### Badrallach Bothy and Camp Site
*Badrallach, Dundonnell, IV23 2QP,*
☎ *0044 1854 633281*
*michael.stott2@virgin.net*
*www.badrallach.com*
*Mr. Michael Stott.*
£ 4 pp on alpine style platforms; 🚌 Westerbus, Rapsons, Citylink Inverness-Ullapool, Ullapool-Altnaharrie pedestrian ferry in summer.
❖ Ullapool
☾ All year;
👁 24 hours
☺ IHA and IBHS
On the shores of Little Lochbroom overlooking Anteallach, Badrallach Bothy with its peat stove and gas lights is a perfect place to unwind and enjoy the company of others.
**Discount:** 20%

# Gairloch

**Verkehrsamt:** Tourist Information Centre, Highlands of Scotland Tourist Board, Auchtercairn, Gairloch, Ross-Shire, IV21 2DN, ☎ 01445 71 21 30, Fax: 01445 71 20 71

*Pension*
### Rua Reidh Lighthouse
*Melvaig, Gairloch, IV21 2EA,*
☎ *0044 1445 771263;*
*Fax: 0044 1445 771263*
*ruareidh@netcomuk.co.uk*
*www.ruareidh.co.uk*
*Ms. Fran Cree.*
Twin / double en-suite facilities (on first floor) £ 38 pn, twin / double en-suite facilities (on ground floor) £ 32 pn, twin / double sharing public bath £ 28 pn four bedded family (shared bath) £ 34 pn, Four bedded en-suite family £ 38 pn, Hostel bed (4 or 6 person s) £ 10 pppn. Breakfast £ 5.50 pp

📧 MC, Visa; Breakfast, Restaurant;
🚌 Bus stop 13 miles away.
❖ Ullapool and Skye
🕐 06.02 – 04.01. ☜ Flexible
A remote and dramatic location, comfortable accommodation and a friendly welcome is waiting for guests. Phoning ahead is essential.
**Discount:** 5%

## Kinlochewe

*Hotel*

### Kinlochewe Hotel and Bunkhouse
*Kinlochewe, by Achnasheen, IV22 2PA,*
☎ *0044 1445 760253*
*kinlochewehotel@tinyworld.co.uk*
*Mr. Roderick Mccall;*
🛏 Hotel sleeps 18 people; bunkhouse sleeps 12.
Bunkhouse £ 10 pn, hotel from £ 35 / night.
📧 MC, Visa; Breakfast, Restaurant;
🚌 Bus (3 times per week) train to Achnasheen (10 miles away).
❖ Achnasheen
🕐 All year. ☜ 8:00 – 24:00
Meals served in the bar every night.

## Kyle of Lochalsh

Aus diesem Hafen laufen die Schiffe Richtung Insel Skye aus. Abfahrtszeiten: werktags zwischen 7 und 23h im Zehnminutentakt, sonntags zwischen 9 und 21h. Kostenlose Fähre für Fußgänger Richtung Kyleakin. Der kleine Marktflecken liegt inmitten einer Region, die ihren Ruhm der Schönheit ihres ungewöhnlich hügeligen Küstenstreifens sowie ihrer zahlreichen Seen verdankt, die ihr das Gepräge einer norwegischen

Fjordlandschaft verleihen. Ein längerer Aufenthalt lohnt sich jedoch nicht. Da kann man auch gleich in Plockton übernachten.
Man kann sich auch eine hübsche kleine »Kreuzfahrt« von Kyle of Lochalsh nach Mailaig gönnen. Sich über die genauen Termine unterrichten.

### Nützliche Anschriften

**Verkehrsamt:** Car Park, Kyle of Lochalsh, Ross-shire, IV40 8AQ, ☎ 01599 534276, Fax: 01599 534808

## Insel Skye

Weitaus größte Insel der sogenannten Inneren Hebriden und zugleich die meistbesuchte. Kein Wunder, zählt ihre Bergwelt doch zu den eindrucksvollsten Landschaften Großbritanniens. Das sollte man sich unbedingt ansehen. Aber aufgepaßt: sonntags verkehren nur die großen Buslinien. Die Insel ist von drei verschiedenen Häfen aus zu erreichen: erstens von Kyle aus, zweitens weiter südlich von G Leneg aus. Dies allerdings nur wochentags von Mai bis September. Die Überfahrt dauert ganze fünf Minuten. Drittens schließlich von Mallaig aus. Das ist am teuersten, da man eine halbe Stunde unterwegs ist. Im Sommer setzen täglich außer sonntags fünf Fähren über, die letzte davon um 19h.

In seinem – unentbehrlichen – Buch *Scotland* beschreibt der Autor Kenneth White folgende recht unwahrscheinliche, doch trotz allem amüsante Anekdote: in alten Zeiten stritten sich die Mac Donalds und die Mac Leods um den Besitz der Insel. Beide Sippen brachen gleichzeitig auf, um sie zu erreichen, beide wild entschlossen, vor der anderen Sippe an Land zu gehen. Einige Meter vor der Insel befanden sich ihre Boote jedoch immer noch auf gleicher Höhe. Da kam schließlich ein Mac Donald auf die glorreiche Idee, sich eine Hand abzuhacken und sie auf den Strand zu werfen.

**In Kyleakin** legt die Fähre an. Fahrradvermietung in einer kleinen, parallel zum Meer verlaufenden Straße (in Castle Mail, neben der JH). Das Vergnügen ist allerdings teurer als in Kyle of Lochalsh.

**Broadford:** zweitgrößte Stadt der Insel, unterhalb eines mächtigen Granitfelsens in einer großen Bucht.

### Fahrradtour von Broadford aus

Der Jugendherbergsvater kennt eine tolle Tour, offenbar die klassische in dieser Region. Sie ist allerdings recht anstrengend und hat ihre Tücken. So gilt es durch einen Fluß zu waten und eine sechs Meter lange, glatte Steinplatte, die auch noch steil zum Meer abfällt zu überwinden. Man leiht sich für einen Tag bei der Herberge ein Fahrrad und folgt dann der Straße nach Elgol, der A 881, bis Kilmarie. Will man sich nicht hetzen, sondern zwischendurch die herrlichen Ausblicke aufs Meer genießen, so hat man mit etwa drei Stunden Fahrtzeit zu rechnen. Seinen Drahtesel läßt man schließlich stehen und folgt dem Weg, der 150 m hinter dem Ortsausgang rechts abzweigt. Er ist gut ausgeschildert, Richtung Camasunary, und leicht zu erkennen. Man überquert das große Feld, das sich am Strand entlang erstreckt und läuft an der Küste bis zum Loch Corvisk und um dieses herum. Dabei hat man in einer Dreiviertelstunde ein gutes Stück Wegs zurückzulegen. Dann geht's wieder zurück auf die Straße, auf der man gekommen ist,

allerdings mit einer Abweichung: man wählt die Abkürzung über den Hügel zwischen Loch Corvisk und Camasunary, anstatt sich an der Küste zu halten. Das geht allerdings in die Waden. Hier ist dann auch die Flußüberquerung fällig, die bei Regen, bzw. hoher Wasserführung unmöglich ist und die Kraxelei auf dem »Bad Step«, der erwähnten Felsplatte. Der Weg nach Loch Corvisk zieht sich reichlich lang hin und unser »Hügel« entpuppt sich doch als anstrengend. Wenn man abends wieder zurückkehrt, ist die Landschaft, von dieser Höhe aus betrachtet, ein bleibendes Erlebnis. Auf alle Fälle weiß man, was man getan hat. Diese Tour ist nur mit entsprechend guter Kondition und Ausrüstung in Angriff zu nehmen.

**Luib:** kurz hinter Boadford, an der Straße nach Portree. Winziges, *Folk Museum*, durchaus anrührend. Von Ostern bis Ende Oktober täglich zwischen 10 und 18h Einlaß. In diesem Haus mit Strohdach wurde die traditionelle Einrichtung wiederhergestellt. Da brennt sogar noch ein Torffeuer im Ofen.

**Portree:** Hauptstadt der Insel. Die Häuser mit pastellfarben gestrichenen Fassaden verleihen dem niedlichen Fischerdorf einen besonderen Reiz. Wirklich traumhafte Lage am Ufer eines Lochs.
Im Juni wird hier die *Skye Week*, das Inselfest, abgehalten. Ende Juli findet im Festsaal beim Verkehrsbüro das *Folk Festival* statt.

Die **Highland Games**, berühmtes schottisches Fest mit traditionellen Tänzen und Wettkämpfen, steigen in der ersten Augustwoche. Wer hier mitzumischen wünscht, übe ruhig schon mal das Schlafen am Strand.

**Verkehrsamt:** The Car Park, Broadford, Isle of Skye, IV49 9AB, ☎0 1471 822 361

## Unterkunft

*Jugendherberge*
### Skye Backpackers
*Kyleakin, Isle of Skye, IV41 8PH,*
☎*0044 1599 534 510;*
*Fax: 0044 1599 534 420*
*skye@scotlands-top-hostels.com*
*www.scotlandstophostels.com;*
↵ 38
Single £ 10 – £ 11 / € 15 – € 17, double / twin £ 12.50 – £ 28 / € 19 – € 42, chalet £ 9.50 / € 14.25, caravan £ 9 / € 14
🖮 Visa, MC, Amex, Diners, Switch, Solo, JCB; Breakfast; 🚌 bus available for 15p from Kyle of Lochalsh
❖ Spend your time hillwalking, sightseeing or visit the legendary faeries on Skye. Kyleakin village offers a shop, café, choice of pubs and some of the most spectacular scenery that you'll ever find.
⏱ year round
🛏 2am
A real 'home away from home', the hostel is a sanctuary for any weary traveller. Curl up by the open fire with a good book, or in summer enjoy the hostel's large garden.

*Herberge*
### Chuchulainn's Backpackers Hostel
*Station Road, Kyle of Lochalsh, IV40 AE,*
☎*0044 1599 534492*
*cuchulainns_hostel@hotmail.com*
*Mr. Paul Kieran;*
↵ 12, rooms for 2, 4 and six.
£ 10 dorm (4 – and 6-bed) £ 11 twin.
🖮 yes; 🚌 Bus, train.
❖ Isle of Skye

⏱ All year. 👁 10 a.m. – 1 a.m.
☺ IBHS
Cosy, well equipped hostel. Fully heated, showers, fully equipped kitchen and laundrette.
**Discount:** 5%

*Herberge*
### Dun Caan Independent Hostel
*Pier Road, Kyleakin, Isle of Skye, IV41 8PL,* ☎*0044 1599 534087*
*info@skyerover.co.uk*
*www.skyerover.co.uk*
*Mr. Terry Hall.*
From £ 12 pppn, £ 2.50 for break-fast.
🖮 yes; Breakfast; 🚌 Public transportation.
❖ Cuillins Mountains
⏱ All year, but phone first during winter months.
👁 08:00 – 22:00; ☺ IBHS
Cosy, family-run small hostel with good vistas to seas and mountain, set on the waterfront of a fishing village, over-looking the ruins of the ancient Viking castle Moil. Restaurants and pubs near-by; the post office with the village shop sells everything. Full use of the kitchen, Coffee and tea, hot showers, use of TV and VCR, clean fresh bed linen, use of drying room
**Discount:** 5%

## Fort William

Ehemalige Garnisonsstadt am Fuße des *Ben Nevis*, mit 1344 m höchster Gipfel der Britischen Inseln. Heute eher häßliche Druchgangsetappe. Zum Vergleich: der Feldberg im Schwarzwald mißt gerade mal 1500 m, was etwa auch die Baumgrenze im Mittelgebirge markiert.

Fremde überschätzen meist die Höhe der Berge in Großbritannien, da sie, bedingt durch die Kahlschläge in früheren Zeiten, bis heute häufig unbewaldet blieben und daher ans Hochgebirge jenseits der Baumgrenzen erinnern. Viel Raubbau wurde in den Midlands, Wales und Schottland, kurz in allen bergigen Gegenden, getrieben. Das Holz wurde, von Heizzwecken abgesehen, für den Schiffsbau verwandt, später für die Stempel in den Bergwerken, als Eisenbahnschwellen oder auch in Form von Holzkohle in den Dampfmaschinen verfeuert. Die Böden versauerten in der Folge und die Aufforstung gestaltet sich auch wegen der heftigen Winde äußerst schwierig. Außerdem haben sich die Briten mittlerweile derartig an ihre abgewrackte Bergwelt gewöhnt, daß ihnen jede andere als unnatürlich erscheint und es bei jeder Aufforstung Proteste hagelt. Die Luft ist hier ist jedoch wirklich belebend. Wer allerdings Touristenmassen nicht gut verträgt, sollte *Fort William* tunlichst meiden, da man sonst leicht Gefahr läuft, sich eine Magenverstimmung zuzuziehen. Die hohe Zahl an Läden, die Tweed und Shetlandwollsachen verhökern, legt beredtes Zeugnis davon ab.

Im Juli und August sind die Übernachtungsmöglichkeiten vollständig ausgeschöpft, so daß sich selbst die Heilsarmee gezwungen sieht, obdachlosen Touristen Unterschlupf zu gewähren. Das dürfte deutlich genug sein: möglichst nicht während der Hochsaison kommen.

## Nützliche Adressen

**Verkehrsamt:** Fort William Tourist Information Centre, Cameron Centre, Fort William, Scotland, PH33 6AJ,

☎01397 703781, Fax: 01397 70 51 84. Täglich von 9–18h geöffnet. Einzige Abweichungen: im April bis 20h, Ende Mai bis Ende September bis 21h und in diesen Monaten auch sonntags bis 18h.

**Glen Navis Centre**: am Fuße des Ben Nevis, etwas vor der Jugendherberge; ☎36 01. Ehemalige Hippies haben hier ein Bergsteiger und Trekkingzentrum aufgemacht

## Sehenswürdigkeiten

**Aufstieg zum Ben Nevis**: für Hin- und Rücktour veranschlagt man mindestens sieben bis acht Stunden. Nicht vergessen, Name und Zeit der geplanten Rückkehr bei der Jugendherberge oder der Polizei (23 61) zu hinterlassen, wo man zugleich über die Wetterbedingungen aufgeklärt wird. Der Weg beginnt gleich vor der Herberge; meist sind auf ihm eine Menge Leute unterwegs. Der Aufstieg ist leicht und beschert dem Wanderer einzigartige Ausblicke. Wenn die Sonne ihr Spiel mit den Wolken treibt, entstehen die schönsten und ungewöhnlichsten Himmelsfärbungen. Es kommt vor, daß auf dem Gipfel Schnee liegt; auf jeden Fall ist es arg windig. Sich also mit Wollsachen bewaffnen, möglichst Regenzeug mit Kapuze. Übrigens: wenn das Wetter sich verschlechtert, sollte man der Versuchung widerstehen, trotzdem loszumarschieren; man sitzt dann nämlich ganz fix in der Patsche.

Zahlreiche Folkabende werden in den diversen Pubs veranstaltet.

Eisenbahnfreunde werden es sich kaum nehmen lassen, die **Strecke Fort William-Mallaig** in einem dampflokgetriebenen Zug zurückzulegen; im Schneckentempo, versteht sich. Für die überwältigende Landschaft und das romantische Erlebnis lohnt sich's, auch mal etwas tiefer in die Tasche zu langen. ☎01397 70 37 91.

**West Highland Museum**: am Cameron Square, gegenüber des Verkehrsbüros. Von 9.30–13h sowie 14–17h geöffnet. Im Juli und August von 9.30–21h ohne Unterbrechung. Sonntags geschlossen. Die Geschichte der Region wird mittels verschiedener Gegenstände und Dokumente dargestellt: Schottenstoffe, Waffen, Landkarten usw. Vom Entstehen der Berge über die tragische Geschichte von Bonnie Prince Charlie, unserem schottischen Helden, bis zur heutigen Tierwelt wird alles abgehandelt.

**Nevis Range**: neuer Skiort mit einer Drahtseilbahn als Hauptanziehungpunkt. Von Fort William aus sechs Kilometer auf der A 82 Richtung Norden bis nach Torlundy fahren. Alle Stunde verkehrt ein Gaelic Bus. Im Winter steht der Preis in keinem Verhältnis zu der Größe des Skigebiets, im Sommer aber kommt man auf seine Kosten: Restaurant, phantastisches Panorama, Wanderwege, Mountain Bike Vermietung usw. Die Drahtseilbahn schwebt alle Viertelstunde zwischen 9 und 21h den Berg hinauf.

## Nächtigen

*Herberge*
### Calluna Self Catering
*Heathercroft, Fort William, PH33 6RE,*
☎*0044 1397 700451;*
*Fax: 0044 1397 700489*
*calluna@westcoast-*
*mountainguides.co.uk*
*www.westcoast-mountainguides.co.uk/*

*accommodation.htm*
*Mr. Alan Kimber;*
⤵ 22.
4 person room £ 11, twin £ 14 pppn.
🏧 yes;
🚌 Yes.
❖ Fort William
🕐 All year. 👁 24 hours
⛓ No curfew, guests get keys.
☺ IBHS
Peaceful atmosphere, quiet and clean mountain air.

*Hotel*
### Farr Cottage Lodge & Activity Centre
*Main Street, Corpach, Fort William, H33 7LR,* ☎*0044 1397 72315;*
*Fax: 0044 1397 772247*
*mail@farrcottage.com*
*www.farrcottage.com*
*Mr. Stuart Nicol.*
⤵ 30; Beds from £ 12.50 to £ 15 pn.
🏧 Visa, MC, Switch, Solo, Visa Electron, Visa Debit; Breakfast, Restaurant;
🚌 Intercity Train and bus services to Fort William from Edinburgh, Glasgow and Inverness.
🕐 All year.
👁 8 a.m. – 9 p.m.
☺ IBHS, Hostels Of Europe, Hostel World, Scottish Tourist Board 4 Star
*Hostel*
The lodge is a STB 4 Star Hostel and offers Scottish Culture Nights for guests, Highland kilt and weapons demonstration, whisky evenings, history evenings and poetry evenings. Also a full range of outdoor pursuits from rafting, canyoning, mountain biking, go-karting, skiing, snow boarding, climbing, horse trekking and many more are organised.
**Discount:** 5%

# Oban

Dieses Seebad hat Königin Viktoria in Mode gebracht, die das hiesige Klima als sehr lindernd für ihr Rheuma empfand. Den Touristenmassen zum Trotz, hat Oban seine faszinierende Ausstrahlung bewahrt.

## Adressen

**Verkehrsamt:** Oban Tourist Information Centres, Argyll Square, Oban, Argyll, PA34 4AN, ☎01631 56 31 22, Fax: 01631 564273. ☺ 9–17.15h; von Mai bis September bis 20.30h. Zwischen November und März am Wochenende geschlossen.

**Bootsvermietung: Borro Boats**, Dungallan Park, ☎63 292. Ob mit Segeln, Motor oder Rudern bestückt ...

## Sehenswert

**Sea Life Centre:** zehn Meilen nördlich der Stadt an der A 828. Von Mitte Februar bis November täglich zwischen 9 und 18h, im Sommer bis 19h, geöffnet.

**Glasbläserei: Caithness Glass**, am Ende der Lochavullin Road. Die Besucher können die Herstellung der diversen Glasgegenstände miterleben. Freier Eintritt. Wochentags von 9–17h.

**McCaig's Tower:** McCaig war in den vierziger Jahren eine angesehene Persönlichkeit. Er ließ oberhalb der Stadt eine Nachbildung des Kolosseums in Rom errichten, die zwar kleiner ausfällt als das Original, aber immerhin einen Durchmesser von dreißig Metern erreicht.

**Brennerei:** Stafford Street. Unter der Woche von 9.30–16.15h unentgeltliche zu besichtigen; während der Saison auch sonntags, wobei man auch einen Schluck kosten darf.

**Museum World in Miniature:** am Hafen; die ganze Welt, originalgetreu wiedergegeben, im Taschenformat. Einlaß 10–17h.

Ein belebter *Markt* freitags von 10–16h auf dem Auction Market.

**Highland Games:** ein *großes Festival* mit original schottischen Tänzen und Spielen beherrscht die Stadt jedes Jahr am letzten Mittwoch und Donnerstag im August.

## Unterkunft

*Herberge / Hostel*

**Kerrera Bunkhouse Lower Gylen**
*Isle of Kerrera, Oban, Argyll, PA34 4SX,*
☎*0044 16 31 57 02 23;*
*info@kerrerabunkhouse.co.uk*
*www.kerrerabunkhouse.co.uk*
*Andy Crabb & Jo Heritage;*
⌁ 10; £ 12 pppn; 🚌 Bus or taxi to mainland slip
☺ All year; 👁 08:00 – 22:00
☺ Scottish Tourist Board, Independent Hostel Guide
Bunkhouse located on the Scottish Isle of Kerrera.

---

# NORDIRLAND

Der Norden läßt sich weniger unbefangen bereisen als der Süden, denn dort ist der politisch-soziale Zusammenhang des geteilten Volkes allgegenwärtig. Es wäre ein Unding, sich die Grafschaft Ulster ohne ein Mindestmaß an Hintergrundwissen über die hiesige Bevölkerung und ihre brisante Vergangenheit anzuschauen.

Ulster hat ja einiges zu bieten: abgesehen von den geschichtlich bedeutsamen Großstädten Derry und Belfast vornehmlich fabelhafte Landschaften wie den Giant's Causeway, die Mourne oder die Perrin Mountains mit ihren Tausenden von Menhiren. Den Slieve Donald bewältigt man locker an einem Nachmittag. Des weiteren harren unzählige ausgedehnte, einsame Strände wie White Park Bay, welche die stellenweise äußerst rauhe, zerklüftete Felsenküste säumen, sodann als Gegensatz dazu wundervolle Schluchten wie die **Glens of Antrim** oder die glitzernden Seen des Fermanagh. Die ausgeprägte Gastfreundschaft der Bewohner setzt all diesen Vorzügen noch die Krone auf.

Nordirland ist offenbar eine Bäckerdomäne. Noch die bescheidenste Bäckerei führt ein reiches Sortiment an Broten und Brötchen. Mal die *Bannocks*, kugelrunde, über offenem Feuer gebackene Kleiebrote, oder die *Farls*, schwere Brotfladen, ausprobieren.

---

**Dublin**
www.BookTops.com

---

## Newcastle

Bekannter Badeort der Grafschaft Dow, nördlich der Mourne-Berge gelegen. Hier versammeln sich an jedem schönen Wochenende die sonnenhungrigen Bewohner von Belfast. Schöner Strand, im Hintergrund die Silhouette der Berge. Angenehme *Promenade* an der Bucht entlang. In der Main Street die üblichen *Amusement Shops*.

**Fremdenverkehrsamt:** Newcastle Tourist Information Centre 132 Grainger Street, Newcastle, ☎0191 277 8000 Fax: 0191 277 8009, tourist.info@newcastle.gov.uk.
⏰ Monday, Tuesday, Wednesday, Friday 9.30am – 5.30pm, Thursday 9.30am – 7.30pm, Saturday 9am – 5.30pm.

## Unterkunft

*Jugendherberge*
**Newcastle Youth Hostel**
*Downs Road, Newcastle, BT33 0AG;*
☎*0044 28 4372 2133;*
*Fax: 0044 28 4372 2133*
*info@hini.org.uk  www.hini.org.uk*
↳ 37; £ 9.50 per adult pn bed only, £ 8.50 per adult pn bed only.
▦ Visa; Breakfast, Restaurant; 🚌 Bus stations with routes all over the country.
⏰ 01.03.– 23.12. 👁 8 a.m. – 11 a.m. and 5 p.m. – 11 p.m. ☺ HI
In the centre of Newcastle, and is perfect for walkers etc. with its drying rooms and communal rooms.

# Belfast

In der »Hauptstadt Nordirlands« wohnt ein gutes Drittel der gesamten Bevölkerung der abgetrennten Provinz, wobei auf die Protestanten ein Anteil von zwei Drittel gegenüber einem Drittel Katholiken entfällt. In der großen Industriestadt wurden schon früh Manufakturen und Industriebetriebe angesiedelt, während das übrige Irland größtenteils landwirtschaftlich geprägt blieb. Als Symbol für die florierende Wirtschaft und die gut funktionierenden Handelsbeziehungen galt lange Zeit die Werft **Harland & Wolf**, wo übrigens auch die »Titanic« vom Stapel lief. Dank der fortschreitenden Industrialisierung und des Handels mit den Kolonien gelangte Belfast zu beträchtlichem Wohlstand, wovon heute noch die schöne viktorianische Architektur im Stadtbild zeugt.

## Kleine Ortskunde

Herz der Metropole ist natürlich die Innenstadt mit typischen Bauwerken und -Denkmälern, Bank- und Behördengebäuden sowie den großen Kaufhäusern. Von der Stadtmitte ziehen sich zwei Straßen bis zu den Katholikenvierteln Lower Falls, Ballymurphy und Andersontown hin: die **Divis Street**, in Verlängerung der Castle Street, und die **Grosvenor Road**.

Die **Peters Hill North Street** und ihre Verlängerung, die **Shankill Road** führen dagegen in das zentrale Protestantenviertel Shankill.

Über die **Great Victoria Street** gelangt man wiederum in den Stadtteil zwischen *Botanic Avenue* und *University*, unweit der *Queen's University*, in der beide

Gruppierungen in friedlicher Eintracht wohnen. Dort liegen auch die meisten Pensionen. Rechter Hand der Great Victoria Street, zwischen Grovenor Road und dem Royal City Hospital, erstreckt sich die *Sandy Row*, eine winzige protestantische Enklave. Auch die Bewohner der *Lisburn Road* hinter dem Hospital sind überwiegend Protestanten, aber seit einigen Jahren mischen sich immer mehr Katholiken darunter.

Mit Ausnahme der gemischten Viertel sind die »Grenzen« zwischen den Parteien deutlich gezogen, entweder durch die Autobahn, etwa die M 1, oder durch sogenanntes »Niemandsland«, Straßen, die gesperrt oder unbewohnt sind. Sie erinnern an die Pogrome der königstreuen Milizen in den Jahren 1969 und 1970, als ganze Häuserblocks der Katholiken in Flammen aufgingen.

Lange Zeit zeigte der Umkreis des Stadtkerns deutlich die Spuren des Krieges: zerfetzte Mauerreste, tonnenweise Schutt und Asche auf den Straßen, weite verwüstete Flächen, auf denen vorher Häuser gestanden hatten, vergitterte Pubs, riesige Graffiti überall. Der Schock saß tief, die Brutalität der Auseinandersetzungen bleibt ständig allgegenwärtig. Seit einigen Jahren gewähren jedoch die britischen Behörden Kredite, damit der Aufbau vorangetrieben werden kann. Dies kommt auch den katholischen Wohnvierteln zugute, so daß seit kurzem viele neue Häuser entstanden sind. In dem vollkommen zerstörten Stadtteil **Lower Falls** hat man eigentlich alles von Grund auf neu bauen müssen. Allerdings: für die katholischen Viertel ist der Regierung das billigste Baumaterial gut genug. Nach zehn Jahren sind die Häuser in der Regel schon wieder erneuerungsbedürftig, und Vandalismus aus Verzweiflung tut ein Übriges.

Es liegt auf der Hand, daß die Regierung in London den Eindruck erwecken will, der Diskriminierung der Katholiken ein Ende setzen und die Ordnung in Nordirland wiederherstellen zu wollen, auf daß der normale Alltag wieder einkehre. Durch den vorläufigen Frieden wird die apokalyptische Vision der völligen Vernichtung Belfasts unwahrscheinlich, aber gelöst sind die Widersprüche noch längst nicht. Man braucht sich nur die unzähligen Parolen an den Mauern und Fassaden zu Gemüte zu führen.

Ein wichtiger Beweggrund für einen Besuch der Stadt müßte daher der Wunsch sein, einiges über die Hintergründe der Spannungen zu erfahren, auch und vor allem von den Betroffenen selbst. Die Republikanhänger des Landes träumen davon und kämpfen dafür, daß die Engländer sich eines Tages vollkommen zurückziehen und daß dann der Weg zur Vereinigung mit dem anderen Teil Irlands frei werde. Dann würde man die nordirischen Städte Seite an Seite mit den irischen Protestanten wieder aufbauen.

Sollten jemandem Zeitungsverkäufer begegnen, die das republikfreundliche Blatt *An Phoblach-Republican News* feilhalten, so gilt's zuzugreifen. Das bringt einen auf den neuesten Stand der aktuellen Politik. Wen's zu den »Falls«, ins Herz des Katholikenviertels, zieht, läßt sich am besten am unteren Ende der Castle Street von einem »Sammeltaxi« aufgabeln und steigt am Dunville Park aus. Das Ziel genau angeben.

---

**Prag Preiswert**
http://shop.interconnections.de

---

## Nützliche Anschriften

**Nordirische Fremdenverkehrszentrale** Taunusstr. 52–70 60329 Frankfurt Tel.: 069 / 23 45 04

**Belfast Welcome Centre** St Anne's Court, 59 North Street ☎028 9024 6609

**Bord Failte** (Fremdenverkehrsbüro der Republik Irland): 53 Castle Street, Belfast BT48 6AT. ☎080 1232 327888 Fax: 080 1232 240 201, www.ireland.ie

**Belfast City Council Information Office:** City Hall. ☎(0 28) 9032 0202

## Unterkunft

*Herberge*
**Belfast International Youth Hostel**
*22 Donegall Road, Belfast, BT12 5JN;*
☎*00353 28 9032 4733;*
*Fax: 00353 28 9043 9699*
*info@hini.org.uk*
*www.hini.org.uk.*
⌁ 120; Prices start at: £ 8 – £ 13 pppn. Breakfast not included.
▦ Visa; Breakfast, Restaurant; 🚶 Walking distance from Great Vistoria Street, and Botanic Train Station.
🕐 all year. 👁 24 hours
☺ Hostelling International
City centre hostel, with good location, located just off Shaftsbury Square.

*Herberge*
**Linen House Hostel**
*18 Kent Street, Belfast, BT1 2JA;*
☎*00353 28 90 586400;*
*Fax: 00353 28 90 586444*
*info@belfasthostel.com*
*www.belfasthostel.com*
*Mr. Patrick Mcelroy.*

18 bed dorm £ 6.50, 6 & 8 bed dorm £ 8.50, 8 bed dorm en-suite £ 9, 4 bed dorm £ 10, double / twin £ 12, single £ 15 All prices are pppn.
🖵 Visa, MC and Switch; 🚌 Bus, train and ferry.
🕐 All year. 👁 8 a.m. – 12 a.m.
☺ IHH
Largest independent hostel in Belfast. Character-filled and cosmopolitan where travellers from everywhere swap stories in a friendly atmosphere. En-suite dorm rooms have the linen included. Large or small group bookings possible. Internet facilities, a self-catering kitchen, a TV in the social area, left luggage facilities, bike storage and a laundry are available. Meals served in the bar every night.
**Discount:** 5%

# Ballycastle

Typischer Sommerfrischeort und Markt-flecken von regionaler Bedeutung. Der Name stammt vom Gälischen *baile* (Stadt, Ort) und *caislean* (Burg, Festung) ab. Nicht enttäuscht sein, aber von derselben ist nichts mehr übrig. Eingangstor zu den berühmten **Glens of Antrim.** Hier testete **Guglielmo Marconi**, dessen Mutter aus Irland stammte, im Jahre 1898 den ersten drahtlosen Telegrafen, der mit der Insel Rathlin verbunden war. Von Ballycastle aus setzt man zur Insel Rathlin über.

**Verkehrsamt:** Sheskburn House, 7 Mary Street. ☎(028) 20 76 20 24 Fax: (028) 20 76 25 15. Am Ortsausgang in Richtung Cushendall, nach dem Hafen.

# Übernachtung

*Herberge / Hostel*
**Castle Hostel**
*62 Quay Road, Ballycastle, BT54 6BH;*
☎*0044 28 207 62337*
*info@castlehostel.com*
*www.castlehostel.com*
*Ms. Catherine Flannelly;*
🛏 46; Dorm bed £ 9, private room £ 24 (based on two people sharing), family room £ 30.
Pets allowed; 🚌 Frequent buses, nearest train station Portrush.
🕐 Open all year. 👁 Staff always available.
🚪 No curfew.
☺ IHH, IHI, Causeway Coast and Glens. Well known in backpacking circles for its warmth and friendliness. Many nights are spent round the open fire sharing stories and experiences.

# Ballintoy

*Jugendherberge*
**Whitepark Bay Youth Hostel**
*157 Whitepark Road, Ballintoy, BT54 6NH;* ☎*0044 28 2073 1745;*
*Fax: 0044 28 2073 2034*
*info@hini.org.uk*
*www.hini.org.uk*
🛏 54; £ 11.50 per adult pn-bed only, £ 9.50 per adult pn-bed only.
🖵 Visa; Breakfast, Restaurant
🕐 March to October, closed from 23rd December to 2nd January. 👁 8 a.m. – 11 a.m. and 5 p.m. – 11 p.m.
☺ HI
This hostel is in the scenic Whiteoak Bay, has everything en-suite and good communal facilities.

# Bushmills

Der gefällige Marktflecken besitzt die älteste Whiskeybrennerei der Welt. Von hier stammt die erstklassige Marke *Blackbush*. Seit der Betrieb in der *Old Bushmills*-Fabrik im Jahre 1608 aufgenommen wurde, hat dieses Erzeugnis bei echten Whiskeykennern der ganzen Welt stets hoch im Kurs gestanden. Das Erfolgsgeheimnis setzt sich aus mehreren Faktoren zusammen: erstens wird das besonders würzige, noch wie in Schottland über Torffeuer gedörrte irische Gerstenmalz verwendet; zweitens stammt das Wasser aus einem Fluß in Privatbesitz, dem »Rill of St. Columb«, was dessen Reinheit garantiert. Die Quelle entspringt dem Torfboden, und das Wasser rinnt über den für die Gegend so typischen Basalt, was die besondere Note des Whiskeys mitbeeinflußt. Ein dreimaliger Brennvorgang sorgt für die Reinheit des Gebräus

## Unterkunft

*Jugendherberge*

**Mill Rest Youth Hostel, Bushmills**
*49 Main Street, Bushmills, BT57 8QA;*
☎ *00353 28 2073 1222;*
*Fax: 00353 28 2073 0493*
*info@hini.org.uk*
*www.hini.org.uk.*
⤴ 74; Prices for bed £ 9 – £ 13. NB Breakfast not included.
▨ Visa; Breakfast, Restaurant; 🚌 Bus stop nearby.
⏲ 02.01 – 23.12. 👁 8 a.m. – 11 a.m./ 5 p.m. – 11 p.m.
☺ HI
Furnished to high standards and offering all en-suite bedrooms. Good location for touring the area.

# Sperrin-Berge

Inmitten des Kleeblattes, das die vier Städte Omagh, Strabane, Maghera und Cookstown bilden, erstreckt sich diese Bergkette in ost-westlicher Richtung über rund sechzig Kilometer. Zwar sind keine alpinen Gipfel zu erwarten – die höchste Erhebung, der **Sawel,** erreicht gerade mal 720 m – aber dennoch steckt das Gebiet voller Überraschungen, die einem auf der Reise über ein dichtes Netz idyllischer Sträßchen auf Schritt und Tritt begegnen. Wanderer und Radfahrer werden die Einsamkeit der Gegend als Wohltat empfinden, während Anhalter sich am Tor zur Hölle wähnen dürften. Der **Ulster Way** streift auch dieses Gebirge: eines seiner Teilstücke führt vom Baronscourt-Wald zum Forst von **Gortin Glen**, überquert Barnes Gap und folgt dem lieblichen Ge
Lenelly-Tal am Fuß des Mount Sawel. Ödland und Hochmoore rund um Gortin reihen sich unmittelbar an sanfte Täler mit fetten Weiden. Eine weitere erfrischende Wanderung führt von Gortin zu den Steinkreisen von Beaghmore, hindurch durch das Tal von Owenkillew.

## Übernachtung

*Jugendherberge*

**Gortin Accommodation**
*Suite and Activity Centre Owenkillew Development Company Ltd62 Main Street, Gortin, Sperrin Mountains, BT79 8NH;* ☎ *00353 288164 8346;*
*Fax: 00353 28 8164 8346*
*visit.gortin@virgin.net*
*www.gortin.net*
*Miss Ann Crawford*
⤴ 56 / 62; Family room from: £ 40 – £ 60 pn (£ 200 – £ 250 per week),

sleeping up to 4 people. Family room consists of a double and 2 single beds en-suite. Bunk room pppn £ 12.50 ; Houses sleeping up to 4 people: £ 60 – £ 70 pn (£ 300 – £ 350 per week); sleeping up to 6 people: £ 60 – £ 70 (£ 400 – £ 450 per week); sleeping up to 8 people: £ 110 – £ 120 pn (£ 500 – £ 600 per week). Breakfast, Restaurant; 🚌 Ulster Bus. 🕐 All year. 👁 9 a.m. – 5 p.m. or 7 p.m. – 10 p.m. Monday – Friday 🔑 n/a Provides new, furnished and fully equip-ped 4 star accommodation, ranging from self-catering houses to family rooms and hostel facilities with something suitable for all holiday budgets.
**Discount:** 5%

# Irvinestown

*Hotel*

**Fletchers Farm**

*Lisnarick Road, Irvinestown, Co. Ferma-nagh, BT94 1LQ;* ☎*028 6862 1351 Mrs M.E. Knox*

B&B from £ 18, some rooms en-suite, is convenient to Castle Archdale. Central for boating and cruising.

# Enniskillen

Die kleine Hauptstadt des Fermanagh liegt auf einer altbesiedelten Insel. Sie besitzt eine schön restaurierte Altstadt, ist jedoch umzingelt von Schnellzuggleisen und Straßenknotenpunkten, die erst einmal irritieren.

## Nützliche Anschriften

**Fremdenverkehrsamt:** Tourist Infor-mation Centre, Wellington Road, Ennis-killen, Co. Fermanagh, BT74 7EF. Ganzjährig geöffnet: 09:00 – 17:30 Mon – Fri; Juli – Aug 09:00 – 19:00 Mon – Fri; Ostern – September Sa 10:00 – 18:00, So 11:00 – 17:00, ☎028 66 32 31 10, Fax: 0 28 66 32 55 11.

## Unterkunft

*Jugendherberge*

**The Bridges Youth Hostel Enniskillen**

*Belmore Street, Enniskillen, BT74 6AA;* ☎*0044 28 6634 0110; Fax: 0044 28 6634 6873 info@hini.org.uk www.hini.org.uk* 🛏 70; The prices range from £ 13 – £ 19 pppn. 💳 Visa; Breakfast, Restaurant; 🚌 Buses are available from Enniskillen and throughout Northern Ireland. ❖ Enniskillen 🕐 02.01 – 23.12. 👁 8 a.m. – 11 a.m. and 5 p.m. – 11 p.m. ☺ HI Brand new hostel in the centre of Ennis-killen. It has all en-suite rooms and an on-site restaurant as well as conference facilities.

# Armagh

Das südöstlich von Belfast an der A3 gelegene Städtchen verdient eine Auf-nahme in unser Reiseprogramm. Als Sitz des protestantischen und des katholi-schen Erzbischofs ist Armagh Irlands religiöse Kapitale. Die Stimmung ist erstaunlich fröhlich hier; die Backen leuchten, und die Augen glänzen. Erstaunlicherweise hat das Stadtbild seine mittelalterliche Prägung weitgehend bewahrt. Rund um den anglikanischen Dom winden sich verwinkelte Gassen mit altehrwürdigen Häuserfassaden, wovon ein Großteil bereits saniert wurde. Der Rest harrt noch darauf. Am Fuße des Hügels erstreckt sich die *Mall*, eine von üppig belaubten Bäumen bestandene Grünfläche, gesäumt von eleganten georgianischen Bauten. Früher wurden darauf Rennen ausgetragen, aber heute wird der Platz vorzugsweise zum Cricketspielen genutzt.

## Nützliche Anschriften

Ein **Fremdenverkehrsbüro** befindet sich im Old Bank Building, in der Ortsmitte, 40 English Street. ☎028 37 52 18 00 Fax: 028 37 52 83 29, tic@armagh.gov.uk
☺ montags bis samstags von 9–18h.

## Unterkunft

*Herberge*
**Armagh City Youth Hostel**
*39 Abbey Street, Armagh, BT61 7EB;*
☎*0044 28 3751 1800;*
*Fax: 0044 28 3751 1801*
*info@hini.org.uk*
*www.hini.org.uk.*
Prices range from £ 13 to £ 15 pppn.
▥ Visa; 🚌 Bus station nearby.
☺ 02.01 – 23.12.
👁 8 a.m. – 11 a.m./ 5 p.m. – 11 p.m.
☺ HI
New hostel with all en-suite rooms, and rooms with 2, 4, or 6 beds. Located in the centre of Armagh beside Queens University and St Patrick's Cathedral.

# IRLAND

Was die Grüne Insel als Urlaubsland so ungemein anziehend macht, ist vor allem die Lebenseinstellung ihrer Bewohner, die in dem Glauben zu leben scheinen, daß Gott bei der Erfindung der Zeit weise genug gewesen war, eine schier endlose Menge davon zur Verfügung zu stellen. So leben die Iren erst einmal in aller Gemütsruhe in den Tag hinein und merken erst hinterher, wieviel Zeit darüber verstrichen ist. Ferner ist Irland wie ein saftig grünes Kleeblatt gestaltet. Wer sich Irland als Ferienziel aussucht, der sollte sich die Haltung seiner Bewohner zu eigen machen und die vier Blätter des Landes ganz mit Muße und ohne Terminplan durchstreifen.

Höflichkeit, Sanftmut und Offenheit bestimmen das tägliche Leben der Iren. Jeder Fremde, der Irland bereist hat, weiß: die sprichwörtliche irische Gastfreundlichkeit ist weder eine Reklamefloskel noch geschäftsmäßige Verbindlichkeit, sondern kommt von Herzen. Der Ire hat keine Verdienste, sondern ist als guter Mensch geboren. Er kultiviert ganz selbstverständlich das Schließen von Bekanntschaften, die Konversation und den guten Umgangston.

## Slane

*Herberge / Hostel*
**Slane Farm Hostel**
*Harlinstown, Slane, Co. Meath;*
☎ *00353 419 82 43 90;*

*Fax: 00353 419 88 49 85*
*info@slanefarmhostel.ie*
*www.slanefarmhostel.ie*
*Ms. Joanne Macken;*
⌁ 40; Dorm € 16, private room € 20, cottage € 30 pppn.
🖾 yes; 🚌 Bus.
❖ Dublin
🕐 All year; 👁 16:00 – 21:00
☺ IHH
Old farm with stables and coach house converted into a luxury hostel. All modern conveniences.
**Discount:** 5%

## Dublin

Die Hauptstadt der Republik Irland, wirtschaftliche und kulturelle Metropole des Landes, ist eine Weltstadt mit erfrischend menschlichem Erscheinungsbild. Man ist zuerst überrascht über ihre sanfte Trägheit und ihre Vielfältigkeit. Keine zweihundert Meter von der O'Connell Street, der Prachtstraße, reihen sich am Ufer des Flusses Liffey hochmoderne Kaufhäuser an verfal

Lene Lagerhäuser, säumen original erhaltene Häuser aus dem vorigen Jahrhundert malerische Gassen. An manchen Ecken scheint sich seit hundert Jahren kaum etwas verändert zu haben. Gerade das macht Dublin in unseren Augen so liebenswert. Mit Ausnahme des Gewerkschaftsgebäudes in der Nähe vom Custom House blieb das Stadtbild von

Hochhäusern weitgehend verschont. Bislang haben auch die kreischenden Bagger und Kräne, die sich in der Stadtmitte an der Bausubstanz zu schaffen machen, die alten Häuser in Ruhe gelassen. Anläßlich der Tausendjahrfeier im Jahre 1988 wurden verstärkt Modernisierungsarbeiten in Gang gesetzt. Betroffen sind davon beispielsweise das Dockviertel, in dem ein gewaltiges Internationales Finanz- und Dienstleistungszentrum hochgezogen worden ist, und der alte Stadtteil Liberties, den demnächst eine mehrspurige Autobahn durchschneiden wird. Solche Projekte verändern das Stadtbild natürlich erheblich. Also die Zeit nutzen, bevor alles unter die Räder kommt: noch wird der Bummel durch Dublins alte Viertel zu einem unvergeßlichen Erlebnis, insbesondere abends, wenn die untergehende Sonne das schwarze Wasser des River Liffey in stimmungsvolles Licht taucht.

Besucher werden sich wundern, wie unterschiedlich sich Dublins Viertel präsentieren. Der **Liffey** unterteilt die Metropole in zwei Hälften: das Nordufer mit noblen Geschäften, Banken und Behörden, und das Südufer mit der Altstadt, der Universität und den edlen georgianischen Villen, die von dem längst verblichenen Reichtum der Stadt zeugen. Das Leben pulsiert auf beiden Ufern gleichermaßen: auf der Nordseite konzentriert sich die Geschäftigkeit auf die Einkaufsstraßen Talbot Street und Henry Street, auf der Südseite vor allem rund um die Grafton Street mit ihren Luxusboutiquen, aber auch auf das Univiertel.

Dublin hat sich ganz anders entwickelt als andere Städte der Republik. Viele behaupten daher, die Hauptstadt sei eigentlich völlig untypisch für die Grüne Insel. Obwohl die nationalistische irische Bewegung hier ihren Ursprung hatte, zeugt das heutige Dublin doch stark von britischem Einfluß. Gälische Sprache und Gepflogenheiten sind schon seit geraumer Zeit verschwunden, sind der englischen Sprache und dem britischen Lebensstil gewichen. Damit blieb natürlich auch der vorherrschende protestantische Einfluß, die **Ascendancy,** nicht aus. Dient Dublin auch als Hauptstadt der unabhängigen Republik Irland, so hat es sich von dem mächtigen Nachbarn doch nicht vollkommen lösen können.

Reichlich Zeit für die Erkundung dieser Stadt einplanen. Ein Tag reicht bei weitem nicht aus. Wer Augen im Kopf hat und nicht gerade den großen Kulturschock als Kick braucht, wird sich nicht langweilen.

Übrigens: häufig werden in Dublin Sachen aus den Autos geklaut. Eine Frau wurde kürzlich ihres Gefährtes beraubt, indem die Halunken eine Ratte hineinwarfen, worauf die Arme kreischend hinaussprang. Daher am besten eine Unterkunft außerhalb der Stadt suchen, die Kiste dort stehen lassen und mit dem Bus `reinfahren. Der Norden Dublins bietet sich als Ausweichmöglichkeit an: hier locken tolle Sandstrände, und die Innenstadt ist mit Bus oder Bahn ganz einfach zu erreichen. Besonders zu empfehlen: Malahide und Portmarnock.

Wir raten, sich vor der Einfahrt in Dublin einen vernünftigen Stadtplan zuzulegen, nicht zuletzt wegen der vielen Einbahnstraßen.

## Ein wenig Geschichte

Während der ersten Jahrhunderte unserer Zeitrechnung hatten sich die Kelten am Ufer des River Liffey niedergelassen, gerade dort, wo sie den Fluß am besten überqueren konnten, und tauften ihre Siedlung daher **Baile Atha Cliath,** was soviel bedeutet wie »Die umhegte Stadt an der Furt«. *Duh Linn,* »Schwarzes Meer«, bezeichnete zunächst wohl nur das Stadtviertel, dessen Namen von der Schwärze des Wassers in der Flußmündung abgeleitet war. Im 9. Jh. fielen die Wikinger ein und errichteten eine mächtige Festung. Übrigens haben die Stadtväter auf der Suche nach dem genauen Gründungsjahr der Siedlung deswegen das Jahr 988 ausgewählt, weil zu dem Zeitpunkt nachweislich die ersten Steuern entrichtet wurden.

Anno 1170 fiel Dublin in die Hände der Normannen, die für die Entstehung der Stadtbefestigung und einer trutzigen Burg sorgten. Heute sind davon noch ein Turm und die Stadtmauerreste erhalten. Von dieser Zeit bis 1921 galt die Stadt stets als Symbol britischer Vorherrschaft. Zur Kapitale wurde sie jedoch erst im 18. Jh. auserkoren. Die Vernichtungsfeldzüge Cromwells und die jakobitischen Kriege hatten die Stadt in weiten Teilen zerstört und in wachsender Verarmung zurückgelassen. Doch dann nahm der Seehandel seinen Aufschwung. Die Ausbeutung der irischen Landbevölkerung ermöglichte es einer kleinen protestantischen Oberschicht, beträchtlichen Reichtum anzuhäufen. Welch Glück für den heutigen Besucher, daß sie ihr Geld auch in Kultur und Architektur der Stadt anlegte. So entstanden reihenweise Repräsentationsbauten und elegante Villen mit schmucken Gärten. Nachdem das irische Parlament 1782 für unabhängig erklärt worden war, erreichte Dublin den Höhepunkt seiner Macht und Glanzzeit. Sobald das Parlament nach dem Aufstand der »United Irishmen« von 1800 wieder an die britische Leine gelegt wurde, ging

es mit Pracht und Wohlstand bergab. Das lag nicht zuletzt daran, daß zahllose Grundbesitzer, die Vertreter der *Ascendancy* und andere einflußreiche Leute ihrer Heimat den Rücken kehrten, um sich in London niederzulassen. Zurück blieben die Massen der verarmten Bauern; der Verfallsprozeß der weltstädtischen Aura Dublins hatte begonnen.

Während der Industriellen Revolution grassierte das Proletarierelend wie in kaum einer anderen von der Umwälzung betroffenen Stadt Europas. Um die Jahrhundertwende zählten Dublins Arbeiter zu den Ärmsten der Armen. Der große Generalstreik, welcher 1913 ausbrach und sechs Monate andauerte, war die logische Folge der Versorgungsmisere. Nirgends kletterte die Quote an Tuberkulosekranken höher als hier. Nachdem sich auch Parnell, auf den die gebeutelten Iren ihre ganze Hoffnung gesetzt hatten, als Enttäuschung erwies, machte sich unter der Bevölkerung Mutlosigkeit breit. Dublin schien auf dem besten Wege, widerstandslos zu einer britischen Kolonie ohne eigenen Willen abzusinken. Aber nein! Ende des 19. Jhs entwickelten sich die Kulturschaffenden zur Hefe, welche die Stimmung unter den Iren wieder zum Gären brachte. Um **Lady** Gregory und **Yeats** scharrten sich die Anhänger der gälischen Kultur, die für ihren Erhalt und Fortführung eintreten wollten. Ein wichtiges Ereignis war dabei die Gründung des **Abbey Theatre.** Eines von Yeats' Stücken, »Cathleen ni Houlihan«, rührte ganz Dublin zu Tränen. In der Folge setzten auch die politischen Aktivitäten wieder ein; beispielsweise wurde der **Sinn-Fein-Verband** gegründet. Auf diesem kulturellen und politischen Nährboden gediehen die Wurzeln des brisanten Osteraufstands von 1916, in dessen Verlauf die Republik ausgerufen wurde.

## Entwicklung im zwanzigsten Jahrhundert

Seit 1921 bis in die siebziger Jahre hat sich das Stadtbild nur wenig verändert, so daß man sich als Besucher an manchen Stellen ins vorige Jahrhundert zurückversetzt fühlt. Während die alten Häuser immer baufälliger wurden, bis sie schließlich hier und da ganz zusammenbrachen, sprossen aus ihrer Mitte nur wenige Neubauten. Viele Arbeiterbehausungen mußten großen Parkplätzen weichen, weil für andere Bauten einfach die Mittel fehlten. Dublin ist nicht New York, und die Dollar fließen bei weitem nicht so reichlich wie in den Staaten. Auch wenn profitgierige Geschäftsleute bereits ein Auge auf Irlands Kapitale geworfen haben, sind Grundstücksspekulationen noch keineswegs so selbstverständlich wie in anderen europäischen Metropolen. Ein paar Jährchen wird es uns also noch vergönnt sein, auf den Spuren der Vergangenheit zu wandeln und neben anderen die ursprüngliche irische Lebensweise zu erfahren. Die einen berührt die Entwicklung nicht, da sie sorglos in den Tag hineinleben, andere wiederum versuchen, sich ihre irische Originalität zu erhalten, auch wenn sie sich schwertun, den europäischen Normen ihre Individualität entgegenzusetzen, und wieder andere freilich setzen voll auf die Karte des angepaßten Modernismus, ohne Rücksicht auf die Seele der Stadt.

Selbstverständlich lebt die Atmosphäre der Stadt nur durch ihre Einwohner. Gott sei Dank sind die »Yuppies« noch in der Minderheit. So richtig mit ihrer Heimat verwachsen sind die »Molly Malone«-Typen, jene urwüchsig vitalen Charaktere, die **Brendan Behan** so treffend gezeichnet hat. Man entdeckt sie allerdings nicht auf den ersten Blick, sondern muß sich schon die Mühe machen, auch hinter die Fassaden zu blicken und durch etwas entlegenere Viertel zu streifen. Im Stadtteil Liberties oder auf der Rathmines Road werden uns mit Sicherheit solche Kerle begegnen, die sich als Nachfahren von Männern wie Jembo-no-Toes, Johnny Forty Coats, Damn-the-Weather und Jack-the-Tumbler fühlen. Es wäre schade, wenn wir diesen Menschenschlag nicht zu Gesicht bekämen, denn dann fehlte ein wichtiges Element im Gesamteindruck von der Stadt. Wie viele Besucher lernen diese ausnehmend herzliche, humorvolle Gattung Mensch nicht kennen, weil sie sich nicht die Zeit nehmen, einem Windhundrennen beizuwohnen oder urige Pubs abseits der ausgetretenen Touristenpfade aufzusuchen.

Wer Dublin wirklich kennenlernen möchte, muß es in all seinen Facetten betrachten. Dazu zählen die georgianischen Villen und die Prachtstraßen ebenso wie die weniger auffälligen Gassen, die »lanes«, Hinterhöfe, Baulücken, abgeblätterten Fassaden und blinden Fenster. Jedes eine Spalte in einem wichtigen Nachrichtenblatt, das unsere Augen erst lesen lernen müssen. Scheinbar nichtssagende bauliche Details, befremdende, rührende, manchmal poetische Bilder beschwören einen Augenblick lang die Zeit der Jahrhundertwende herauf. Gerade weil die Stadt nicht wirklich spektakulär ist, achtet man intensiver auf kleine Dinge und Menschen auf der Straße, läßt die Atmosphäre unmittelbarer auf sich wirken. Dublin ist voller Gegensätzlichkeiten und Widersprüche, wirkt grau und farbenfroh zugleich, fasziniert mit seinem morbidem Flair. Wenn man sich in Dublin verliebt – und das tun die meisten Besucher – dann ist das Gefühl der Begeisterung stets gepaart mit einer gewissen Wehmut, die sich als bleibender Eindruck festsetzt und ästhetische Wertmaßstäbe verändern kann. Dies wird helfen, den Sonderstatus, den Dublin innerhalb Europas einnimmt, schätzen zu lernen. Unserer Ansicht nach ist es neben Lissabon die einzige Hauptstadt Europas, deren Schwelle das 20. Jh. noch nicht vollends überschritten hat, weil man hier spürt, daß dies mit dem Verlust des Eigencharakters einhergehen würde. Von dieser Stadt können im Gegenteil alle anderen noch lernen: von der Wärme und Herzlichkeit der Menschen hier wird sich selbst derjenige, der kein Wort versteht, eine Scheibe abschneiden können. Dies ist nämlich letztlich das, was Dublin und ganz Irland auszeichnet.

## Nützliche Adressen

**Verkehrsämter:**
*Arrivals Hall*, Dublin Airport
Ferry Terminal, Dun Laoghaire Harbour
Baggot Street Bridge, Baggot Street, Dublin 2
*Temple Bar Information Centre*, 12 East Essex Street, Temple Bar, Dublin 2, ☎00 353 1677 2255, Fax: 353 1 677 2525, info@templebar.ie.
Zentrale Telefonnummer innerhalb Irlands ☎1850 23 03 30 von außerhalb ☎00 353 6 69 79 20 83, www.visitdublin.com

**Botschaft der BRD:**
31 Trimleston Avenue, Booterstown, Co. Dublin. ☎269 30 11.
germany@indigo.ie, www.germany.ie

**Österreichische Botschaft:**
15 Ailesbury Apartments, 93 Ailesbury Road, Dublin 4. ☎(1) 269 45 77.

**Schweizer Botschaft:** 6 Ailesbury Road, Dublin 4. ☎1 353 1 218 63 82. www.eda.admin.ch/dublin

**Goethe-Institut:** 37 Merrion Square, ☎(01) 661 11 55/6, F.661 13 58. www.goethe.de/dublin Gut für alle möglichen Informationen u. Kontakte, Schwarzes Brett mit Jobs, Mitfahrgelegenheiten etc.

**Alliance Française:** 1 Kildare Street, Dublin 2. Auf der Anschlagtafel Arbeitsangebote, Unterkunftsangebote u.a. Außerdem eine über Mittag geöffnete Imbißbar. ☎01 – 676 1732 www.alliance-francaise.ie

**Aer Lingus:**. www.flyaerlingus.com

**Ryanair:** www.ryanair.com

**Northern Ireland Tourist Board:** 16 Nassau Street, Dublin 2. In der Nähe des Trinity College. ☎(01) 679 19 77 infodublin@nitb.com

**Comhaltas Ceoltóirí Eireann:** 32 Belgrave Square, Monkstown, Dublin. ☎(01) 280 0295. Das irische Kulturhaus schlechthin mit einer unüberbietbaren Auswahl an Platten, Büchern, Musikinstrumenten usw., wo man sich auch über Musik- und Sprachkurse kundig machen kann. Dazu gehört eine Bar, in der regelmäßig Gruppen von Musikern auftreten. www.comhaltas.com

**Jugendherbergswerk:** An Oige, 39 Mountjoy Square South, ☎(01) 36 31 11

**Fahrradvermietung**

**Rent-a-Bike Ireland:** 58 Lower Gardiner Street, Tony Doyle, ☎(01) 87 25 399

**Tierneys:** 17 Abbey Street, Ennis, Co Clare, Ireland, ☎65 68 29 433
www.ennisrentabike.com

**McCormacks Cycle Centre**, Richard McCormack, 31a Lower Dorset Street, Dublin 1, ☎(01) 83 66 173

**Autovermietung**

Am Besten einen Wagen mit *unlimited mileage* (ohne Kilometerbegrenzung) nehmen. Hier eine preiswerte Agentur in Dublin:

**Argus Automobiles Ltd.:** 59 Terenure Road East, Dublin 6, ☎(01) 49 04 444; F.: (01) 49 06 328
info@argus-rentacar.com
www.argus-rentacar.com

## Verkehrsmittel

Wie in so vielen Großstädten ist man als Ortsunkundiger mit Bussen und der U-Bahn (DART) bestens bedient.

**DART-System** (Dublin Area Rapid Transit): U-Bahn und Vorortzug in einem. Ideale Verkehrsmittel für alle, die es nach Howth, Dun Laoghaire oder Bray zieht.

## Unterkunft

*Herberge*
### Browns Hostel
*90 Lower Gardiner Street, Dublin;*
☎ *00353 1 855 00 90, 00353 1 855 00 34; Fax: 00353 1 855 82 23*
*bhostel1@eircom.net*
*www.brownshostelireland.com*
*Ms. Lillie Burroughs.*
4 or 6 bedded dorm € 25 pppn; 10, 12 or 14 bedded dorm € 20 pppn, 20 bedded dorm € 15 pppn.
🖳 Visa, MC, Amex; Breakfast; 🚌 Pub-

lic transportation is readily available.
❖ Busaras, Connolly Station
🕘 All year.
👁 24 hours
☺ Bord Failte
Located just minutes from O'Connell Street in Dublin City Centre, the house is the ideal base for exploring cultural sights such as Trinity College or the vibrant night life of the Temple Bar district.

*Jugendherberge*
### Litton Lane Hostel
*2 – 4 Litton Lane Bachelors Walk, Dublin;* ☎ *00353 1 872 83 89;*
*Fax: 00353 1 872 00 39*
*litton@indigo.ie*
*www.irish-hostel.com*
*Ms. Therese Ahearn*
⤳ 114; Dorm Beds from € 14.50 pp, twin / double from € 33 pp, weekly rate from € 95 pp.
🖳 yes; Breakfast, Restaurant; 🚌 Any bus.
🕘 All year; 👁 24 hours
Once a recording studio for bands, located in the heart of Dublin, central to all major attractions (incl. the Temple Bar area), open 24 hours a day. Free breakfast, luggage storage, self-catering facilities, towel hire and lounge.
**Discount:** 5%

*Herberge*
### Rainbow Hostel
*90–92 Marlborough St., Dublin 1;*
☎ *00353 1 874 62 33;*
*Fax: 00353 1 874 71 64*
*info@rainbowhostel.ie*
*www.rainbowhostel.ie*
*Ms. Prue Tickner.*
Dorm rooms only with 6 – 16 beds.

Some are en-suite and the prices apply to all: € 17.50 on Sunday – Thursday and € 21.50 on Friday and Saturday.
▣ Visa, MC, Laser Card; 🚌 Close to both the bus station and the Dart (train)station.
❖ O'Connell St, G.P.O.
🕐 All year. 👁 24 hours
☺ IHH
Located in the heart of the city, the hostel provides dormitory style accommodation for singles and groups alike. There are small rooms and women's rooms and there is no lockout or curfew. Laundry facilities are available, there is full internet / email service and it is open 365 days a year.

*Herberge*
## Isaacs Hostel
*2–5 Frenchman's Lane, Dublin 1;*
☎ *00353 1 8556215;*
*Fax: 00353 1 8556574*
*hostel@isaacs.ie*
*www.isaacs.ie*
*Mr. James Clancy.*
12 – 16 bed room from € 12, 6 – 10 bed from € 14,
4 bed room from € 19, triple from € 23, twin / double from € 29,
single from € 32.
▣ yes; Breakfast, Restaurant; 🚌 Bus and Train.
❖ Dublin
🕐 All year.
👁 9:00 – 17:00
☺ IHH
A popular place to stay, good atmosphere, easy to meet people, 24 hour reception, restaurant and self-catering kitchen, key card access to rooms, internet access, travel desk, live Irish music, BBQs.
**Discount:** 5%

*Herberge / Hostel*
## Abbey Court Hostel
*29 Bachelors Walk, Dublin 1;*
☎ *00353 18780700;*
*Fax: 00353 18780719*
*info@abbey-court.com*
*www.abbey-court.com*
*Mr. Avril Richardson.*
From € 18 – € 44.
▣ MC, Visa; Breakfast; 🚌 Airlink, Dart, Bus, Taxi.
❖ O'Connell Bridge
🕐 All year. 👁 24 hours
☺ IHH

*Hostel*
## Jacobs Inn
*21 – 28 Talbot Street, Dublin 1;*
☎ *00353 1 8555660;*
*Fax: 00353 1 8555664*
*jacobs@isaacs.ie*
*www.isaacs.ie*
*Mr. James Clancy.*
10 & 8 bed room from € 16, 6 bed from € 18, 4 bed room from € 25, triple from € 27, twin / double from € 31.
▣ yes; Breakfast, Restaurant; 🚌 Bus and train.
❖ Dublin
🕐 All year. 👁 9:00 – 17:00
☺ IHH
Good facilities, all rooms en-suite, restaurant and self-catering kitchen, lift, open 24 hours, common room with pool, TV and video.
**Discount:** 5%

*Herberge*
## Paddys Palace
*5 Beresford Place Lower Gardiner Street, Dublin 2;* ☎ *00353 1 8881756;*
*Fax: 00353 1 888 1684*

paddyspalace@dublin.com
www.paddywagontours.com
Ms. Sharon Davis.
Dorms from € 14. 🖭 yes; Breakfast;
🚌 Bus, train, taxi.
❖ Bus Station
🕘 All year. 👁 7 a.m. – 11 p.m.
☺ IHH, HOE, Hostelworld
Centrally located converted 1792 town
house opposite the majestic Customs
House, a famed building in the former
British Empire. A two minute walk from
Busaras, Dublin's main bus station, the
hostel is a hive of the three Irish passions
– music, laughter and conversation.

*Herberge / Hostel*
**Avalon House**
*55 Aungier Street, Dublin 2;*
☎ *00353 1 4750001; Fax: 1 475 03 03*
*info@avalon-house.ie*
*www.avalon-house.ie*
*Ms. Sharon Clerkin.*
EZ ab 30 €, DZ ab 28 €, 4 – Bettzimmer
ab 20 €, 6 – Bett – En-suite ab 23 €, 12 –
Bett – Zimmer ab 15 €, 26 – Bett Zimmer ab 13 €. Einzel -, Doppel – und 4 –
Bettzimmer sind als Standard und En-
suite verfügbar.
🖭 Visa, MC, Delta, Laser, Amex, Electron etc; Breakfast; 🚌 Public transportation.
❖ Nahe der Stadtmitte
🕘 All year. 👁 9:00 – 17:00
☕ Nein.
☺ IHH, EFH, Hostelworld
Das Haus, ein viktorianisches Bauwerk,
ist denkmalgeschützt als Gebäude von
hohem architektonischem Wert. Mit
hohen Decken und offenem Kamin wird
den Gästen eine ansprechende Atmosphäre geboten.
**Discount:** 10%

*Jugendherberge*
**Kinlay House Dublin**
*2-12 Lord Edward Street, Dublin 2;*
☎ *00353 1 679 6644;*
*Fax: 00353 1 679 7437*
*kinlay.dublin@usit.ie*
*www.kinlayhouse.ie*
*Ms. Liz Crossan.*
Twin rooms from € 29. Dorm beds from
€ 16.
🖭 yes; Breakfast, Restaurant
❖ Temple Bar district
🕘 All year.
☺ IHH
Facilities include self-catering kitchen,
TV lounge, laundry service, security
lockers, bureau de change, internet
access, wheelchair friendly.

*Herberge*
**Brewery Hostel**
*22/23 Thomas Street, Dublin 8;*
☎ *00353 1 453 8600;*
*Fax: 00353 1 453 8616*
*brewery@irish-hostel.com*
*www.irish-hostel.com*
*Ms. Therese Ahearn.*
Double Room from € 60 pp, 8 bedded
dorm from € 16 pp, 10 bedded dorm
from € 15 pp, 4 bedded dorm from € 18
pp.
🖭 yes; Breakfast, Restaurant; 🚌 747
from the airport or 123 from O'Connells
Street.
❖ Guinness Brewery
🕘 All year. 👁 24 hours
Family run hostel with all rooms en-
suite, a spacious common room and a
large, self-catering kitchen which can be
used at any time of the day. The staff is
friendly and will help with any tours you
wish to make.
**Discount:** 5%

*Herberge*
## Four Courts Hostel
*15-17 Merchants Quay, Dublin 8;*
☎*00353 1 6725839;*
*Fax: 00353 1 672 5862*
*info@fourcourtshostel.com*
*www.fourcourtshostel.com*
*Mr. Cathal Mcloughlin.*
Double / twin Rooms from € 30 pppn, family rooms from € 26 pppn, multi dorms from € 15 pppn, six beds from € 23 pppn.
quads from € 25 pppn.
📧 MC, Visa; Breakfast; 🚌 748 bus from the airport stops directly outside the door. Guests take the Dart to Tara Station from Dun Laoirge Ferry Port and walk 10 minutes west along the Liffey to the hostel. Also the 90 Bus Station link stops only 1 min walk away. ⏱ All year except Christmas. 👁 24 hours
☺ Board Failte, IHH, Dublin Tourism, Hostels of Europe, Hostelworld.
Three Georgian buildings, faithfully restored, overlooking the river Liffey, with wooden floors and sash windows throughout. A TV and games room with wide screen TV's, separate smoking room, reading and left luggage room as well as a restaurant-style self-catering kitchen. 24-hour access and security.
**Discount:** 10%

# Wicklow

*Herberge*
## Wicklow Bay Hostel
*Marine House, The Murrough, Wicklow Town;* ☎*0404 69213 / 61174;*
*Fax: 00353 404 66456*
*reservations@wicklowbayhostel.com*
*www.wicklowbayhostel.com*
*Ms. Carmel O'connor.*

Dorm: from € 13. Prices depend on season.
📧 MC, Visa; 🚌 Bus and train.
❖ Wicklow Town is only approximately 30 miles from Dublin City and approximately 60 miles from Rosslare Harbour.
⏱ 31.01. – 16.11. However, groups all year.
☺ IHH (Independent Holiday Hostels of Ireland)
A good location just 30 metres from the sea with views over Wicklow Bay. A good base to enjoy the attractions of County Wicklow – The Garden of Ireland. A warm and friendly family atmosphere with an international flavour. All ages catered for.
**Discount:** 5%

# Carlow

**Fremdenverkehrsamt:** Carlow Tourist Office, College Street, ☎(0)59 91 70 776

## Unterkunft

*Jugendherberge*
## Otterholt Riverside Lodge
*Kilkenny Road, Carlow;*
☎*00353 503/30404;*
*Fax: 00353 503 31170*
*otterholt_riverside_lodge@hotmail.com*
*Ms. Eilish*
🛏 31; Beds from € 16 – € 25; 🚌 Bus and train.
❖ Kilkenny, Dublin, Waterford
⏱ All year. 👁 All day and evening
☎ 4 a.m. ☺ IHH
Large old house set in scenic grounds on the river Barrow, a 5 min walk from town.
**Discount:** 5%

# Kilkenny

Wunderhübsche mittelalterliche Stadt, eine der besterhaltensten in Irland. Sie hat nicht nur interessante Baudenkmäler vorzuweisen, sondern besitzt einen ganz eigenen Charme, den vorsichtige Restaurierungsarbeiten unangetastet ließen. Plastik wurde aus dem Stadtbild verbannt, und die einheitlich gestalteten Läden bieten einen malerischen Anblick. Kilkenny ist außerdem ein kultureller Mittelpunkt mit Künstlern aus ganz Irland. Besonders in der **Arts Week** Mitte August treffen traditionelle und zeitgenössische Musik aufeinander.

## Aus der Geschichte

Wie viele irische Städte, wuchs auch Kilkenny um ein Kloster herum. Es wurde im 6. Jh. vom **Heiligen Canis** gegründet, der aus Derry stammte und der im übrigen der neuentstehenden Stadt seinen Namen lieh: »Kilkenny« ist eine Verballhornung des gälischen »Cill Chainnigh« Canis-Stadt.

»Im Jahre 1366 wurde die Stadt zum Sitz des anglo-irischen **Parlaments** bestimmt. Die englische Regierung, sich der Stärke des irischen Anpassungsdrucks wohl bewußt, erließ besondere Gesetze, um der »Gälisierung« in Irland lebender Engländer Einhalt zu gebieten. Das waren die sattsam bekannten **Statuten von Kilkenny,** richtiggehende Apartheitsgesetze, bevor es dieses Wort gab. Den Engländern wurde es untersagt, sich mit Iren zu vermählen, die gälische Sprache zu sprechen, einen irischen Namen oder die alte irische Kleidung zu tragen und typisch gälische Spiele wie Hurling zu praktizieren. Die aus der Innenstadt vertriebenen Iren siedelten

sich an der Küste an. Noch heute nennt sich eines der Viertel **Irishtown.** Diese Maßnahmen blieben bis an den Anfang des 17. Jhs in Kraft, nutzten jedoch, Ironie der Geschichte, rein gar nichts, denn die meisten Engländer, die sich in Irland niederließen, wurden bald irischer als die ursprünglichen Inselbewohner selbst.

1642 wurde in der Stadt mit der **Konföderation von Kilkenny** der Versuch unternommen, ein von der katholischen Kirche, den irischen Notablen und den meisten alteingesessenen anglo-irischen Familien bestimmtes Parlament zu erstellen. Ziel dieses Rates waren die Beendigung der Kolonisierung Irlands, der sogenannten **Plantation,** und Erlangung der Religionsfreiheit. Streitereien unter den Abgeordneten und Verrat brachten den Traum zum Platzen, und **Cromwell** vernichtete die Hoffnungen vollends, als er 1650 die Stadt angriff und ihr erheblichen Schaden zufügte. Die meisten Familien, die am Selbstbestimmungsexperiment von 1642 teilgenommen hatten, wurden in das Connaught vertrieben.

Schließlich fand 1848 ganz in der Nähe von Kilkenny die sagenumwobene **Schlacht um das Kohlbeet der Witwe McCormack** statt – tatsächlich ein lächerliches Scharmützel, das die Aufständischen der **Young Ireland**-Bewegung angezettelt hatten. Mehr als diese verzweifelte, zum Scheitern verurteilte Erhebung war nicht drin vor dem Hintergrund der großen Hungersnot, in deren Klauen sich Irland zur der Zeit befand.

## Nützliche Anschriften

**Fremdenverkehrsamt:** Kilkenny Tourist Information Centre, Shee Alms House, Rose Inn, St/Mary's Lane, Kilkenny City, ☎(056) 51 500; Fax: (056) 63 955 In einem stattlichen Gebäude aus dem 16. Jh. untergebracht. Unbedingt im zweiten Stock das *Cityscope* anschauen, ein detailgetreues Stadtmodell Kilkennys zur Zeit der Konföderation von 1642.

**Tynan Walking Tours:** Rose Inn Street, Kilkenny Fußmarsch durch das mittelalterliche Kilkenny, vom Fremdenverkehrsamt aus beginnend. ☎ (056) 65 929.

**Postamt:** High Street. Geöffnet montags bis samstags von 9–17.30h.

## Unterkunft

*Jugendherberge*
**Kilkenny Tourist Hostel**
*35 Parliament St., Kilkenny;*
☎*00353 56 7763541;*
*Fax: 00353 775663541*
*kilkennyhostel@eircom.net*
*www.kilkennyhostel.ie*
*Mr. John Bolger;*
🛏 60; Dorms € 16 – € 17, 4 bed room € 18 – € 19, twin € 20 – € 21; 🚆 Train, bus.
🕐 All year; 👁 9:00–22:00
Member of: IHH and Tourist Board Parliament St is a continuation of High St which is the main shopping street.
**Discount:** 10%

## Cashel

*Herberge / Hostel*
**Cashel Holiday Hostel**
*6 John Street, Cashel;*
☎*00353 62 62330;*
*Fax: 00353 62 62445*
*info@cashelhostel.com*
*www.cashelhostel.com*

*Mr. P J Quinlan*
🛏 50; Single € 25, double / twin from € 20, dorm € 15.
🖳 yes; 🚌 Good bus connections.
🕐 All year. 👁 8 a.m. – 10 p.m.
☺ IHH
The town house has been decorated to create a pleasant atmosphere. Centrally located, it is a good base for day trips to the surrounding sites and attractions and is a five minute walk from the Rock of Cashel.
**Discount:** 5%

## Borrisoleigh

*Ferien a.d. Bauernhof*
**O'Donnell Holiday Cottage**
*Michael O'Donnell Curraghgraigue,*
*Summerhill, Borrisoleigh,*
☎*00353 8 64 02 16 59,*
*Fax: 00353 504 5 19 43*
*stargaze@iolfree.ie*
*Mr. Michael O'Donnell*
🛏 5; € 13.50 – 17.50 pppn, Continental Breakfast;
🕐 All year; 👁 8:00 a.m. – 11:00 p.m.
🖳 no
Walking on the nearby Devils Bit Mountain, or round the farm or on local roads and lanes. Excellent Traditional Music Pubs nearby. Great Pint of Guinness . There is fishing on the local lakes and streams and rivers. There is horse riding available at local riding establishment. Gaelic games are played locally. Castles, abbeys and ruins in area. The hostel is situated on a country farm with many natural features. There are lots of walks on the farm and also locally. This area is off the beaten track from tourism, thus retaining much of the character of 'Old Ireland'. The accommodation is part of a

cluster of three stone built cottages which have been lovingly restored by their owner, Michael, who also lives on the farm, with his horses and ponies and also speaks Gaelic.
**Discount:** 15%

# New Ross

*Jugendherberge*
**Mac Murrough Farm Hostel**
*New Ross;* ☎*00353 51 42 13 83*
*hostel@macmurrough.com*
*www.macmurrough.com*
*Mr. Brian Nuttall;*
↵ 18; Double from € 16, dorm € 14.
▦ Visa, MC; ▥ Bus to New Ross
❖ Waterford
⊕ 01.03. – 31.10. ◉ 08:00 – 21:00
☺ IHH
Small quiet country hostel on working farm. Less then an hour's drive from the Rosslare car ferry.
**Discount:** 5%

# Youghal

Der Name spricht sich »jaul« aus. Ist ja unmöglich! Kleiner noch in Betrieb befindlicher Hafen mit Geschichte. Sir Walter Raleigh, seines Zeichens Abenteurer und Günstling Königin Elisabeths I. (verstehe das, wer will), herrschte als Großgrundbesitzer einst als Bürgermeister über die Stadt. Von einer seiner vielen Reisen brachte er ein braunes aromatisches Kraut mit, das man rauchen konnte, den Tabak. Zuvor hatte er bereits die Kartoffel in Irland eingeführt, noch vor Parmentier, der weder die stärkehaltigen Knollen noch das nach ihm benannte Hackfleischgericht als erster

unter die Leute brachte.
Auf einem Streifzug durch den Ort entdeckt man den Glockenturm aus dem Jahre 1777. Wo heute Fremdenverkehrsbüro und Museum zu finden sind, war früher das Gefängnis. Fast nirgends sonst in Irland sind die Überbleibsel der mittelalterlichen **Stadtbefestigung** (hinter *Saint Mary's Church)* so gut erhalten wie in Youghal. Ein faszinierender Zauber geht von den altertümlichen Häusern aus, die alle aus dem 16. Jh. stammen: **Tynte's Castle** dient heute als Lagerhaus; das gegenüberliegende **Red House** weist den typisch holländischen Renaissancestil auf; **Almshouse** in der Main Street diente einst als Armenhaus.

## Nützliche Adresse

**Fremdenverkehrsamt:** Youghal Heritage Centre, Market Square, Youghal, ☎024 20 170, Fax: 024 92 447, youghal@tinet.ie. Von Mitte Juni bis Mitte September.

## Sehenswert

**Myrtle Grove:** neben der Kirche. ☎92 274. Vom 1. Mai bis zum 30. September dienstags, donnerstags und samstags geöffnet. Ältestes Haus von Youghal, das die Leute hier *Walter Raleigh House* nennen. Im Garten dieses Hauses pflanzte der berühmte Abenteurer die erste Kartoffel auf irischem Boden – ein geschichtliches Ereignis von ungeahnter Tragweite.

## Koje

*Bed & Breakfast*
**Castle Farm**
*Ballycrenane, Ballymacoda, County*

Cork; ☎ *00353 24 98165*
*info@castlefarmbb.com*
*www.castlefarmbb.com*
*Margaret and Tom Leahy*
⌁ 5; Double / triple En-suite from € 32,
single En-suite from € 38; 🚌 On the
doorstep.
❖ between Garryvoe and Ballymacoda
🕐 all year except Christmas.
Bed and Breakfast accommodation on a
traditional Irish working farm. This
Georgian house is perfect for family holidays. Only a 5 minute walk from the
beach, it is overlooking Ballycotton Bay
and makes the base for deep sea fishing.
Take the R634 road into the town of
Youghal from Youghal take the R633
road to Ballymacoda.
**Discount:** Children 50% when sharing
with parents.

# Midleton

**Midleton Tourist Office:** c/o Jameson
Heritage Centre. ☎(021) 4613702. Apr-
Sep.

## Unterkunft

*Herberge / Hostel*
**An Stór Midleton Tourist Hostel**
*Drury's Lane, Midleton;*
☎ *00353 21 4633106;*
*Fax: 00353 21 631399*
*anstor@eircom.net*
*www.hostels-ireland.com*
*Mr. Frank Murphy;*
⌁ 30; Dorm bed € 16, private room € 22
pp, family rate € 16. Breakfast € 4 continental, € 7 cooked.
📶 yes; 🚌 Bus.
❖ Cork City
🕐 All year; 👁 9:00 – 21:00

☺ IHH
Family-run, town centre, old building,
rebuilt with all conveniences. All rooms
en-suite, kitchen, TV room. Extension
provides serviced kitchen, second dining
room.
**Discount:** 10%

# Cork

Die zweitgrößte Stadt der irischen Republik ist weniger ihrer touristischen
Sehenswürdigkeiten wegen von Bedeutung als vielmehr wegen ihres Hafens
und ihrer Industrie. Da sich durch Cork
zwei Nebenflüsse des River Lee ziehen,
vergleichen die Einheimischen ihre Stadt
gern mit Venedig wobei sie freilich ein
wenig zur Übertreibung neigen. Trotzdem besitzt die Metropole ein gewisses
Flair, wovon man sich bei einem Bummel immer der Nase nach durch das Netz
von belebten Straßen und Kanälen selbst
überzeugen kann.

### Cork als Mittelpunkt der Rebellion

Als Arbeitermetropole hat sich die Stadt
von jeher gegen jegliche Form von Ausbeutung und Unterdrückung zu wehren
versucht. Beispielsweise hat die Bevölkerung niemals im Widerstand gegen die
britische Kolonialherrschaft nachgelas-
sen. Nach der Niederlage gegen die
Orangisten, die protestantischen Königstreuen, schiffte sich im Jahre 1691
**Patrick Sarsfield** mit seinen Mannen
nach Frankreich ein. Jene Soldaten
machten sich als *Wild Geese* in der
Schlacht bei **Fontenoy** einen Namen.
Im 19. Jh. waren viele Einheimische an
den Bauernaufständen sowie an der
Revolte von 1865 beteiligt. Auch im von
1919–1922 tobenden Unabhängigkeits-

krieg kämpften sie für ihre Rechte. Die **IRA**-Brigade aus Cork galt als eine der tapfersten. **Terence MacSwiney**, Bürgermeister der Stadt und eingekerkert wegen Mitgliedschaft in der IRA, starb im Jahre 1921 nach 76 Tagen Hungerstreik.

Da Cork in der Geschichte oft zerstört wurde, haben die alten Stadtviertel ihre Einheitlichkeit verloren. Das 19. Jh. ist architektonisch am stärksten präsent.

## Nützliche Adressen

**Verkehrsamt:** Monument Buildings, 42 Grand Parade. ☎42 73 251, Fax: 42 73 504. Im Sommer geöffnet von 9 – 19h, in der Nebensaison von 9.15 – 12.30h und 14.15 – 17.30h.

**Deutsches Honorarkonsulat:** Ronan Daly Jermyn Solicitors, 1ˢᵗ Floor, 12 South Mall, Cork., ☎4 80 27 00, Fax: 4 80 27 90. german.consul@rdj.ie Zuständig für die Grafschaften Cork, Kilkenny, Waterford, Wexford und Tipperary.

## Unterkunft

### Kachill House

*Western Road, Cork City;*
☎*(0)21 4279447;*
*Fax: (0)21 4279447*
*info@achillhouse.com*
*www.achillhouse.com*
*Mrs. Helena McSweeney*
B&B Double En-suite € 30 – € 55, B&B Triple En-suite € 30 – € 45, B&B Single En-suite € 40 – € 70.
▦ yes; ☐ Close to the bus and train stations.
☉ All year.

In the heart of Cork City. A warm and relaxed atmosphere awaits the discerning business executive or tourist, combining traditional Irish hospitality with modern comfortable facilities and imaginative cuisine.

*Jugendherberge*
### Kinlay House – Cork

*Bob and Joan's Walk, Shandon, Cork;*
☎*00353214508966;*
*Fax: 00353214506927*
*info@kinlayhousecork.ie*
*www.kinlayhouse.ie*
*Mr. Hamid Oucherfi.*
Single rooms from € 30 pn, doubles from € 20 pn, dorms from € 13 pn. All rates include a free continental breakfast. Rooms with bathroom available.
▦ yes; Breakfast; Public.transport: Close to bus and train stations.
❖ City Centre
☉ All year. ◉ 24 hours
☺ IHH-BordFáilte
City centre location.
**Discount:** 5%

*Herberge*
### Sheila's Hostel

*3 Belgrave Place, Wellington Road, Cork City;* ☎*00353 21 4505562; Fax: 00353 21 4500940*
*info@sheilashostel.ie*
*www.sheilashostel.ie.*
Dorms from € 14 pp, doubles from € 21 pp, singles available on re-quest.
▦ yes; Breakfast € 2.50; ☐ Close to bus and Rail stations.
☉ All year; Check-ins: 24 hours
☺ IHH
A cosy, family-run budget accommodation centre only a 3 minute walk

from bus, train, shops, pubs and restaurants. Friendly, relaxed atmosphere and excellent facilities.
**Discount:** 10%

# Kinsale

Der Hafen zählt sicher zu den malerischsten in Irland, was natürlich kein Geheimnis geblieben ist, so daß an Wochenenden Scharen von Besuchern aus Cork und von andernorts hier an Land gehen. Sie bewundern, unter anderem, »Giant's Cottage«, eine winzige blaue Hütte, und die für Kinsale typischen buntbemalten Häuser, einige davon wahre Kunstwerke. Leider ist unter den reichen Leuten die Unsitte ausgebrochen, protzige Villen in die Landschaft zu klotzen man beachte unsere dichterische Wortgewalt! doch glücklicherweise konnte dieses Übel den Reiz der Stadt bisher nicht schmälern.

Die Gegend war Schauplatz weltbewegender geschichtlicher Ereignisse. So zog etwa die Torpedierung der **Lusitania** durch kaiserliche U-Boote auf der Höhe von Kinsale den Eintritt der USA in den Ersten Weltkrieg nach sich.

## Ein wenig Geschichte

Kinsale versinnbildlicht den Anfang vom Ende der Unabhängigkeit Irlands. Im Jahre 1601 wurden hier die gälischen Führer und ihre spanischen Verbündeten vernichtend geschlagen. Die verheerende Niederlage löste eine wahre Landflucht aus: alles, was Rang und Namen besaß, setzte sich schleunigst auf den Kontinent ab. Die Briten dagegen machten Kinsale zu einem ihrer Hauptmarinestützpunkte. Bis zum Ende des 18. Jhs hatten die Iren

dort nichts mehr zu melden.

Ein gewisser **William Penn**, ein kleiner Beamter, der sich daselbst tödlich langweilte, wagte den Sprung über den Großen Teich und gründete in Nordamerika ... den Staat Pennsylvania, was sonst.

## Nützliche Adressen

**Fremdenverkehrsamt:** Pier Road, ☎021 4 77 22 34. Ganzjährig geöffnet. Mitten in der Stadt. Gutes Material über die Stadt und ihre Umgebung.

## Unterkunft

*Jugendherberge*
**Guardwell Lodge Kinsale Hostel**
*Guardwell Main Street, Kinsale;*
☎*00353 21 4774686;*
*Fax: 00353 21 4774684*
*info@kinsalehostel.com*
*www.kinsalehostel.com*
*Ms. Joann Sweeney*
↰ 100; Family / triple € 60 prpn, twin / double € 55 prpn, single € 29 prpn, 2 x dorm € 19 pppn, 4 x dorm € 17 pppn.
▨ yes; Public.transport: Bus from Cork.
❖ Cork Airport
◷ All year. ◉ 9 a.m. – 9 p.m.
☺ Bord Failte
It is a newly established quality budget accommodation / hostel; self-catering.
**Discount:** 10%

# Dunmanway

Einladende Marktflecken an der Kreuzung der T 65 mit der L 58, eingebettet zwischen die Hügel Ifs und Owen. Letzterer erreicht immerhin eine Höhe von sechshundert Metern. Und was bedeutet das? Richtig! Bella Vista garantiert!

Unten im Tal entspringt der River Bandon. Ein paar Kilometer weiter erhebt sich das **Ballinacarriga Castle** aus dem 16. Jh.

## Unterkunft

*Herberge*
**Shiplake Mountain Hostel**
*Dunmanway;* ☎*00353 23 45 750;*
*Fax: 00353 23 45 750*
*shiplakehostel@hotmail.com*
*www.shiplakemountainhostel.com*
*Mr. Thomas Pruessen.*
Dorm: € 10 – € 11,50, Gypsy Caravan € 11,50 – € 19,50; Breakfast, Restaurant; Public.transport: Bus Eireann Dunmanway; a courtesy pick-up service.
❖ 65 km. southwest of Cork
🕐 All year. 👁 10 a.m. – 6 p.m.
☺ IHH, Bord Failte
**Discount:** 10%

## Inchigeelagh

*Herberge*
**Tir na Spideoga**
*Inchigeelagh;* ☎*00353 26 47151*
*glatour@iolfree.ie*
*www.euroka.com/spideoga*
*Mr. Greg Latour.*
EZ € 30, – DZ. € 20, – p.P.inkl. Frühstück, Appartements /
Hostel ab € 15, – pro Pers. / ohne Frühstück; Breakfast, Restaurant;
🚌 Busverbindung.
❖ Macroom
Opening.hours: Ganzjährig geöffnet.
👁 9:00 bis 22:00
☺ IHO Mitglied – Independant Hostels Owners Ireland
Hostel, B&B und fishing lodge, gelegen am Lough Allua, Co. Cork.

Zimmer für 1-3 Personen, reetgedeckte cottages, eingerichtet zur Selbstversorgung für 2 bis 8 Personen auf Wunsch auch mit Mahlzeiten (zw. € 8 / € 12). Geführte Angeltouren und wöchentliche Hochseeangelfahrten. Tir na Spideoga – das Land der Rotkehlchen, liegt im Gaeltacht-Gebiet, eine der wenigen irisch kulturellen Enklaven der grünen Insel; Irish Folksessions und Sing Alongs in lokalen Pubs. Die Inhaber sprechen Deutsch, Englisch, Irisch und begrüßen mit „Cead mile failte" – „Tausend mal willkommen". CDs mit Bildern, Infos, Landkarte etc.auf Anfrage o.a. Hausprospekt und Fotos.

## Baltimore

Zauberhaftes Fischerdorf in 15 km Entfernung von Skibbereen. Auch die Strecke dorthin ist ein Erlebnis. Abgesehen von seiner wirtschaftlichen Bedeutung für Fischerei und Schiffsbau hat sich Baltimore vor allem zum bevorzugten Treffpunkt für Hobbykapitäne aus aller Welt gemausert. Von hier schifft man sich für die Inseln **Sherkin** und **Cape Clear** ein, die der Bucht etwas vorgelagert sind.

Das Küstenstädtchen hat 1631 eine der ganz wenigen arabischen Einfälle in Irland erlebt. Zweihundert Dorfbewohner wurden als Sklaven nach Algier verschleppt. Die Ruine des **O'Driscoll Castle** auf einem Felsen hoch über dem Meer war einst Zeuge dieser bewegten Zeit.

---

**Irland**
www.ReiseTops.com

## Unterkunft

*Herberge*

**Rolf's Holiday's**
*Restaurant and Wine Bar Baltimore;*
☎ *00353 28 20289;*
*Fax: 00353 28 20930*
*rolfsholidayhostel@eircom.net*
*www.rolfsholidays.com*
*Mr. Johannes Haffner.*
Multibed € 13, 4 bedded € 15, double
room € 40 pr.
▤ MC, Visa; Breakfast, Restaurant;
🕐 🚌 Bus, ferry between the islands and
the mainland.
🕐 All year. 👁 8 a.m. – 11 p.m.
☺ IHH
Old stone-built property well refurbished
to benefit this holiday hostel, holiday cottages and restaurant and wine bar. Good
base to explore West Cork, Baltimore
and its over 100 islands.

## Schull

Niedliches, ruhiges Hafennest im Schutz
der Berge. Schönes Panorama vom Gipfel des 440 Meter hohen Mount Gabriel.
Viele Freizeitsegler. Fährverbindungen
zur Insel Cape Clear existieren nur im
Juli und August. In der Regel legen sie
um 14.30h in Cape Clear ab und kehren
um 17.30h zurück. Eine Stunde Überfahrt, die man in vollen Zügen genießt.

**Glandore** und **Union Hall:** vor allem
Glandore ist einen Abstecher wert. Die
Straße schlängelt sich durch ein liebli-
ches Tal. Rund 2 km vor dem Ortsein-
gang sichtet man einen der bekanntesten
Steinkreise der gesamten Grafschaft,
**Dromberg** mit Namen, aus siebzehn
Steinen, der schon bereits Jahre vor unse-

rer Zeitrechnung errichtet worden sein
soll und noch bestens erhalten ist. Nebenan zwei vorgeschichtliche Grabstätten.
Gleich vor dem Marktflecken das leider
nicht zu besichtigende **Cilifinnan Castle** mit bis zu vier Meter mächtigen, stol-
zen Mauern. Der frühere deutsche Besitzer ließ es böse verkommen, so daß der
irische Käufer es teilweise abreißen und
völlig renovieren mußte, um es wenigstens in ein nettes Wohnhaus zu verwan-
deln. Schöner Blick aufs Meer. Zum Panorama Point führt der Weg, der auch bei
der Kilfinnan Farm mündet. Über die
Brücke geht's dann weiter nach **Union
Hall**, einem Traum in Pastell und im
Puppenformat, eingebettet in dunkles
Waldgrün. Schon viele haben das hiesige
Klima wegen seiner Milde und seiner die
Inspiration steigernden Wirkung gerühmt. So verfaßte **Jonathan Swift** angeblich an diesem Plätzchen seine besten
Gedichte.

## Übernachten

*Pension*

**Glencairn B&B**
*Ardmanagh Drive, Schull County Cork;*
☎ *(0)28 28007*
*bookings@glencairnb-b.com*
*www.glencairnb-b.com*
*Martin & Susan*
Double En-suite € 35, Twin En-suite
€ 35, Single En-suite € 40.
▤ yes; Breakfast.
🕐 All year.
☺ Family Homes of Ireland
Situated in the heart of the traditional village of Schull, Co. Cork and one of the
most homely and welcoming B&Bs in
the area with a friendly, relaxing atmosphere and in a quiet location; T.V. and
Tea / Coffee in all rooms. A few minutes

stroll from shops, restaurants, cafés and lovely scenery.

*Pension*

### Maria's Schoolhouse

*Union Hall;* ☎ *00353 28 33002;*
*Fax: 00353 28 33002*
*mariasschoolhouse@eircom.net*
*www.geocities.com/mariasschoolhouse*
*Ms. Paula Walker*
🛏 30; Dorm (Sleeps 5) € 65 pr, bunk bedded twin € 35, twin / double from € 45.
📠 yes; Breakfast, Restaurant; 🚌 A collection is available from the nearest bus stop.
❖ Skibbereen
🕐 All year. 👁 08:00 – 22:00
☺ Independent Holiday Hostels
Converted 100 year old schoolhouse with many original features retained and a large communal lounge with open fires, books and board games. Children are welcomed (cots and babysitting are available). Relax in the peace of West Cork.
**Discount:** 5%

# Halbinsel Beara

Im Gegensatz zu anderen Regionen der Westküste geht hier alles derart friedlich zu, daß man als Fremder den Eindruck gewinnt, die Einheimischen aus ihrem Lebensrhythmus zu bringen. Über die Halbinsel ziehen sich zwei beachtliche Gebirgsketten hin: die **Caha Mountains** und die **Slieve Miskish Mountains**.

Wer ohne fahrbaren Untersatz unterwegs ist, sollte zusehen, wenigstens per Anhalter durch die Lande zu kommen oder anderweitig eine Mitfahrgelegenheit zu ergattern, um die Fahrt über den **Tim Healy Paß** mitzuerleben. Man überwindet ihn auf dem Weg von *Adrigole* nach *Lauragh*, der über eine einsame denkbar kurvige Straße führt, auf die ganze Schafherden ihren Herrschaftsanspruch anmelden. Oben ein einmaliger Rundblick in alle Himmelsrichtungen; besonders die Kulisse im Westen ist unbeschreiblich.

Mit dem Bau der Straße begann man zur Zeit der Großen Hungersnot, also in den Jahren 1845-49. Gedacht war das Ganze als ABM-Maßnahme für die Massen von Arbeitslosen. Damals erhielt ein Arbeiter für zwölf Stunden Schufterei mickrige zwei Pence. Die Arbeiten mußten schließlich eingestellt werden, weil sie zu vielen Männern das Leben kosteten und wurden erst 1928 wieder aufgenommen. Drei Jahre später erfolgte die Einweihung der Paßstraße.

Weit unten ist irgendwo ein weißer Fleck zu erspähen: die *Jugendherberge* am **Glanmore Lake,** vielleicht die schönstgelegene des Landes, umrahmt vom Naturschutzgebiet mit eindrucksvollen Felsen und saftiger Flora sowie reicher Fauna. Der **Glanmore Lake**, gebettet in eine Gebirgssenke, ist wunderschön. Dort fressen einem die Schwäne fast aus der Hand.

Anhalter seien gewarnt. Ein Fortkommen auf der Insel ist heikel, da sich die Autos an den Fingern einer Hand zählen lassen. Vielleicht hat man den halben Weg zu Fuß zu marschieren. Mountainbiker hingegen finden hier ihr Strampelparadies. Da lacht der Wadenmuskel.

## Unterkunft

*Herberge / Hostel*

**Hungry Hill Lodge Hostel and Camping Site**

*Adrigole, Beara;* ☎*00353 276 02 28*
*info@hungryhilllodge.com*
*www.hungryhilllodge.com*
*Mr. Patrick Doyle*

↴ 28; Single € 22, double € 34, en-suite double € 40, en-suite family room € 55 camping € 8, weekly rates available. Irish music at Holiday weekends.

▣ MC, Visa; Breakfast, Restaurant;
🚌 : Bus from Cork city
❖ Glengarriff and Castletownbere, West Cork
🕐 15.03. – 31.12.; 👁 08:00 – 21:00
☺ IHH, Irish Camping and Caravan Council

Modern lodge set in landscaped gardens. Good for walkers doing the Beara Way. Pub on site with live Irish music at weekends in summer.

**Discount:** 25% on second and subsequent night stays.

## Bere Island

*Herberge / Hostel*

**Admirals House Guest House**

*Lawrence Cove, Bere Island, Cork;*
☎*00353 27 75213;*
*Fax: 00353 27 75064*
*admirals_@hotmail.com*
*www.hostel.addr.com*
*Ms. Anne Sullivan*

↴ 22; Single € 25 – € 30, double € 20 – € 25 pp, dorm € 15 – € 17.

▣ MC, Visa; Breakfast, Restaurant; 🚌
There is the ferry from Castletownbere.
❖ Near Castletownbere
🕐 All year. 👁 9 a.m. – 9 p.m. ☺ IHH

## Kenmare

Der behagliche Fischereihafen dient als Ausgangspunkt für die Erkundung des Ring of Kerry. Im Sommer daher ziemlich belebt. Das Städtchen selbst ist wirklich hübsch, mit seinen bunten, die zwei Hauptstraßen säumenden Häuschen. Viehmarkt am 15. August.

Wir aber rüsten uns für das Kommende: noch mal volltanken, Sonnenbrille und Windschutzscheibe blankgewienert und dann kann's losgehen.

### Nützliche Anschriften

**Fremdenverkehrsamt:** Heritage Centre, Juni-Sept (064) 41 233

**Postamt:** Henry Street.

**Fahrradvermietung:** *J.Finnegan,* Henry Street. ☎(064) 41 083.
failtefinn@eircom.net,
www.neidin.net/finnegan

Preisgünstige Pullover aus Aran-Wolle auf dem **Quill's Woolen Market** am Square, 1 High St, ☎064 32277.

### Sehenswürdigkeiten

**Steinkreis:** nur für Leute, die sich stark für die Geschichte von Hünengräbern, Dolmen usw. begeistern. Alle anderen werden damit wenig anfangen können. Fünfzehn Steine stehen im Kreis um einen großen Dolmen herum. Er liegt am Ufer des Finnihy Rivers, in wenig reizvoller Umgebung. Erreichbar, indem man zuerst zum Market House vis-à-vis eines kleinen Parks fährt und sich dort links hält. Mal einen Blick auf die niedlichen Häuser aus dem 19. Jh. werfen. Den Wagen am besten am Eingang der Sackgasse bei den Garagen stehenlassen. Von hier zweigt rechts ein schmaler Weg ab. Nach hundert Metern sind wir am Ziel. Der Steinkreis liegt linkerhand. Mitunter wird einem am Eingang ein kleines Eintrittsgeld abgeknöpft.

## Unterkunft

*Herberge*
**Fáilte Hostel**
*Shelbourne St., Kenmare;* ☎ *00353 64 42333; Fax: 00353 64 42466*
*failtefinn@eircom.net*
*Ms. Mairin Finnegan.*
Dorms € 15 pp, double € 19 pp, room en suite from € 19 pp sharing,
Group and large family rates from € 16 pp.
🖳 yes; 🚌 Bus.
🕐 01.04 – 31.10. ☜44105
☺ IHH, IHO
Warm, comfortable and clean with free hot showers, duvets and Aga Cooker.

## Ring of Kerry

Je nach Temperamentslage werden unsere Leser auf dieser atemberaubenden Küstenstraße in Begeisterungsschreie ausbrechen oder aber in sprachloses Staunen versinken. Nach jeder Kurve bietet sich ein neues Panorama. Ausgedehnte Tannenwälder und Heidelandschaften, soweit das Auge reicht, säumen die Klippen, die schroff vom Meeresufer emporragen. Vor der Küste verträumte Inselchen. Faszinierend ist das Farbenspiel der See, des Kliffs und der Grünflächen im Wechsel des Sonnenlichts.

---

**Jobs auf Kreuzfahrtschiffen**
http://shop.interconnections.de

---

## Valentia Island

**Royal Pier**
*Knightstown, Valentia Island;*
☎ *00353 66 94 76 144;*
*Fax: 00353 66 94 76 186*
*www.royalpiervalentia.com*
*Mr. Michael O'Sullivan.*
B&B rooms € 30 pp, € 40 single; hostel rooms € 20 pp, € 25 single; dorm rooms € 15 – € 20 pp; all rooms are en-suite.
🖳 yes; Breakfast, Restaurant; 🚗 Car ferry during the summer months and a local bus to Caherciveen daily.
❖ Caherciveen
🕐 All year. ☜ 9:30 a.m. – 10:30 p.m.
A well-known building in Knightstown overlooking Valentia Harbour. One of the oldest hotels on the Ring of Kerry – once the home of the Knights of Kerry – with 22 rooms; family suites available if required.
**Discount:** 5%

## Killarney

**Fremdenverkehrsamt:** Tourist Information Office; Beech Road, ☎(064) 31 633; Fax: (064) 34 506

## Unterkunft

*Herberge / Hostel*
**Fossa Holiday Hostel**
*Fossa, Killarnet;* ☎ *00353 643 14 97;*
*Fax: 00353 643 44 59*
*fossaholidays@eircom.net*
*www.camping-holidaysireland.com*
*Mr. Derry Brosnan;*
🛏 40; From € 12 – € 14 pppn.
🖳 yes; Restaurant; 🚌 Bus service
🕐 01.04. – 30.09. ☜ 09:00 – 23:00
☺ IHH

40-bed hostel budget accommodation suited for sole occupancy by groups.

*Jugendherberge*
### Paddy's Palace
*31 New Street, Killarney;* ☎*00353 64 35382; Fax: 00353 1 6726152*
*info@paddywagontours.com*
*www.paddywagontours.com*
*Ms. Maeve Colohan;*
↵ 60; From € 12 pp; Breakfast
🍳 yes; 🚌 Close to bus and rail station
❖ Central location to all amenities and the Killarney National Park. Shops, pubs and local attractions all within walking distance.
🕐 All year; 👁 08:00 – 11:00 and 15:00 – 20:00
🔑 04:00 a.m.
☺ VIP, IHH, HOE
**Discount:** 5%

*Herberge / Hostel*
### Killarney Railway Hostel
*Opp. Bus Stn. Fair Hill, Killarney, N/A;*
☎*00353 6435299; Fax: 00353 6432197*
*danielculloty@hotmail.com*
*www.railwayhostel.com*
*Mr. Daniel Culloty;*
↵ 101; Dorm € 15 pp, single € 35 pp.
🍳 yes; Breakfast; 🚌 Bus and train opposite.
❖ National Park
Opening.hours: All year; 👁 24 hrs
☺ IHH, HI, ITB
Well decorated, central position, 28 rooms, 14 en-suite
**Discount:** 5%

# Dingle
**Fremdenverkehrsamt:** Dingle Tourist Office, Strand Street, Dingle Town; ☎(066) 91 51 188, April – Okt Mo – Sa 10h – 18h. Mittagspause 13h – 14:15h; Mai-Sept auch So geöffnet.

## Unterkunft
*Hostel*
### Rainbow Hostel
*Dingle;* ☎*00353 66 9151044;*
*Fax: 00353 66 9152284*
*rainbow@iol.ie*
*www.net-rainbow.com*
*Ms. Emma Riordan.*
12 € for dorm bed, 14 € pp for a double room; 🚌 Free shuttle bus.
❖ Tralee
🕐 All year. 👁 8 a.m. – 11 p.m.
☺ IHO
A large farm house complete with gardens and a huge fully equipped kitchen for guests to cook in.

*Pension*
### Old Mill House.B and B
*3 Avondale Street, Dingle, Co. Kerry Ireland;* ☎*00353 66 91 52 349; Fax: 00353 66 91 51 120*
*verhoul@iol.ie*
*www.iol.ie/~verhoul*
*Ms. Veronica Houlihan.*
From € 29.90 – € 39.90.
🍳 yes; Breakfast, Restaurant; 🚌 Bus, taxi, private tours.
❖ Killarney and Tralee
🕐 All year. 👁 8:30 – 6 p.m. GMT
☺ Bord Failte
Luxury house. All rooms with en-suite T.V. and hair dryer. Known for pancakes in the heart of Dingle town. Good base

for touring the Ring of Kerry and the Dingle Peninsula.
**Discount:** 5%

# Cloghane

*Herberge*
**Mount Brandon Hostel**
*Cloghane;* ☎ *00353 66 7138299*
*ilockingen@aol.com*
*www.mountbrandonhostel.com*
*Mr. Ingo Lockingen.*
Dorm € 18 pn, twin € 20 pn, single € 25 pn, all rooms incl. bedlinen, en-suite, continental breakfast incl; Breakfast; ☒ None.
❖ Dingle / Tralee
🕐 All year.
☺ Bord Fáilte

# Tralee

**Fremdenverkehrsamt:** Tralee Tourist Office, Ashe Memorial Hall, Denny Street; ☎(066) 71 21 288; F.: (066) 71 21 700

## Unterkunft

*Herberge*
**Courthouse Lodge**
*5 Church St., Tralee;* ☎ *00353 66 7127199; Fax: 00353 66 7127199*
*courthouselodge@eircom.net*
*www.courthouselodge.20m.com*
*Mr. Raymond Smyth*
Dorm from £ 9, twin from £ 12.50
☒ yes; Breakfast; ☒ Located three minutes from bus and train stops.
❖ Ring of Kerry
**Discount:** 5%

*Herberge / Hostel*
**Collis-Sandes Hostel**
*Oakpark, Tralee;* ☎ *00353 667 12 86 58; Fax: 00353 667 12 86 58*
*colsands@indigo.ie*
*www.colsands.com*
*Mr. Enda O'Brien;*
⤴ 100 (max); double / twin room € 38 pr, dorm beds from € 12.
☒ MC, Visa, others; ☒ Buses on the N69
❖ Off the N69
🕐 01.06. – 30.09. 👁 08:30 – 22:00
☺ IHH, Irish Tourist Board
1857 Victorian Gothic Manor House set in woodlands on the edge of Tralee town.
**Discount:** 10%

# Ballingarry

*Herberge / Hostel*
**Trainor's Hostel**
*Knightstreet, Main Street, Ballingarry;* ☎ *00353 696 81 64; Fax: 00353 696 81 64*
*trainorhostel@eircom.net*
*Mr. Paddy Stuart Trainor;*
⤴ 30; Prices range from € 15 – € 19;
☒ One bus daily; car hire is recommended as a relatively inexpensive way to see the countryside surrounding the hostel; ❖ Adare
🕐 17.03. – 30.09. 👁 09:00 – 18:30
☺ IHH
**Discount:** 5%

# Grafschaft Clare

Diese Region wird von Irlandbesuchern häufig links liegengelassen. Auf ihrer Reiseroute stehen das Kerry County und auch Connemara, und natürlich werfen sie einen Blick oder auch zwei auf die »Cliffs of Moher« und aufs Burren-Gebiet, aber dann zieht's sie auch schon weiter. Dabei hat Clare durchaus einiges zu bieten.

Erfahrenen Irlandtouristen, die sonst schon alles gesehen haben, beschreiben wir daher die schönen Plätze im Inneren der Grafschaft. Wer sie noch nicht besucht hat, kann nicht behaupten, Irland zu kennen! Da die Briten es für unnötig hielten, in diesem gottverlassenen Landstrich ihre Kolonialisierung zu betreiben, hat die Region nicht wie andere Grafschaften am Reichtum der Engländer teilgehabt. Reich an geschichtlichen Zeugnissen ist sie dennoch: so zählt man nicht weniger als zweihundert Schlösser und Burgen, hundertfünfzig Kirchen und über zweitausend Steinforts. Daß viele noch so gut erhalten und **Cromwells** Verwüstungen entgangen sind, liegt mit Sicherheit an der Abgeschiedenheit Clares sowie an dem unerbittlichen Klima, das hier herrscht.

Die Grafschaft Clare hat viele Gesichter. Im Süden, zwischen Ennis und Loop, ist die Landschaft von sanften Hügeln durchzogen und wenig spektakulär. Die Region von Lough Derg mit ihren tiefen Taleinschnitten ähnelt den Vogesen. Die Küste zwischen Quilty und Lisdoonvarna ist die vielfältigste und zerklüftetste von Irland. Schließlich Burren, einzigartig in Irland und sogar ganz Europa wegen seiner wirklich urwüchsigen Landschaft, ein Paradies für Wanderer.

Die Küste ab Quilty und das Burren-Gebiet sind untrennbar miteinander verbunden, die Grenze verschwimmt zuweilen. Auf wenigen hundert Metern kann die Landschaft mehrmals mit völlig verschiedenen Aspekten überraschen.

# Ennis

Typisches Provinzstädtchen, das 1990 seinen 750. Geburtstag beging. Den schönsten Teil des Nestes bilden unbestritten die Überreste der Altstadt mit ihren verwinkelten Gassen und dem Franziskanerkloster **Ennis Abbey**, im 14. Jh. eine überaus kulturträchtige Einrichtung.

## Nützliche Anschrift

**Verkehrsamt:** Ennis Tourist Centre, Arthurs Row, ☎065 68 28 366 Fax: 0 65 68 28 35 0.

## Unterkunft

*Herberge*

### Abbey Tourist Hostel

*Harmony Row, Ennis;* ☎*00353 656 82 26 20*

*booking@abbeytouristhostel.com*
*www.abbeytouristhostel.com*
*Ms. Marianne Maurer.*

Dorm € 14 – 16 pp, double € 20 pp, single € 25; Breakfast; 🚌 Bus, train, taxi. ❖ Shannon Airport
🕐 02.01 – 23.12. 👁 7:30 a.m. – 1:30 a.m.
☺ IHO
This old building overlooks the river Fergus running through the centre of the old town of Ennis. The hostel is across the road from the Abbey church and has a fully equipped kitchen / dining room, common room and TV room. A light breakfast as well as all linen is included; laundry and internet facilities are available. There are hot showers, 24 hr minibus tours and airport pickups.

# Kilrush

**Kilrush Tourist Office:** Kilrush Tourist Office Town Hall No. 2 Francis Street; ☎0 65 90 51 577, Mai – September

## Unterkunft

*Herberge / Hostel*
**Katie O'Connors Holiday Hostel**
*Frances Street, Kilrush;* ☎*00353 659 051133 / 00353 659 080831*
*katieoconnors@eircom.net*
*www.westclare.com*
↵ 28; Dorm € 15 pp, private room € 17.50; 🚌 Buses, Train to Ennis, Buses to Kilrush
🕐 15.03. – 31.10. 👁 15:00 – 22:00
☺ IHH, HOE (Hostels of Europe)
200-year-old family-run hostel on the scenic West Coast of Ireland, nearby Cliffs of Moher, Doolin and Kerry Coast.

# Doolin

Der Name kommt von »Dubh Linn«, »Schwarzes Meer« und bedeutet eigentlich dasselbe wie derjenige der Hauptstadt Dublin. Kaum zu glauben, daß dieses unauffällige Fischernest 8 km vor Lisdoonvarna, als Symbol der »Irish Music« gilt. Der Hafen ist Ausgangspunkt für Fähren in Richtung Aran Inseln. Aufpassen: die Küste ist hier nicht ungefährlich. Seit einigen Jahren hat sich der Ort auf den Fremdenverkehr deutlich eingestellt.

## Unterkunft

*Herberge*
**Fisherstreet House Hostel**
*Fisherstreet, Doolin;* ☎*00353 65 7074006; Fax: 00353 65 7074421*
*fisherstreet@iol.ie*
*www.kingsway.ie/fisherstreethouse*
*Josephine and Paddy Moloney*
Double en-suite rooms from € 35 prpn. All rooms en-suite, 4 / 6-bedded from € 14 pppn.
📧 MC, Visa; 🚌 Bus Eireann.
❖ Lisdoonvarna / Cliff of Moher
🕐 01.03. – 31.10. Group bookings taken off season. 👁 9a.m. – 6 p.m.
☺ Irish Tourist Board
Spacious hostel for group booking, fully redecorated every year, clean, comfortable, all rooms en-suite, full kitchen and dining room facilities. Hostel for sole use, bookings taken off season, group rates apply.

*Herberge*
**Paddy's Doolin Hostel**
*Fisherstreet, Doolin;*
☎*00353 65 7074006;*
*Fax: 00353 65 7074421*
*doolinhostel@iol.ie*
*www.kingsway.ie/doolinhostel*
*Josephine and Paddy Moloney*
Dorm € 14.50 pppn. Self – catering.
📧 MC, Visa; ÖPNV: Bus Eireann.
❖ Cliffs of Moher
🕐 06.01. – 06.12. 👁 8 a.m. – 9 p.m.
☺ IHH, Bord Failte, Shannon Developement
Spacious accommodation. Clean, comfortable. Large kitchen / dining room / sitting room. Self-catering. Open all day. Small shop on premises.
**Discount:** 5%

---

**Internationale Freiwilligendienste**
http://shop.interconnections.de

# Aran Islands

www.visitaranislands.com

## Unterkunft

*Herberge*

### Kilronan Hostel

*Kilronan, Inis Mór, Aran Islands, -;*
☎ *00353 99 61255;*
*Fax: 00353 99 61313*
*kilronanhostel@ireland.com*
*www.kilronanhostel.com*
*Mr. Gabor Hajdu.*
From € 14.
🖳 Visa, MC, Maestro, Laser; Breakfast;
🚍 None.
🕐 All year (Excluding Christmas and New Year's Eve). 👁 8 a.m. – 10 p.m.
☺ Independent Hostel Owners Ireland
Well located, a 2 minute walk from the pier, with good views, small dorms with bathrooms, a spacious, well-equipped kitchen, a TV room, free breakfast, friendly and informed staff, bike hire, hot showers and towels for hire.

*Jugendherberge*

### Brú Radharc na Mara

*West Village, Inishere, Aran Islands;*
☎ *00353 99 75 024;*
*Fax: 00353 99 75 024*
*radharcnamara@hotmail.com*
*Ms. Maura Sharry;*
🖍 39. Dorm € 15 pp, private room € 20 pp.
🖳 MC, Visa; Breakfast
🕐 01.03. – 31.10. 👁 All Day
☺ IHH, ITB
Family-run, centrally located hostel, adjacent to a sandy beach, a ferry port, shops, restaurants and pubs with traditional music every evening.
**Discount:** 5%

# Kilfenora

»Heimliche Hauptstadt« des Burren-Gebietes. Die Umgebung des Hauptortes des Burren-Gebiets ist reich an archäologisch wertvollen Funden. Von hier lassen sich herrliche Wanderungen durch die landschaftliche Wildnis unternehmen.

## Unterkunft

### Kilfenora Hostel

*Main Street, Kilfenora;*
☎ *(0) 65 708 8908*
*orlavaughan@hotmail.com*
*www.kilfenorahostel.com*
🖍 46, Prices from € 15.
🕐 8am to 11pm, 👁 after 11 am
All bedrooms are en-suite and range in size providing accommodation for 2 to 8 guests. Spacious and fully equipped kitchen; and common room with TV & video. The lecture room is equipped to provide modern and comfortable seminar and conference facilities for groups up to 25.
Prices are reasonable and seasonal.

# Carron

*Hostel*

### Clare's Rock Hostel

*Main Street, Carron;* ☎ *00353 65 7089129; Fax: 00353 65 7089228*
*info@claresrock.com*
*www.claresrock.com*
*Mr. Pat Cassidy.*
Dormitory € 14 pppn, twin / double € 19 pppn, 3 Persons room € 16 pppn, 4 Persons room € 15 pppn; 🚍 None.
❖ Kilfenora 🕐 01.06–30.09. 👁 5–22hrs
☺ IHH and IHO hostel organisations
**Discount:** 5%

# Galway

(Aussprache mit offenem »o« wie in »tall«)

Als Tor zu Connemara hat sich die Stadt zu einer Art Fremdenverkehrsmetropole des irischen Westens entwickelt. Aber keine Bange, man braucht deswegen keinen weiten Bogen um sie zu schlagen. Trotz der zahlreichen neugierigen Besucher besitzt sie ein überaus gastfreundliches Flair und schafft es doch irgendwie, alle Fremden zwischen ihren Mauern gleichsam zu absorbieren.

Unter der Normannenherrschaft erblickte die Hafenstadt das Licht der Welt und wuchs und gedieh aufs Prächtigste. Später profitierte sie von den Handelsbeziehungen mit Spanien, dessen Einfluß noch heute unverkennbar ist, sowohl an zahlreichen Gebäuden als auch in der pulsierenden Atmosphäre. Das Hafenviertel, nach dem Abbruch der internationalen Verbindungen in Lethargie versunken, erwacht wieder zu neuem Leben. Die Quay Street mit einer ganzen Latte gemütlicher Lokale und uriger Kneipen hat schon längst den Spitznamen »Quartier Latin von Galway« weg.

Natürlich sieht man noch hier und da verlassene Lagerhäuser, denn die neue Industrie hat sich gütigerweise vorwiegend im Umland angesiedelt Vielleicht macht das auch den Charme dieser Stadt aus: der morbide Reiz der Überbleibsel einer glanzvollen Vergangenheit, die in den Gassen rund um die Werften die Schatten der Händler und Seeleute, die Galway einst belebten, heraufbeschwören. Besonders frühmorgens im Nieselregen kann man sich der leise wehmütigen Stimmung kaum entziehen ...

## Nützliche Adressen

**Verkehrsamt:**
Ireland West Tourism, Aras Failte, Forster Street, Galway, in der Nähe des Schnittpunkts Eyre Square und Merchants Road. ☎00353 091 537700, Fax: 00353 091 537733, info@irelandwest.ie. Ganzjährig geöffnet.

**Diplomatische Vertretung:** Konsulat der Bundesrepublik Deutschland in Kilroe West, Inverin, Co. Galway. ☎091-59 32 23, Fax: 59 34 27. Zuständig für Galway, Roscommon und Clare. Schweizer und Österreicher wenden sich an ihre Botschaft in Dublin.

**Fahrradvermietung:** *Aran Bike Hire*, French man's Beach, Kilronan, Aran Islands, Co. Galway, ☎099 61 132. *Irish Cycle Hire*, Victoria pl, Eyre Sq, Galway, ☎091 56 14 98. *Kearneys Bikes*, Terryland Retail pk, Headford Road, Galway, ☎091 563356

## Sehenswürdigkeiten

**Eyre Square:** Mittelpunkt des städtischen Lebens. Im Jahre 1963 wurde der Platz für den damaligen amerikanischen Präsidenten J.F. Kennedy Stätte des Triumphs, wo ihm ähnlich wie in Berlin die Volksmassen zujubelten. Beachtung verdienen neben der *Brown Doorway*, einem Torbogen aus dem 17. Jh., die Denkmäler für den Patrioten *Liam Mellows*, einen der »Aufrührer« des Widerstandes von 1921, sowie für den berühmten Dichter der Jahrhundertwende *Padraig O'Conaire,* der das Gälische pflegte. Bekannt ist er wegen seiner Short Stories darunter das beliebte »M'Asal Beagh Dubh« (»Mein kleiner schwarzer Esel«)

**Kathedrale St. Nicolas:** im Inneren schwarzer, roter, grüner und grauweißer Connemara-Marmor.

**Lynch's Castle:** das erhabene Herrenhaus aus dem 16. Jh. an der Ecke Shop Street und Upper Abbey Gate beherbergt heute eine Bank. Vor allem die wunderbare Fassade zieht die Blicke des Betrachters auf sich. Sie macht das Gebäude zum schönsten Stadthaus von Irland. Einige Wasserspeier und die Wappen der Fitzgerald, des Königs Henry VII und der Familie Lynch verdienen Beachtung. Innen sind noch die massiven Kamine erhalten, zu sehen wenn man die Bank betritt.

Lynch lautet der Familienname einer berühmt-berüchtigten Sippschaft der Stadt, berüchtigt deshalb, weil der Vater **James Lynch** im Jahre 1493 seinen eigenen Sohn zum Tode verurteilt und die Hinrichtung vorangetrieben haben soll. Grund für das harsche Vorgehen: der Filius hatte einen Gast des Hauses um die Ecke gebracht, der es gewagt hatte, seiner Verlobten Avancen zu machen. Ist ja auch richtig so, würden wir auch machen – je nach Fall – die Hinrichtung oder, wenn sie hübsch ist, die Avancen! Schauplatz der Hinrichtung war das alte Gefängnis. Wider Erwarten rührt der Begriff »Lynchjustiz« aber nicht von dieser grausligen Aktion her, sondern geht auf einen amerikanischen Richter des 19. Jhs zurück, der Mitglied im Ku Klux Klan und wegen seiner brutalen Foltermethoden gefürchtet war.

**Nora Barnacle Museum:** 8 Bowling Green, das quer zum Upper Abbey Gate verläuft. In dem kleinen Haus lebte einst die spätere Frau des Dichters **James Joyce**. Auch der Heroe selbst war zweimal dort und ließ sich zu einigen poetischen Werken beflügeln. Also, Joyce-Anhänger, nichts wie hin, hier weht der Geist des Genies! Man erfährt einige aufschlußreiche Anekdoten: so zum Beispiel, daß Nora vor James einen weiteren Verehrer namens **Michael Bodkin** hatte, der aber an Tuberkulose verstarb. Joyce verewigte den Verblichenen unter dem Namen Michael Furey in seiner Novelle »The Dead« als ehemaligen Geliebten der Heldin Greta Conroy. Auf ihn spricht Gabriel, Gretas Mann, in seinem furiosen Schlußmonolog an: »der Schnee senkte sich über ganz Irland. Er fiel auf die zentrale, dunkle Ebene und auf die baumlosen Hügel ... weich auf das Torfmoor von Allen ... auf die rebellischen und dunklen Wellen des Shannon. Er fiel auch in alle Winkel des einsamen Friedhofes, auf den Hügel, unter dem Michael Fury begraben ruht.

**Taibhdhearc** (ausgesprochen »Tigark« na Gaillimhe: Middle Street. ☎(091) 56 36 00 / 56 20 24. Das Theater, Baujahr 1928, hat sich der Erhaltung und Fortsetzung der gälisch-irischen Kultur verschrieben.
www.antaibhdhearc.com.

**Galway City Museum:** die Minisammlung hält niemanden lange auf, umfaßt jedoch durchaus sehenswerte Stücke, die an die bewegte Vergangenheit der Stadt erinnern.

**Spanish Arch:** gleich daneben die Überreste des alten Stadttores.

**Bridge Mills:** Bridge Street. Seit 1558 hat hier immer eine Windmühle gestanden. Die jetzige, ein schöner Steinbau, datiert vom Ende des 18. Jhs. Nach ihrer Stillegung verfiel die Mühle zunächst. Nach sorgfältiger Restaurierung jedoch erlebte sie ihre Wiederauferstehung als Unterschlupf für verschiedene Geschäfte: eine Kunstgalerie, das *Galway Language Centre*, Antiquitätenläden, ein Buchladen, ein Geschäft mit keltischem Schmuck etc. Man genehmige sich auf jeden Fall im *Bridge Mill Café*, das den Fluß überblickt, eine Erfrischung.

**Salmon Weir** (Lachswehr): das enge Staubecken, in dem sich Ende Mai, im Juni und manchmal noch im Juli, wenn sie vom Meer her ihren Laichplätzen in den Seen zustreben, die Lachse drängeln, liegt gar nicht weit von der Kathedrale. Versammelt sind dann Angler aller Herren Länder mit Fliegenköder, eine Menge Zuschauer und vereinzelt fotowütige Touristen.

### Reitstall mit Übernachtung

**Rusheen Riding Centre** Barna Road, Salthill, ☎(091) 521285. Kleiner, fast familiärer Reitstall mit nur etwa zehn Pferden und Ponys, die Michael Joyce für Ausritte an den nahen Strand bereitstellt. www.galway.net/pages/rusheen

### Festivitäten

**Galway Races:** in der zweiten Julihälfte, manchmal wird bis Anfang August verlängert. Im Anschluß an das *Arts Festival* (s.u.). Die Leute spielen auf den Rennplätzen wie in den Pubs schier verrückt. Selbst wer nicht selbst wettet, kann sich diesem Treiben unmöglich entziehen.

**Arts Festival:** tobt Ende Juli oder Anfang August, mit anspruchsvollem Musik- und Theaterrepertoire. Alle Straßen voller Gaukler und Musiker, nichts für trübe Tassen.

**Austern-Festival:** normalerweise am dritten Wochenende im September. Feinschmecker lassen es sich nicht nehmen, die ersten Austern der Saison zu schlürfen. Dazu trinkt man Guinness. Eine barbarische Verbindung? Nun, spätestens nach dem dritten Guinness wird jeder begeistert sein, behaupten irische Freunde. Wir glauben, daß nach dem dritten Bier eh Begeisterung eintritt, auch ohne Austern. Ort der Austern-Orgie ist die Altstadt von Galway. info@galwayoysterfest.com www.galwayoysterfest.com, ☎(091) 52 20 66

## Unterkunft

Kaum sonst auf der Grünen Insel findet man billige Pensionen so dicht gesät wie in Galway. Das System der Jugendherbergen in privater Hand erreicht hier seine Vollendung. Reisende werden über die reiche Auswahl noch dankbar sein, besonders im Juli, wenn Scharen von Schaulustigen zum alljährlichen Pferderennen herbeiströmen.

*Herberge / Hostel*

**Barnacles Quay Street House**
*10 Quay Street, Galway;*
☎ *00353 91 568644;*
*Fax: 00353 91 568644*
*qsh@barnacles.ie*
*www.barnacles.ie*
Dorm € 12.50 – € 16.50, 8 Pers. € 15 – € 19.50, 6 Pers. € 17 – € 21.50, 4 Pers. € 18.50 – € 23, twin / double € 26 – € 28, single € 36 – € 56.
▨ MC, Visa; Breakfast; 🚆 Public transportation.
🕐 All year. 9:00 – 5:00
☺ Irish Holiday Hostels, Bord Failte, Hostels of Europe

Barnacles Quay Street House offers private, 4 bedded and multi-bedded rooms, all en-suite. It's open 24 hours providing free showers and linen, and fully equipped self-catering facilities.
**Discount:** 10%

*Herberge*
**Sleepzone**
*Bothar na mBan, Galway 1;*
☎ *00353 91 566999;*
*Fax: 00353 91 566996*
*info@sleepzone.ie*
*www.sleepzone.ie*
*Mr. Ronan Garvey.*
Dorm from € 13 (4 – 10 sleeps), twin / double from € 22.50, single from € 30
▤ yes; Breakfast; ☒ bus, rail.
◉ 24 hours
**Discount:** 5%

# Athlone

## *Inny Bay B&B*
*The Pigeons, Athlone;*
☎ *(0)90 648 5284,*
*Fax: (0)90 648 5284*
*foxed@eircom.net*
*Mrs and Mr. Foxe*
€ 30 pp, € 35 Single for En-suite Room, € 28 pp and € 33 single for a Standard Room.
On Lough Ree's Shore. Prices: Irish Tourist Board Approved. TV in all rooms, babysitting services, and childrens playroom, Cot available. No smoking in rooms. Guide dogs welcome. Angling, golf course, boating, leisure complex, pitch and putt all nearby.

# Oughterard

*Herberge / Hostel*
**Oughterards Canrawer House**
*Station Road, Oughterard;*
☎ *00353 91 55 23 88;*
*Fax: 00353 91 55 23 88*
*canrawer@indigo.ie*
*www.oughterardhostel.com*
*Mr. Mike Faherty;*
⮡ 46; Dorm € 17, double € 22 pp, 5 bed family € 90, 4 / 5 bed standard € 85, all rooms en-suite; free Breakfast included; ☒ On the Galway-Clifden bus route.
❖ 17 km from Galway City
◔ 01.02 – 31.10. ◉ 9 p.m. – 12 a.m.
☚ n/a
☺ Independent Holiday Hos-tels.
A purpose-built hostel with 3 acres of grounds and a large off-road parking area, all rooms en-suite and a fully e-quipped kitchen and lounge area.
**Discount:** 5%

# Clifden An Clochán

Die Umgebung dieses hübschen Städtchens am Ende der Straße von Galway am Ufer der Ardbear Bay bietet eine Fülle von Ausflugsmöglichkeiten. Bewundernswerterweise hat es den jährlich anwachsenden Touristenansturm bislang ganz gut verkraftet und ist von etwaigen Betonburgen und sonstigen unangenehmen Merkmalen vielbesuchter Ferienorte verschont geblieben. Unzählige romantische Pfade schlängeln sich durch die weitläufige Heidelandschaft und am Ufer glitzernder Flußläufe entlang. Man muß gar nicht erst kilometerweit marschieren, um die Naturschönheiten zu Gesicht zu bekommen; innerhalb von fünf Minuten erreicht man die unberührte Wildnis.

Nicht weit von hier rauscht das Meer. Jeder sollte auf jeden Fall eine Tour über die etwa 9 km lange *Sky Road* machen, wenn möglich zu verschiedenen Tageszeiten, da sie sich mit der Veränderung des Sonnenlichts immer wieder mit neuer Himmelsfärbung präsentiert. In der Bucht tummeln sich (noch) häufig Horden quicklebendiger, fröhlicher Delphine.

Schon gewußt, daß es bereits acht Jahre vor **Charles Lindbergh** zwei Männern gelungen war, den Atlantik zu überfliegen? Die beiden tollkühnen Helden, **Alcock** und **Brown** mit Namen, landeten ihrzeit mit ihrer fliegenden Kiste in Clifden. Pech für sie: Lindbergh muß einfach den pfiffigeren PR-Manager gehabt haben ...

## Connemara Pony Show

Zu der spektakulären Pferdeschau, einer der besten in Irland, in der zweiten Augusthälfte zieht es jedes Jahr massenhaft Einheimische und Touristen. Das erste Lebewesen auf irischem Boden soll angeblich ein Gaul gewesen sein. Noch heute besitzt die Republik über eine Million Pferde; das übersteigt glatt die Anzahl der Pubs, man stelle sich das vor! Mensch und Tier leben hier in Connemara in friedlicher Eintracht. Den Gesetzen der Evolution folgend, haben die Ponies von Generation zu Generation an Zähigkeit und Ausdauer gewonnen, um unter den rauhen Bedingungen zu überleben. Es heißt, sie seien Nachfahren spanischer Gäule, die durch die Armada nach Irland gelangten und freikamen, als die berühmte Flotte strandete. Auch die spanische Besatzungsmacht könnte ein wenig andalusisches Hengstblut mit nach Irland

gebracht haben, das noch immer in der charakteristischen Grazie der irischen Ponies spürbar ist.

Die Ponyschau ist ein unvergeßliches Erlebnis. Schwerreiche Adlige wie kleine Bauern feilschen auf der Verkaufsschau, was das Zeug hält, begleitet von neugierigen Blicken der gaffenden Menge. Die ganze Stadt wird von der Jahrmarktstimmung erfaßt. Alle paar Minuten wird irgendwo ein Guinnessfaß angezapft. Ausländer kriegen an einem solchen Tag einen lebhaften Eindruck von der irischen Mentalität. Sich am besten schon zu Hause beim Irischen Fremdenverkehrsamt nach dem genauen Termin erkundigen oder gleich nach der Ankunft auf der Grünen Insel.

## Nützliche Adressen

**Fremdenverkehrsamt:** Galway Road, ☎ (095) 21 163. Nur von Juni bis August geöffnet.
www.connemara-tourism.org

**Fahrradvermietung:** bei *Mannions*, Bridge St. ☎(095) 21 160.

**Michael Gibbons' Walking Ireland:** archäologische Streifzüge durch die Halbinsel **Renvyle**, auf der Insel **Inishbofin**, rund um Roundstone, etc. ☎ 095 21 492.
Market Street, Clifden, Connemara, walkwest@indigo.ie
www.walkingireland.com

## Unterkunft

*Herberge / Hostel*

**Clifden Town Hostel**
*Market St., Clifden;* ☎*00353 95 21076*
*seancth@eircom.net*
*www.clifdentownhostel.com*

*Mr. Sean Joyce;*
↝ 34; Single room € 18 – € 35, double room € 18 – € 19, dorm € 15, 4 / 5 bed room € 16; all prices are pp.
🚌 Bus connections from Galway; ⏱15.03 – 03.11.
It is open on most days during the winter but you should telephone in advance to confirm. ☞ 37749
☺ Bord Failte, IHH
**Discount:** 5%

# Letterfrack

*Herberge / Hostel*

**Old Monastery Hostel**
*Letterfrack;* ☎ *00353 95 51082;*
*Fax: 00353 95 41680*
*oldmon@indigo.ie*
*www.monasteryhostel.com*
*Mr. Michael Nee;*
↝ 50 / 60. Dorm € 12, double € 15.
🖺 yes; Breakfast, Restaurant; 🚌 Bus.
❖ Connemara
All year.
☺ IHH, IHO
Converted former monastery offering bed and breakfast and vegetarian meals. Some assets: laundry, bike hire, boat trips to Inisbofin and other islands, internet, wireless hotspot, etc. in a lived-in house with open fires and a warm atmosphere.

# Westport

Quirliges Städtchen 261 km von Dublin und 80 km von Galway. Von hier stammte die Familie von Grace Kelly. Sein heutiges Erscheinungsbild verdankt Westport dem **Herzog von Sligo**. Der als »aufgeklärt« und Neuerungen gegenüber

offen geltende Großgrundbesitzer ließ nämlich den Fluß kanalisieren, Straßen und Brücken errichten und überhaupt die ganze Innenstadt verschönern Als Architekten heuerte er **James Wyatt** an, einen der führenden Baumeister der georgianischen Zeit. Dieser hatte den genialen Einfall, die Mall anzulegen, jene prächtige, baumbepflanzte Promenade, die beidseitig den Kanal säumt. Ungläubige und Priesterfresser werden am letzten Sonntag im Juli besser einen Bogen um Westport schlagen, denn dann sammeln sich hier die frommen Pilgermassen zur Wallfahrt auf den Mount Croagh Patrick. Fromme, Psycho- und Soziologen werden sich das Spektakel nicht entgehen lassen.

## Nützliche Adressen

**Verkehrsamt:** The Mall North. ☎(098) 25 711. Während des ganzen Jahres geöffnet, werktags von 9–18h, samstags 10-13h, im Juli und August bis 18h. Sonntags geschlossen.

**Postamt:** North Mall. Schalterstunden: unter der Woche von 9–17.30h, samstags von 9–13h.

**Fahrradvermietung:** *Breheny and Sons*, Castlebar Street. ☎(098) 25 020.

## Unterkunft

*Herberge / Hostel*

**Morningside Hostel**
*37 Deerpark East, Westport, County Mayo;* ☎ *00353 98 29328*
*Becky.Dowling@morningside-westport.com*
*www.morningside-westport.com*
*Brian and Becky Dowling*
Single € 40 – € 45 pppn, double / twin €

32 pppn, children aged 10 – 14 € 20, children aged under 10 € 10 (when sharing with an adult)
🚌 Bus, train
🕐 All year except Christmas
The hosts Brian and Becky Dowling offer comfortable Guest Accommodation at affordable prices in this spacious and comfortable family home in Westport, County Mayo, on Ireland's beautiful West Coast. At Morningside you are ideally located to enjoy a host of activities all situated within comfortable driving distance.

*Herberge / Hostel*
## Abbeywood House
*Newport Road, Westport;*
☎ *00353 98 25496;*
*Fax: 00353 98 27294*
*info@abbeywoodhouse.com*
*www.abbeywoodhouse.com*
*Ms. Susan Carroll.*
10 bed dorm from € 16 pp, 4 bed dorm from € 20 pp, twin / double room from € 48 pr.
💳 Visa, MC, Laser; Breakfast; 🚌 Bus and train to Westport town.
🕐 Oct to Apr weekends only (Weekdays for groups also from May to Sept);
👁 7:30 a.m. – 11:30 p.m.
☺ In process
Comfort and atmosphere at the right price in Westport. Budget prices, a comfortable beds, hot showers, free continental breakfast, freedom to come and go as you please, private or shared rooms, access to cooking facilities and TV / Video, all set in landscaped grounds only a 2 minute walk from the centre of Westport. Abbeywood is a former monastery, still retaining many of its original features such as stained glass windows,

polished wood floors and high ceilings. Its situation, set in off the road in its own grounds makes it hard to believe it's so close to the centre of town. All the rooms have large picture windows with views over Croagh Patrick and the surrounding town. Having only recently opened its doors after renovations, the rooms are freshly painted, the beds are new, complete with certified orthopaedic mattresses and a brand new shower system has been installed. Calling all sports and social Clubs, kayakers, surfers, hill walkers and groups of friends looking to get away: Abbeywood can also be block booked. Free breakfast, off street car parking, hot showers. Linen included, no curfew, TV / video room, fully stocked self-catering kitchen, safety deposit for valuables.
**Discount:** 5%

# Achill

*Hostel*
## Valley House Hostel and Bar
*The Valley, Achill, Co. Mayo;*
☎ *00353 98 47204, (no fax)*
*info@valley-house.com*
*www.valley-house.com*
*Pat and Alice Gallagher.*
Dorm € 15 pppn, private / double / twin room € 18 pppn
💳 yes;
🚌 Bus.
❖ Westport
🕐 All year.
☺ IHO
A Victorian house, warm and friendly atmosphere, in an area close to the beaches with a pitch and putt course and a lake on the grounds with acres of woodland to explore. There are music sessi-

ons, darts and pool in the pub. Activities can be arranged and groups and individuals are welcome.
**Discount:** 5%

## Belmullet

*Herberge / Hostel*
### Kilcommon Lodge Hostel
*Pollatomish, Ballina, Co. Mayo;*
☎ *(00353) 97 84621*
*kilcommonlodge@eircom.net*
*www.kilcommonlodge.net*
*Betty and Fritz Schult*
Private / family room € 13 pppn, dorm € 10 pppn. Breakfast € 4 – € 5.
Small, family run Holiday Hostel at the seaside in County Mayo in the northwest of Ireland. Nestles sheltered in a peaceful valley, surrrounded by old trees and a wild garden.there is plenty of space to sit outside, pitch a tent, discover a little stream, play, read, barbecue or talk or dream ...

## Sligo

Als Verkehrsknotenpunkt ohne besonderen Reiz ist der muntere Marktflecken vornehmlich für die literarisch Bewanderten unter unseren Lesern interessant, hatte doch **Yeats**, das schriftstellernde Aushängeschild der Republik, hier seine Wiege stehen. Der Dichter, der übrigens in englischer Sprache und nicht auf Gälisch schrieb, erhielt im Jahre 1923 den Literaturnobelpreis. Freunde des Dichters treffen sich im August zu wissenschaftlichem Austausch in Sligo. Übrigens ist die Umgebung der Stadt besonders musikalisch: **Tubbercurry** beispielsweise ist eine regelrechte Bruts-

tätte für traditionelle Musik. Immerhin bietet Sligo selbst auch eine Reihe urgemütlicher Pubs, mit irischer Musik, aber auch Rock sowie liebevoll dekorierte Läden.

## Nützliche Adressen

**Fremdenverkehrsamt:** Aras Reddan, Temple Street, County Sligo. ☎(071) 91 61 201, Fax: (071) 91 60 360. Ganzjährig von montags bis freitags 9-17h geöffnet.

**Fahrradvermietung:**
Flanagan's Cycles, Market Yard, ☎(071) 44 477
www.cygo.ie/flanagans

## Unterkunft

*Herberge*
### Harbour House
*Finisklin Road, Sligo;*
☎ *00353 71 9171547;*
*Fax: 00353 71 9171547*
*harbourhouse@eircom.net*
*http://homepage.eircom.net/~harbourhouse*
*Mr. Vincent Foley.*
Dorm € 18, twin € 20, family room € 20, singles standard € 25.
▨ yes
🕐 All year.
☺ IHH
Previously: Sligo International Tourist Hostel.
**Discount:** 10%

## Kiltyclogher

*Herberge / Hostel*
### Leitrim Lakes Holiday Hostel
*Kiltyclogher, Kiltyclogher;* ☎ *00353 72*

54044; Fax: 00353 72 54044
llhostel@gofree.indigo.ie
Ms. Marian Millar;
↵ 30.
Dorm from € 10 pn; 🚍 Only available
on certain days.
❖ Sligo, Donegal Fermanagh
🕐 All year. 👁 9:00 – 17:30
☺ IHH
**Discount:** 5%

## Dunkineely

*Hostel*
**Blue Moon Hostel and Camping**
*Main Street, Dunkineely;*
☎ 00353 74 97 37 264;
*Fax: 00353 74 97 37 187*
*bluemoonhostel@eircom.net*
*www.homepage.eircom.net/~bluemoon-*
*hostel/index.html*
*Mr. Dominic Deeny.*
Double private € 12, dorm € 12, camping
€ 5, camp child € 2 (under 10 years);
Breakfast; 🚍 Public transportation.
❖ Donegal Town / Killybegs
🕐 All year. 👁 All Year
☺ IHO
Family run hostel in a typical Irish villa-
ge. Mingle with the local people in a fri-
endly atmosphere. Good beaches and
scenery, a suitable centre for touring the
rugged Donegal coastline.
**Discount:** 5%

## Kilcar

*Herberge / Hostel*
**Derrylahan Independent Hostel**
*Derrylahan, Kilcar;* ☎ 00353 207 624 00
*79; Fax: 00353 739 73 84 47*
*derrylahan@eircom.net*

*www.homepage.eircom.net/~derrylahan*
*Mr. Shaun Mc Closkey;*
↵ 35; Dorm of 6 people € 4, double € 10
pp; 🚍 Bus Eireann or Mc Geehans
🕐 All year; 👁 09:00 – late
☺ IHH
**Discount:** 10%

## Glenties

*Herberge*
**Campbell's Holiday Hostel**
*Glenties, Co. Donegal;*
☎ 00353 749551491;
*Fax: 00353 7495 51492*
*campbellshostel@eircom.net*
*www.campbellireland.com*
*Mr. Aidan Campbell.*
Single sharing € 12, double / twin sharing € 14.
📧 yes; 🚍 Bus Eireann / McGeehan Coaches.
❖ Donegal Town
🕐 01.04 – 30.10. 👁 9:00 – 18:00
☺ IHH
Modern hostel in a quiet location in one
of Irelands tidiest towns. Rooms for 2, 4,
and 6 people, most with toilet and shower en-suite, kitchens and all modern
conveniences, incl. a laundry.
**Discount:** 5%

## Dungloe

Hier werden Boote vermietet, mit denen
sich die Seenlandschaft prima erkunden
läßt.

**Fremdenverkehrsamt:** Dungloe Tourist Office, The Quay, ☎074 – 95 21 297
Geöffnet: Juni – September

## Schlafen

*Herberge*
**Greene's Holiday Hostel**
*Carnmore Road, Dungloe;*
☎ *00353 74 95 21943;*
*Fax: 00353 74 95 21943*
*Mr. Charles Greene.*
Dorm bed € 12, private 4 bed room € 12;
🚌 Buses from Dublin, Galway, Belfast;
flights from Dublin.
❖ Coast
🕐 All year. 👁 Family home
☺ IHH, IHO
Family-run hostel with a self-catering kitchen and a TV lounge with an open fire. Some rooms are en-suite and bed linen and duvets are supplied.

## Halbinsel Inishowen

Hier handelt es sich um das Naherholungsgebiet für die Bevölkerung der Stadt Derry. Die Strände **Molville** am Lough Foyle und **Buncrana** sind fast andauernd gesteckt voll. **Malin Head**, der äußerste Nordzipfel der Landzunge, bildet zugleich den nördlichsten Zipfel des Landes. Auch hierher zieht es Haufen von Touristen.

## Nützliche Adresse

Inishowen Tourism, Chapel Street, Carndonagh, Inishowen, ☎ 077 74 933/34
www.visitinishowen.com

## Unterkunft

*Herberge*
**Sandrock Holiday Hostel**
*Port Ronan Pier, Malin Head, Inishowen, Co. Donegal;* ☎ *00353 74 93 2089*
*sandrockhostel@eircom.net*
*www.carndonagh.com/sandrock*
*Mr. Rodney Lockwood.*
Dormitory bed starts at € 10; 🚌 Lough Swilly Bus Service from Derry.
❖ Ireland's most northerly point
🕐 All year. 👁 10 a.m. – 10 p.m.
☺ IHH, IHO
**Discount:** 5%

# Personen

## ORTE